Uwe Britten
**Pille**

Texte • Medien

Uwe Britten
**Pille**
Ein schwieriger Weg zurück

Erarbeitet von    Friedemann Holder

Schroedel

Texte . Medien

Herausgegeben von Peter Bekes und Volker Frederking

© 2011 Bildungshaus Schulbuchverlage
Westermann Schroedel Diesterweg
Schöningh Winklers GmbH, Braunschweig
www.schroedel.de

Das Werk und seine Teile sind urheberrechtlich geschützt. Jede Nutzung in anderen als den gesetzlich zugelassenen Fällen bedarf der vorherigen schriftlichen Einwilligung des Verlages. Hinweis zu § 52 a UrhG: Weder das Werk noch seine Teile dürfen ohne eine solche Einwilligung gescannt und in ein Netzwerk eingestellt werden. Dies gilt auch für Intranets von Schulen und sonstigen Bildungseinrichtungen.
Auf verschiedenen Seiten dieses Buches befinden sich Verweise (Links) auf Internet-Adressen. Haftungshinweis: Trotz sorgfältiger inhaltlicher Kontrolle wird die Haftung für die Inhalte der externen Seiten ausgeschlossen. Für den Inhalt dieser externen Seiten sind ausschließlich deren Betreiber verantwortlich. Sollten Sie bei dem angegebenen Inhalt des Anbieters dieser Seite auf kostenpflichtige, illegale oder anstößige Inhalte treffen, so bedauern wir dies ausdrücklich und bitten Sie, uns umgehend per E-Mail davon in Kenntnis zu setzen, damit beim Nachdruck der Verweis gelöscht wird.

Druck A 1 / Jahr 2011
Alle Drucke der Serie A sind im Unterricht parallel verwendbar.

Redaktion: Franziska Voigt, Hamburg
Herstellung: Ira Petersohn, Ellerbek
Reihentypografie: Iris Farnschläder, Hamburg
Satz: UMP Utesch Media Processing GmbH, Hamburg
Druck: CPI – Clausen & Bosse, Leck
Titelbild: Illlustration: Frank Schliebener, Berlin, 2007

Uwe Britten: Pille – ein schwieriger Weg zurück, Lizenzausgabe
Copyright © 2010 PALETTE verlag, Bamberg

Das Texte . Medien -Programm zu »Pille – Ein schwieriger Weg zurück«:

978-3-507-47433-8  Textausgabe mit Materialien
978-3-507-47833-6  Arbeitsheft
978-3-507-47933-3  Informationen für Lehrerinnen und Lehrer
978-3-507-47333-1  Hörbuch (2 CDs)

Informationen und Materialien im Internet:
**www.schroedel.de/textemedien**

ISBN 978-3-507-47433-8

# Inhalt

*Uwe Britten*
**Pille**
Ein schwieriger Weg zurück (2004)  **9**

## Materialien

### Biografie
*Uwe Britten* Lebenslauf (2011)  **226**
*Uwe Britten/Friedemann Holder* »Nicht gelesen. Null.«
Interview (2010)  **229**
Arbeitsanregungen  **232**

### Entstehung
*Uwe Britten/Friedemann Holder* »Das ist der Richtige.«
Interview (2010)  **233**
Arbeitsanregungen  **237**

### Verstehen und Deuten
#### Lebensentwürfe und Lebenssinn
*Mercedes Lauenstein* Hab' keine Angst (2011)  **238**
*Franz Kafka* Der Aufbruch (1922)  **241**
*Peter Bichsel* Colombin (1969)  **242**
*Jerome D. Salinger* Der Fänger im Roggen (1951)  **242**
Arbeitsanregungen  **245**

#### Erwachsen werden – Krisen bewältigen
*Shell Jugendstudie* Verhalten Jugendlicher bei
Problemen (2010)  **246**
*Robert Epstein* Der Mythos vom Teenager-
gehirn (2008)  **247**

*Sigrun-Heide Filipp/Peter Aymanns* Lebensereignisse und Lebenskrisen (2009) **250**
Arbeitsanregungen **253**

**Drogen, Sucht und Prävention**
*Stefan Hildebrandt* Flatrate-Saufen, Kiffen und täglich härterer Stoff (2009) **254**
*Christian Lüscher* Die Suchtfalle (2009) **256**
*Thomas Saum-Aldehoff* Sucht – Krankheit oder Willensschwäche? (2010) **258**
*Philipp Wurm* Pass auf, Pete! Eine Gratulation (2007) **261**
*Friedemann Holder/Ulrich Winckler* Suchtprävention (2011) **264**
Arbeitsanregungen **268**

**Sprachliche und erzählerische Gestaltung**
*Friedemann Holder* Multiversum statt Universum. Zur Erzählstrategie der Multiperspektive (2011) **269**
*Ulrich Winckler* »Pille«. Aspekte der Erzählweise (2004) **271**
*Metzler Lexikon Literatur* Adoleszenzliteratur (2007) **272**
Arbeitsanregungen **274**

**Wirkung und mediale Gestaltung**
*Mareike Gilow, 16 Jahre* Uwe Britten: »Pille«. Buchtipp (2005) **275**
*Barbara Fischer* Rezension zu Uwe Brittens »Pille« (2004) **276**
*Carmen Gräf* Endstation (Sehn)sucht: Uwe Brittens Roman »Pille« als Live-Hörspiel (2010) **278**

*Friedemann Holder* Wie entsteht ein HörSpielBuch?
 Fragen an die »Klangschürfer« Martin Daske und
 Rainer Rudloff (2011) **280**
Arbeitsanregungen **284**

Textquellen **285**
Bildquellen **286**
Anmerkungen **287**

Uwe Britten

# Pille _____ 2004

## Ein schwieriger Weg zurück

**Es** war doch alles so anders, als er zurückkam! Klar, er war geschlaucht. Und auch resigniert, irgendwie. Aber es war schön, dass er wieder da war. Er hatte es geschafft. Das war toll! Wir waren alle so froh.

Verändert sah er aus, als ich ihn vom Bahnhof abholte. Er hatte zugenommen und wirkte etwas schlapp; ganz langsam kam er den Bahnsteig herunter, mit der Reisetasche in der Hand.

Früher war er immer munter und fidel gewesen, meistens sogar ein bisschen aufgekratzt – na ja, wie wir alle eben so drauf waren. Immer hatte er ein breites Lächeln auf den Lippen. Selbst wenn es regnete, hatte man den Eindruck, bei ihm scheine die Sonne. Jetzt lächelte er zwar auch kurz, als er sah, dass ich gekommen war, aber es schien ein ernstes Lächeln zu sein. Ja, alles an ihm war irgendwie ernster.

Während wir aufeinander zugingen, merkte ich mit einem Mal, wie mir das Kinn zu zucken begann. Dabei hatte ich mir auf dem ganzen Weg zum Bahnhof fest vorgenommen, nicht zu heulen.

Wir fielen uns in die Arme und dann liefen mir die Tränen auch schon über die Wangen. »Du bist wieder da« – das war alles, was ich rausbrachte, und dann schluchzte ich los. Ich konnte mich einfach nicht beherrschen. Mit zusammengekniffenen Augen heulte ich an seiner Schulter, während er mit einer Hand in mein Haar griff. »Hey«, machte er, aber mehr bekam auch er nicht heraus.

Als ich ihn schließlich wieder ansah mit meinem wässerigen Blick, bemerkte ich, dass auch seine Augen feucht schimmerten. Irgendwo pfiff der Schaffner und die schweren Räder des Zugs neben uns begannen langsam über die Schienen zu walzen.

Wir legten die Stirn aneinander. »Geht's dir gut?«, fragte er.

Na klar ging's mir gut, aber viel wichtiger war ja, wie es ihm ging. Auch gut, meinte er. Ich war so verdammt erleichtert, dass er es überstanden hatte!

Während wir uns zum Ausgang wandten, wirbelte hinter dem letzten Waggon des Zugs eine bunte Plastiktüte auf und flog durch die Luft.

Er wollte sofort nach Hause, keine Umwege, kein Café. Nur niemanden treffen, schon gar nicht jemanden aus der Szene. Wir gingen extra am Güterbahnhof entlang statt an der Straße, uns an den Händen haltend. Ich glaube, er hatte sogar richtig Angst davor, einen von den anderen zu sehen. Was wir auf dem Weg redeten, war eigentlich nur Geplapper. Ich berichtete aus der Schule und was so alles passiert war. Er erzählte ein paar Geschichten von Leuten, die er in den letzten Monaten kennengelernt hatte. Manchmal lachten wir beide herzhaft über diese Geschichten, obwohl: Eigentlich waren sie sehr traurig. All den Leuten ginge es auch nicht besser als ihm, meinte er, alle hart an der Grenze. Grenze – über das Wort habe ich nicht nachgedacht, als er es aussprach. Grenze!

Seine Eltern hatte er gebeten, nicht zum Bahnhof zu kommen. Ich war froh darüber, denn so konnten wir noch etwas allein sein auf dem Weg. Ich glaube, er wollte nicht so öffentlich auf sie stoßen bei der ersten Begegnung, es war ja klar, dass das alles nicht so einfach würde.

Als wir bei ihm zu Hause ankamen, riss seine Mutter auch schon die Tür auf, kaum dass wir davor standen.

»Mein Schatz!«, rief sie aus und fiel ihm um den Hals. Sofort liefen ihr die Tränen übers Gesicht. »Mein Schatz«, flüsterte sie erneut. Hinter ihr traten jetzt sein Vater und Pia heran. Die Mutter löste die Umklammerung.

»Komm rein, Junge«, sagte sein Vater und streckte ihm die Hand entgegen und legte die andere kurz an seine Schulter. Er schien irgendwie froh zu sein, erleichtert, war aber ziemlich cool.

Und Pia ... sie wurde rot, nahm ihn kurz in die Arme und sagte nur: »Hi!«

Die Situation war etwas steif. Er sagte ihnen, er wolle zuerst noch etwas mit mir quatschen, und so gingen wir runter in seine kleine Wohnung im Keller.

Als wir unten saßen, entstand eine eigenartige Atmosphäre. Wir hatten uns nicht gemeinsam aufs Bett gesetzt, sondern getrennt in die beiden Sessel. Im Zimmer war nichts verändert worden in all den Monaten. Die Poster und Bilder hatte ich jetzt so lange nicht gesehen. Die Staffelei und die Gitarre standen in der Ecke neben dem Schrank, auch ein Ölbild. Er sah kurz zu den beiden kleinen Fenstern. »Komisches Gefühl«, sagte er. Minutenlang schwiegen wir. Beide brachten wir keinen Ton heraus. Ich bekam ein irrsinniges Herzklopfen, weil ... weil ... ich war ja damals als Letzte bei ihm gewesen. Ich hätte das vielleicht verhindern können, aber ich war weggerannt, ich hatte die anderen holen wollen, weil ich es nicht mehr aushielt mit ihm. Jetzt schämte ich mich dafür, denn ich hatte ihn allein zurückgelassen, wo es ihm doch so beschissen ging – und das nur aus Feigheit.

»Es tut mir so leid«, sagte ich dann in die Stille hinein und heulte auch schon wieder los. Rotz und Wasser heulte ich und konnte minutenlang nichts antworten auf seine Frage:

»Was?«

Dann endlich: »Dass ich dich allein gelassen habe. Damals.« Wieder konnte ich das Schluchzen nicht zurückhalten. »Dabei ging es dir so beschissen. Ich war feige.«

»Du hast mich nicht allein gelassen. Ich war längst woanders. Und feige warst du erst recht nicht. Du hättest nur direkt den Notarzt anrufen sollen, das wäre besser gewesen, aber das konntest du damals gar nicht wissen. Die hätten mich jedenfalls schon da in die Klapse gebracht. Das hätte mir einiges erspart.«

Wieder brach ein Schluchzen aus mir heraus. Es war, als hätte sich das alles in mir angestaut. Plötzlich war alles wieder da, dieses Gefühl, wie ich weggelaufen war. Noch zwei Mal hatte ich über die Schulter nach hinten gesehen, nicht aus Angst, sondern weil ich hoffte ihn mitzuziehen, raus aus dem allen. Dann lief ich einfach zu Benedikt.

Er saß die ganze Zeit über ruhig in seinem Sessel und sah zu mir herüber, unterbrochen nur von kurzen Blicken über die Schulter aus den Fenstern. Allmählich erholte ich mich und sah zu ihm. Er war so anders. So ernst, so nüchtern.

»Was war denn eigentlich genau …«, begann ich gerade zu fragen, aber er schüttelte nur den Kopf: »Ich möchte nicht drüber reden. Vielleicht später. Ich bin noch nicht so weit. Ich habe Angst, dass sonst alles wieder in meinen Kopf kommt. Und da will ich es erst mal raushalten.«

Ich nickte.

Wir sprachen dann über alles Mögliche und schließlich natürlich auch darüber, wie es weitergehen sollte. Er wurde wieder sehr ernst und jetzt wirkte sein Gesicht sogar müde auf mich.

»Tja«, machte er, »was habe ich schon für Aussichten? Ich stehe bei null. Ich hab mich immer für 'ne große Nummer gehalten. Aber ich bin ein ganz kleiner Scheißer. Nichts, aber auch gar nichts habe ich bisher in meinem Leben zustande gebracht. Und ich weiß nicht, ob ... Es ist ganz schön schwer, ehrlich zu sich selbst zu sein. Ich hab alle nur unglücklich gemacht: meine Eltern, damals Ramona, dich ... Ich weiß nicht, wie es weitergeht. Alles, was ich jetzt geschafft habe, ist, dass ich klar sehe. Ich stehe vor einem Abgrund, aber ist das eine Aussicht?«

»Doch, du schaffst das, wir beide schaffen es.«

»Was denn?«, fragte er und ich wusste es zuerst auch nicht.

»Na ja, die Schule«, sagte ich schließlich.

Er nickte. »Die Schule.«

Irgendwann saßen wir beide wieder einfach stumm da und starrten irgendwohin. Ich fühlte mich völlig erschlagen, war müde, konnte nicht mehr. Aber er saß da wie seit anderthalb Stunden.

Wie anders im Frühling alles gewesen war: Wir waren alle gut drauf, lagen schon an den ersten Sonnentagen im Park herum, kifften ... Ach, es war alles so herrlich, so grandios, so verrückt, so leicht, so sexy, so bunt.

*kiffen* Cannabis rauchen

Jetzt saßen wir da und starrten ins Nichts. Die bunten Poster und Bilder überall an den Wänden passten so überhaupt nicht zu unserer Stimmung. Wie oft hatten wir hier unten ...

Er hatte seinen Eltern versprochen zum Abendessen hochzukommen, und als seine Mutter kam, um ihn zu holen, ging ich.


**Schon** am ersten Abend hatten wir ein wichtiges Gespräch, ein Gespräch, wie wir alle vier es untereinander noch nie geführt hatten – und danach leider auch nie wieder führten. Helmut war unheimlich bemüht um Verständnis und auch darum, nicht schon wieder vorschnell alles, was gesagt wurde, zu bewerten. Ja, wir hatten eine Familienharmonie wie vielleicht noch nie, seit die Kinder älter geworden waren. Und Joshua beeindruckte mich sehr. Er war so klar. Er konnte vieles sehr deutlich benennen. Es entstand eine Offenheit unter uns allen, die mich innerlich sehr ergriff.

Natürlich fragte ich zuerst danach, wie die letzten Wochen gewesen waren. Er erzählte, wie die Schlussphase organisiert und wie schließlich die Verabschiedung verlaufen war. Dann berichtete er, er habe sehr viel mit den Therapeuten gesprochen. In der Gruppentherapie, aber auch allein. Das merkte man ihm gleich an: Ja, er schien über vieles nachgedacht und gesprochen zu haben, benutzte Wörter, die er vorher gar nicht gekannt hatte, die auch mir recht fremd waren.

> *Therapeut* jemand, der eine Therapie professionell begleitet oder durchführt

Schließlich sprach er über uns, über uns als Familie. Beschrieb die Strukturen und wie er die Beziehungen zwischen uns sah. Ich konnte nicht alles teilen, aber er hatte mit vielem doch recht. Vieles sah ich genauso wie er.

Ich beobachtete ihn sehr aufmerksam. Er hatte sich verändert in der kurzen Zeit, sehr sogar. Und, ja, ich war stolz auf ihn, so stolz. Wie er dasaß und sprach!

Irgendwann musste ich plötzlich weinen. Mein Joshua!

Er ist schon immer so sensibel gewesen. Bereits als kleiner Junge hat er abends neben mir gesessen und meine Hand gehalten, wenn es zwischen Helmut und mir mal wieder gekracht und er das Haus verlassen hatte. Wir sind uns sehr ähnlich. Seelenverwandte. Wie oft musste ich ihn vor Helmuts sturen Erziehungsprinzipien schützen! Ja, wir waren oft eine unzertrennliche Einheit, gerade auch, als er dann älter wurde.

Er ist sehr feinfühlig, was das Leid anderer Menschen betrifft. Ich erinnere mich daran, wie er reagiert hat, als das furchtbare Zugunglück in Eschede war. Eine Woche lang sprach er immer wieder davon und sah sich jede Nachrichtensendung an. Dieses Unglück wühlte ihn völlig auf. Genauso der Kosovo-Krieg – in der Zeit passierte es dann ja auch. Für Joshua ist diese Welt zu hart, das habe ich schon immer gesagt. Er ist ein Mensch, der Schutz braucht. Helmut wollte davon nie etwas hören. Du verweichlichst ihn, antwortete er immer. Er *muss* robuster werden. Wie soll er denn sonst als Erwachsener klarkommen?

*Zugunglück in Eschede*
→ Seite 287

*Kosovo-Krieg*
→ Seite 287

Natürlich waren seine schulischen Leistungen nie berauschend und natürlich wünscht sich eine Mutter mehr von ihrem Sohn, aber trotzdem. Auch seine Labilität ... Ja, hätte ich es mir aussuchen können, dann hätte ich auch etwas anderes gewählt.

Das mit den Drogen hatten wir ja lange gar nicht bemerkt. Man sagt das so leicht: Aber so etwas müssen Eltern doch merken. Nein! Natürlich wusste ich, dass sie schon mal unten im Keller rauchten. Manchmal kam er mir etwas aufgesetzt lustig vor. Oder auch unausgeglichen, etwas getrieben. Ja, manchmal fand ich, dass er nicht richtig gegenwärtig war, wenn man mit ihm sprach. Aber ...

Nein, jetzt war er auf einem guten Weg, das sagte mir mein Gefühl deutlich. Wie er dasaß: ganz ruhig, nüchtern, klar. Ja, er gefiel mir richtig, auch wie er Helmut zweimal konfrontierte im Gespräch.

Nach dem Essen – Pia und ich hatten gemeinsam gekocht – waren wir ins Wohnzimmer gegangen. Ich saß in meinem Sessel neben dem Deckenfluter und dem niedrigen Tisch; Joshua und Pia saßen auf der Couch, beide außen und auf die Armlehnen gestützt, und Joshua auf der Seite zu mir; Helmut hatte sich in den Sessel am Kopf des Tisches gesetzt. Er hatte ein Glas Rotwein vor sich stehen, die Kinder tranken Apfelsaftschorle und ich Wasser. Manchmal entstanden lange

Schweigephasen, dann sahen wir nachdenklich auf unsere Hände oder Gläser. Zuweilen wurde es auch heftig. Besonders wenn das Wort »Schuld« fiel. Schon gleich am Anfang hatte uns Joshua gesagt: »Die Frage nach der Schuld ist Quatsch, aber ihr verhaltet euch manchmal blöd.«

»Ach!?«, war Helmut gleich hochgefahren. »›Blöd‹ verhalte ich mich.«

»Ja. Warum tust du zum Beispiel immer so, als wäre Schule so etwas wie zur Arbeit zu gehen?«

»Während Erwachsene zur Arbeit gehen, müssen Kinder in die Schule, das ist nun mal so.«

»Und deshalb ist es schon Arbeit? Muss Schule nicht zuerst mal Spaß machen?«

»Spaß, Spaß, Spaß!«

Schon früh als Kind hat Joshua begonnen solche Fragen zu stellen, diese naiven Fragen über die Welt um uns herum, die zu beantworten uns als Eltern gar nicht so leichtfällt. »Papa«, sagte er einmal, da war er noch sehr klein, »warum sprichst du immer mit Mama, als würdest du mit ihr schimpfen?« Ich erinnere mich an diese Situation, als wäre es gestern gewesen. Wie Helmut ihn angesehen hatte, ohne ein Wort zu antworten, nur »Hm« hatte er gemacht und war schweigend in die Küche gegangen. Tatsächlich merkte ich in der Folgezeit öfter, dass er mitten in einem Gespräch plötzlich den Tonfall änderte.

So saßen wir also im Wohnzimmer: mal schweigend, mal streitend, hin und wieder auch weinend. Es war ein anstrengendes, aber wichtiges Gespräch und es war schon weit nach Mitternacht, als wir erschöpft beschlossen zu Bett zu gehen. Pia verschwand sofort wortlos in ihr Zimmer, was mir etwas Sorgen machte, weil ich glaubte, dass sie das alles überforderte. Aber ich folgte ihr nicht. Heute Abend ging es um ihren Bruder, das musste sie einsehen. Helmut stand noch kurz in der Küche, ich hörte ihn mit irgendetwas klappern, dann verschwand auch er, und zwar in unser Schlafzimmer. Kurz darauf ging ich mit nackten Füßen und den rot lackierten Nägeln, ich hatte die Pantoffeln bereits abgestreift, über die kühlen Steinstufen nach unten, klopfte und öffnete die Tür.

»Herein«, sagte Joshua, aber ich war bereits im Zimmer. Mit nacktem Oberkörper stand er da. Auch das fiel mir jetzt auf, dass er nämlich ein richtiger junger Mann geworden war.

»Ich möchte noch einen Moment unter vier Augen mit dir sprechen«, sagte ich und begann die Tür hinter mir zuzuschieben.

»Ich kann jetzt nicht mehr, ich möchte nicht mehr reden. Für mich war das sehr anstrengend.«

»Meinst du, für mich nicht?«

»Nein, mir ist das jetzt zu viel.«

Ich war wie vor den Kopf gestoßen! Wie konnte er mich als seine Mutter so abweisen? Wie konnte er mich so enttäuschen? Wir waren uns den ganzen Abend über so nah gewesen. Verletzt sah ich zu Boden. Aber natürlich: Für ihn war das Gespräch erst recht anstrengend gewesen. Dann machte ich die letzten Schritte auf ihn zu und nahm ihn kurz in die Arme. Ich blickte auf zu ihm: »Ich werde immer bei dir sein, das sollst du wissen.«

Tränen liefen mir erneut über die Wangen. Er nickte. Ohne auch noch einen Ton zu sagen, verschwand ich, ging nach oben und ins Schlafzimmer. Ich weinte lange und Helmut legte mir eine Hand auf die Schulter. Ich war so stolz!

**In** den ersten Tagen bis zum Wochenende ging ich immer sofort nach der Schule zu ihm. Er schlief morgens lange und genoss noch etwas die »Gnadenfrist«, wie er es nannte. Es war so süß: Wenn ich kam, hatte er jedes Mal eine Kleinigkeit zu essen gemacht. Ich habe nämlich nach der Schule immer einen tierischen Hunger. Ihm hat das gefallen, wenn ich mampfte und dabei von der Schule erzählte oder von den vergangenen Monaten. Er aß nie mit, weil er immer spät gefrühstückt hatte. Manchmal setzte sich Pia zu uns. Ihr gefiel es, glaube ich, auch, dass warmes Essen auf dem Herd stand, wenn sie von der Schule nach Hause kam.

Es war irgendwie toll, zu dritt am Tisch zu sitzen und zu quatschen, einfach so drauflos. Manchmal stellten wir uns vor, dass wir drei ohne ihre Eltern in dem Haus zusammenleben könnten. Als Wohngemeinschaft.

Über den Unterrichtsstoff sprachen Josh und ich in den Tagen nicht. Stattdessen saßen wir unten im Keller und quatschten und quatschten und hörten Musik. Ein paarmal machte ich Musik am Mischpult und er saß nur still da und sah mir zu und lächelte. Manchmal war er sehr schweigsam, aber er wollte nie, dass ich ging. Hin und wieder knutschten wir eine Weile, mehr aber nicht.

Erst am Freitag sahen wir uns ein paar der Aufgaben der vergangenen Woche an, so »zum Warmwerden«, meinte er. Vor dem ersten Schultag hatte er sehr viel Angst, irgendwie. Das war eigenartig, denn früher hatte er vor fast gar nichts Angst gehabt. Er war immer in alles so leicht und flockig hineingegangen. Er war immer derjenige gewesen, der uns mitzog. Das wurde jetzt anders. Jetzt mussten Bene und ich ihn öfter zu irgendwas motivieren, damit er rauskam unten aus »seinem Bunker«, wie Josh selbst manchmal sagte.

»Alle sehen mich jetzt anders an«, sagte er an dem Freitag in eine Stille hinein. »Und die aus der Parallelklasse wissen es doch auch längst.«

»Klar wissen sie es. Na und? Nach einer Woche interessiert es niemanden mehr.«

»Du sagst das so leicht.«

Am Sonntagabend dann war es am schlimmsten. Immer wieder fragte er mich irgendetwas über die Schule, als hätte er Angst, sich bei etwas falsch zu verhalten, dabei hatte ich gar keine Lust, mit ihm über die Schule zu reden. Es war ja noch Sonntag, Wochenende. Bene und ich waren nicht im *Sky* gewesen, deshalb fehlte mir sowieso schon das Wochenendgefühl, irgendwie. Und nach Schule war mir erst recht nicht.

»Bleib heute Abend, so lange du kannst«, sagte er, »ich kann sowieso nicht schlafen vor Aufregung.«

Ich versuchte das Gespräch auf etwas anderes zu lenken, aber dann kam seine Mutter herunter. Sie klopfte immer nur flüchtig an und stand auch schon im Zimmer. Sie ließ sich in den ersten Sessel fallen. Ich drehte die Musik leiser.

»Alles in Ordnung wegen morgen?«, fragte sie.

»Ich bin total aufgeregt«, antwortete er. »Am liebsten würde ich gar nicht hingehen.« Er lachte zu mir herüber: »Ich fange einfach mit einem Blauen an …«

Wir lachten.

»Nein, nein«, sagte seine Mutter im Lachen, »das kommt gar nicht in Frage. Ich bin sicher, dass alle nett zu dir sein werden. Du kommst ja schließlich nicht aus dem Gefängnis.«

»Ich könnte mich verkleiden und als ein neuer Schüler kommen.«

Wieder lachten wir. Ja, er war richtig aufgeregt.

»Birgit«, sagte seine Mutter plötzlich, »wie wäre es denn, wenn du ihn morgen früh abholen würdest?«

»Quatsch«, sagte Joshua sofort, »ich brauche doch niemanden zum Händchenhalten.«

Aber da hatte ich auch schon »Klar, das mache ich« geantwortet. »Wann soll ich hier sein?«

*mit einem Blauen anfangen*
am ersten Tag blaumachen, schwänzen

Wir machten eine Uhrzeit aus und kurz darauf ging ich nach Hause. Ein Stück begleitete er mich noch im Dunkeln. »Ich brauche noch etwas Bewegung«, meinte er.

Auch ich war am Morgen sehr aufgeregt, keine Ahnung, warum. Ich fieberte doch etwas mit, dass jetzt erst mal alles klappte: die ersten Tage, die nächsten Wochen, die Prüfung. Ich hoffte außerdem, dass niemand blöd reagieren würde oder dass ihn nicht alle die ganze Zeit über angafften.

Ich kam zehn Minuten zu früh zu ihm, sodass er mich noch überredete einen Tee mit ihm zu trinken. Als wir endlich loskamen, waren wir natürlich viel zu spät dran und mussten uns beeilen. Den ganzen Weg über hielten wir uns an der Hand und ganz anders als am Abend zuvor sprach er kaum ein Wort.


**Ich** muss sagen, es war schon ein cooles Gefühl, einer seiner Freunde zu sein. Wie er auf den Schulhof kam, mit Biggi zusammen, die ihn extra abgeholt hatte von zu Hause. Obwohl es für mich auch komisch war, klar, wie sie da so Händchen haltend ankamen. Rainer und ich gingen auf die beiden zu. Pille sah uns an, ganz ernst zuerst, dann grinste er und gab uns beiden die Hand. Ungewohnt, denn das hatten wir früher nie getan. »Jungs«, lachte er, »seid ihr aber groß geworden.«

Ich musste echt lachen über den blöden Spruch; er war schon wieder so cool drauf. Dann schlenderten wir vier auf den Eingang zu. Natürlich glotzten alle in unsere Richtung. Hab mich gefühlt wie auf einer Bühne.

Als dann alle im Klassenraum saßen, entstand eine etwas verkrampfte Atmosphäre. Manchmal machte einer einen blöden Spruch über irgendetwas, aber eigentlich war es sehr ruhig. Die meisten lenkten sich irgendwie ab oder sahen verstohlen zu ihm hinüber. Er selbst sah runter auf die paar Sachen, die er aus seiner Tasche auf den Tisch gelegt hatte. Wir warteten auf Frau Schneider, unsere Klassenlehrerin, die für ein paar Minuten hinzukommen wollte, denn eigentlich hatten wir die erste Stunde nicht bei ihr.

Endlich kam sie zusammen mit Herrn Gercke herein, suchte mit dem Blick sofort seinen Platz, lächelte und ging durch die Tische und Stühle hindurch auf ihn zu und hielt ihm die Hand hin: »Herzlich willkommen! Freut mich, dass du wieder da bist.«

Er gab ihr die Hand und lächelte verlegen.

Dann stand Yasmine auf, unsere Klassensprecherin. Wir hatten ausgemacht, dass sie Pille auch im Namen der Klasse begrüßen sollte. »Lieber Joshua, wir alle wollen dir sagen, dass wir uns sehr freuen, dass du wieder da bist. Und wir hoffen, dass das auch so bleibt, deshalb drücken wir dir ganz fest die Daumen für die Nachprüfung.« Verlegen sank sie wieder auf ihren Platz und nahm ihren Stift zwischen die Finger.

Da saß er jetzt aber und war echt platt. »Danke«, sagte er, mehr konnte er nicht antworten. So etwas hatte er nicht erwartet.

Ich sah zu Biggi hinüber und erkannte, dass sie Tränen in den Augen hatte. Also, ich muss sagen, ich war schon auch ein bisschen gerührt. Ich hab nicht geheult, klar, aber trotzdem … war schon ein Gefühl …

Rainer wippte auf den Hinterbeinen seines Stuhls.

Erst als Florian laut sagte: »Na, so einen Empfang will ich aber auch mal«, und alle loslachten, wurde es wieder lockerer in der Klasse.

In der Pause standen wir dann zusammen und quatschten. erst mal über allen Blödsinn. Die Tage zuvor hatte ich zwar gewusst, dass er wieder da war, klar, und Biggi hatte auch das eine und andere erzählt, aber hingegangen zu ihm bin ich nicht und hab ihn auch nicht angerufen. Er hat ja auch nicht angerufen, deshalb dachte ich: Na ja, mal nichts überstürzen. Wer weiß? Will vielleicht erst mal seine Ruhe. Und dann natürlich, klar, wegen Biggi. War ja alles nicht so raus mit ihr und ihm und mir.

Ab diesem Tag waren wir natürlich wieder oft zusammen. Na ja, so oft auch wieder nicht, denn er musste viel nachlernen wegen dieser Prüfung. Manchmal erklärten wir ihm irgendetwas. In Mathe und Physik und Bio war er ja nicht gerade eine Leuchte. Ich hatte aber eigentlich keinen Bock auf diese Lernerei. War immer froh, wenn ich die Hausaufgaben hinter mich gebracht hatte.

An den Wochenenden sahen wir uns nicht sehr oft. Er wollte mit der Szene nichts mehr zu tun haben. Wollte niemanden treffen. Wenn er mal zufällig irgendwo jemandem begegnete, grüßte er zwar, aber er blieb nie stehen. Er meinte das alles ziemlich ernst. Deshalb fuhr er auch nie mit ins *Up in the sky*, klar.

Pille (aber so sollten wir ihn nicht mehr nennen) und ich hatten vorher oft Musik zusammen gemacht, doch auch davon wollte er jetzt nichts wissen. »Ich bin noch nicht wieder so gut wie früher und das tut weh.« Zwar hatte er auch früher manchmal solche Unsicherheiten gehabt, aber jetzt war es anders: Manchmal musste man ihm richtig zureden, wie einem kleinen Kind.

Ich hatte ihn schon damals nie überreden können, dass wir uns gemeinsam eine Band suchten. Das habe ich immer schade gefunden. Ich selbst hatte mich im Lauf des Sommers einer Band angeschlossen, trotzdem hätte ich gerne hin und wieder mit ihm an seinem Synthesizer gemixt. Er hatte immer so starke Ideen, konnte tolle Akkorde erfinden, ganz schräge Klangfolgen, aber saugut. Ich bin irgendwie im Erfinden nicht so gut.

Er war in der Zwischenzeit etwas komisch geworden, fand ich. Oft so nachdenklich. Na ja, sagten wir uns, wenn man so einen Streifen mitgemacht hat, dann ... also, klar, das prägt auch. Aber er war vorher einfach anders gewesen. Er war immer gut drauf, immer. Zu ihm konnte man gehen, wenn's einem mal schlecht ging, und irgendwie ging's einem sofort wieder gut. Letztlich haben wir wohl alle darauf gewartet, dass es wieder so würde wie früher.

**Es** war alles sehr schwierig. Die ersten Wochen waren sehr schwierig. Obwohl, das muss man sagen, es führte uns doch auch wieder näher zusammen. Die Schwierigkeiten zwischen Barbara und mir traten in den Hintergrund. Und natürlich waren wir ja auch alle erleichtert. Er war wieder da, hatte es überstanden und jetzt konnte man nach vorne sehen. Außerdem: Was hatte es mich Mühe gekostet, die Schule davon zu überzeugen, ihn nicht zurückzusetzen, sondern ihm diese Chance mit der Nachprüfung zu geben. Er war ja in der Fünften schon einmal sitzengeblieben, damals, das war ein schwieriges Jahr gewesen, für uns alle, obwohl der Hausbau ja längst abgeschlossen war und auch die Unsicherheiten in der Firma überstanden waren.

Seine Antriebsarmut fiel mir aber schon bald wieder auf. In dem Punkt hatte er sich nicht verändert. Ja, er war sachlicher geworden und irgendwie ernsthafter als vorher. Das war auch gut so, denn er war kein Kind mehr. Er hatte sich immer verhalten, als sei das Leben eine Spielwiese. Ja, mal hier, mal da und alles wird schon werden. Da konnte ein bisschen mehr Ernst nicht schaden. Schließlich hat jede Krise ja auch ihr Gutes.

Aber bei den Gelegenheiten, an denen wir zusammensaßen, um über seine Zukunft zu sprechen, da lamentierte er wie früher. »Junge«, sagte ich in einem Gespräch noch in den ersten Wochen, »du musst jetzt diese Prüfung schaffen und dann dieses Schuljahr, das ist jetzt erst mal das Wichtigste. Türm nicht schon wieder andere Probleme vor dir auf. Konzentrier dich!«

Natürlich stimmte er zu, was hätte es darauf auch zu erwidern gegeben? Aber schon zwei Minuten später jammerte er, für ihn sei vieles zerbrochen, was er mal für wichtig gehalten habe, und das sei viel schlimmer als alles andere. Das sagt einem dann ein Sechzehnjähriger! Musik habe er machen wollen und auch malen wollte er, aber ihm sei völlig die Vision abhandengekommen.

Vision, Vision! »Junge, du brauchst einen Beruf«, habe ich gesagt, »keine Vision!« Aber dann verstummte er wieder und zog sich zurück. Wie er es immer getan hatte. Konfrontierte man ihn, zog er sich zurück.

Ich erinnere mich an einen Abend beim Essen, als ich ihm einen Beruf vorschlug, an den wir noch nie gedacht hatten. Ganz naiv war mir die Überlegung gekommen, dass wir vielleicht zu eng dachten, letztlich immer nur dieselben Berufe in Erwägung zogen. Vielleicht musste man ihn einfach nur mal in eine andere Richtung lenken. Also schlug ich vor: »Sag mal, wäre nicht auch Industriekaufmann etwas für dich? Ich habe heute Nachmittag den Gruber getroffen und ihn einfach mal gefragt, ob bei denen im Sommer Lehrstellen ausgeschrieben würden. Und er meinte, ja, vermutlich sogar mehrere.«

Sofort wurde es so still in der Küche, dass man unser Kauen und Schlucken hören konnte. Pia sah gar nicht auf von ihrem Teller. Barbara starrte mich geradezu entsetzt an. Und Joshua stand schlagartig auf: »Mensch, Papa, du hast überhaupt nichts begriffen!«, blaffte er mich an und verschwand nach unten.

Wir anderen drei aßen stumm weiter. Es war beinahe nicht auszuhalten. »In diesem Haus darf man nicht einmal mehr Vorschläge machen!«, rief ich. Pia und Barbara reagierten mit keinem Wort.

Er kam nicht wieder rauf. Natürlich, ich war derjenige, der etwas zu begreifen hatte, nicht etwa er.

In vorwurfsvolles Schweigen gehüllt räumte Barbara dann den Tisch ab. Sie hat letztlich an all dem nicht wenig Schuld. Sie hat ihn immer verpäppelt, von frühester Kindheit an. Das ganze Weiche an ihm, das kommt natürlich von ihr. Wenn er als Kind mal gefordert wurde, mal bei etwas anpacken sollte, dann hieß es immer gleich: »Das kann er doch nicht, er ist doch noch ein Kind.«

Unser kleiner Prinz. In den Kinderjahren hat sie ihn tatsächlich ein paar Jahre lang »Prinz« genannt. Das begann, als er fünf war. Karneval. Er wünschte sich eine Verkleidung als Ritter. Auch später wünschte er sich immer irgendetwas mit Masken oder am besten mit einer Rüstung. Na ja, er bekam dieses Kostüm. Über Nacht bastelte sie ihm aus silbern beschichteter Pappe eine Rüstung. Einen Helm hatte sie gekauft, dazu blondes Kunsthaar, das sie innen an den Rand des Helms klebte, damit es so aussah, als habe er blondes, langes, gelocktes Haar. Bis drei Uhr in der Früh hat sie gebraucht, daran erinnere ich mich gut. Im Kindergarten war die Rüstung natürlich der Hit. Wochenlang wollte er mit den anderen Kindern nur noch Ritter spielen, aber denen wurde das irgendwann langweilig. Sie beschwerten sich, er sei nie verletzt, immer sollten nur die anderen verletzt sein.

Jedenfalls, so nannte Barbara ihn dann einige Jahre »Prinz«.

Joshua war ja ein Wunschkind. Barbara wollte damals unbedingt ein Kind. Ich fand es eigentlich noch ein bisschen früh. Wir standen mit dem Büro ganz am Anfang. Ich arbeitete viel und kam erst spätabends nach Hause. Mir wäre es lieber gewesen, erst eine wirtschaftlich stabilere Situation zu haben. Besonders während der ersten anderthalb Jahre schlief er immer schon in seinem Bettchen, wenn ich nach Hause kam. Als dann Pia geboren wurde, was nicht geplant gewesen war, war es beruflich für mich etwas leichter und ich konnte auch mal eher das Büro verlassen. Ach, Pia … sie war in den ersten Jahren ein so pflegeleichtes Kind: Sie schrie fast nie, schlief viel und ließ sich mit einfachsten Spielen stundenlang beschäftigen. Sie fiel gar nicht weiter auf. Joshua hingegen war auch mit drei und vier Jahren noch ziemlich quengelig, ja, auch oft schwierig. Und Barbara sprang ständig um ihn herum.

Sie war immer eine besorgte Mutter, sicherlich, das kann man gar nicht infrage stellen, aber es war wohl doch etwas zu viel des Guten. Und sie nahm ihm alle Mühen ab. Auch all diese musischen Ideen hatte er natürlich von ihr. Sie stammt aus einer Lehrerfamilie. Sie wollte, dass er malte, dass er viel mit allen möglichen Materialien bastelte, dass er Instrumente spielen lernte, dass er las.

Ich komme aus einer anderen Familie. Schon mein Vater war Ingenieur. Ich bin einfach anders erzogen worden als Barbara. Aber dieser Gegensatz hat mich auch immer zu ihr hingezogen. Mit ihr ging ich plötzlich ins Theater, wir besuchten Museen, Ausstellungen und vor allem Ballettaufführungen. Das war eine Welt, die ich zuvor nicht kannte. Barbara konnte sonntags stundenlang im Liegestuhl sitzen und Romane lesen. So etwas kannte ich aus unserer Familie gar nicht. Bei uns wurde gearbeitet.

Sie hat ihn immer gefördert in diesen Dingen. Sehr sogar. Aber auch wenn man aus solchen Begabungen einen Beruf machen will, muss man sich quälen können. Musiker üben acht, zehn Stunden am Tag. Maler bauen ihre Rahmen selbst, bereiten ihre Leinwand nach eigenen Vorstellungen vor und üben ihren künstlerischen Ausdruck, immer und immer wieder. Das kommt ja alles nicht von selbst! Aber er konnte sich nie quälen. Was ihm nicht in den Schoß fiel, das war auch nichts für ihn, dann stieg er früher oder später aus.

Man kann ja vieles machen im Leben. Es gibt die verrücktesten Ideen, aber man muss eben dranbleiben können. Am Ende entscheidet nun mal nur, was dabei herauskommt. Aber er ...

In diesem Punkt hatte er sich überhaupt nicht verändert. Mühen auf sich zu nehmen, das konnte er nicht. Dass er abends, wenn ich nach Hause kam, noch wirklich über den Büchern saß und für die Nachprüfung lernte, daran hatte ich durchaus meine Zweifel. Aber zwei Mal pro Woche kam jemand für Nachhilfestunden. Ich erwartete in diesen Stunden volle Konzentration von ihm. Das habe ich ihm klar gesagt. Immerhin kostete dieser junge Mann ja auch etwas.

Zwei, drei Mal bin ich in den Monaten unten bei ihm gewesen, um mit ihm zu reden. Mir gefielen diese Gespräche durchaus, so etwas habe ich mir immer mit einem Sohn gewünscht – ich selbst bin mit drei jüngeren Schwestern groß geworden. So saßen wir dann zu zweit da unten zusammen. Ich hatte bei diesen Gesprächen den Eindruck, dass er nach und nach begriff, etwas tun und sich anstrengen zu müssen. Und als Erstes stand nun mal die Prüfung an.

**An** einem Samstag machten wir uns eine Reispfanne, und ich stand am Herd und wendete noch einmal alles, damit es nicht anbrannte, während Josh den Tisch deckte und uns Apfelsaftschorle mischte.

Plötzlich entstand ein ganz vertrautes Gespräch zwischen

uns, zum ersten Mal seit Langem, und nicht erst seit er wieder zurück war, auch vorher hatten wir uns kaum über ernsthafte Dinge miteinander unterhalten.

Ich fragte einfach nur: »Wie kommst du voran?«

»Ganz gut. Ja, doch, ich glaube, dass ich bis zum Termin das meiste nachgeholt habe.«

Ich nickte leicht.

»Aber wie gut ich das alles behalte, weiß ich nicht. Die Konzentration fällt mir schwer. Mein Kopf ist manchmal so zu. Und am Ende gehört sowieso Glück dazu. Ich kann ja nicht alles wissen.«

»Ich glaube nicht, dass sie es dir schwer machen wollen.«

»Trotzdem muss ich ihre Fragen beantworten können. Vielleicht denken sie, es seien leichte Fragen, aber ich kann genau die nicht beantworten. Tja …« Er schlug mit der rechten Handkante in die linke Handfläche und schnalzte gleichzeitig mit offenem Mund laut mit der Zunge.

Wir schwiegen kurz, während ich den Gemüsereis in zwei riesigen Bergen auf unseren Tellern verteilte.

»Und bei dir?«, fragte er plötzlich. Ich war ganz überrascht.

»Bei mir? Na ja, ich habe keine große Lust auf Schule im Moment, aber ich kriege es geregelt. In Deutsch hat er mir neulich für einen Aufsatz nur eine Drei gegeben, da war ich echt sauer.«

»Und sonst? Ich meine, außer Schule?« Auch über diese Frage war ich erstaunt. Er hat sich eigentlich nie für irgendetwas bei mir interessiert.

»Ach, mit Kathrin habe ich ein bisschen Stress. Sie geht mir mit ihrem Typen auf die Nerven und das habe ich ihr letzte Woche auch gesagt. Jetzt ist sie sauer und ruft nicht mehr an. Sie jammert bloß rum, dass er sich überhaupt nicht um sie bemühe, und er würde es überhaupt nicht ernst meinen und all so Zeug. Ich weiß nicht, ob er den ganzen Tag vor ihr auf den Knien rutschen soll. Mich nervt's. Ich will auch nicht den ganzen Tag über ihr ›Schatzi‹ reden. Auch beim Fußball hat sie jetzt ein paar Mal gefehlt. Ich denke, sie steigt aus.«

»Und du, mit Jungen, meine ich?«

Ich wurde total rot. »Och …«, antwortete ich, »zurzeit bin ich viel mit Elena zusammen.«

Er nickte nur.

Als wir unsere Teller leer geschaufelt hatten, räumten wir alles in die Spülmaschine und verzogen uns wieder. Ich in mein Zimmer oben und er sich nach unten in den Keller.

Komisch, ich habe ihn nie so richtig als älteren Bruder gesehen. Er war immer der Sensible, der vorsichtig behandelt wurde. Immer stand er im Mittelpunkt. Um ihn machten sie sich Sorgen. Das war vorher schon so und das war während der Klinikzeit so und das war jetzt natürlich wieder so. Mama saß täglich bei ihm unten.

Manchmal habe ich gedacht: Er tut das alles doch bloß, um Mamas Sorgenkind zu bleiben. Das ist fies, ich weiß, aber ich hab es manchmal gedacht. Es ist auch Quatsch! Trotzdem.

Er hat wirklich viel gelernt in den Wochen. Und ich habe es ihm sehr gewünscht, dass er die Prüfung schafft. Aber manchmal hatte er so Einbrüche. Ganz komisch. Einmal traf ich spätabends in der Küche auf ihn, weil wir uns beide noch was zu trinken holten. Er wartete darauf, dass sich die Vitamintablette im Mineralwasser auflöste, und starrte aufs Glas. Plötzlich sagte er: »Eigentlich hat es doch sowieso keinen Sinn. Selbst wenn ich die Prüfung bestehe, selbst wenn ich die Schule einigermaßen abschließe … Wo stehe ich denn schon mit meinem Leben? Ich meine: mit meinem *Leben*?«

»Jetzt besteh erst mal die Prüfung. Alles andere kommt danach.«

Er trank das Glas in einem Zug aus, machte sich ein neues und verschwand wieder nach unten.

Mich nervten diese Anwandlungen kolossal. Dann bekam er immer seinen Philosophischen und bedauerte sich. Mama fuhr darauf ja jedes Mal total ab. Sofort redete sie ihm zu, jedenfalls wenn sie da war, und dann sprachen sie über den Sinn des Lebens. Anschließend ging es ihm meistens besser, er hatte sich etwas in all seiner Schwere geaalt, dann war es wieder gut. Und sie sagte jedes Mal: »Ach, er ist wirklich so intelligent.«

Im Grunde war es für sie genauso schwer auszuhalten, dass er »nur« zur Realschule ging, wie für Papa. Sie sagte immer nur: »Wie schade das doch ist.«

So ist es immer gewesen. Ich erinnere mich noch gut an den Tag, als ich in der fünften Klasse war und wir beide am selben Tag eine Schulaufgabe zurückbekommen hatten. Es war meine erste Englischnote auf dem Gymnasium. Und es war eine Eins. Ich war so stolz. Drei Schulstunden lang hatte ich mich darauf gefreut, zu Hause die Note unter der Arbeit zeigen zu können. Ganz schnell lief ich nach Hause. Josh war immer ein paar Minuten eher zu Hause als ich, weil sein Schulweg kürzer war. Er hatte soeben gesagt, dass er in Mathe eine Fünf geschrieben habe. Die Stimmung war ziemlich gedrückt.

Ich zeigte Mama das Heft. Ich dachte auch, dass sie die Note wieder aufmuntern würde. Und was passierte? »Das hast du fein gemacht«, sagte sie, gab mir einen Kuss auf die Stirn und damit war das Thema erledigt. Über Joshs Fünf haben sie noch drei Tage lang gesprochen.

**Manchmal** war ich allein bei ihm. Einfach so. Wenn die Nachhilfestunde hinter ihm lag. Meistens mittwochs. Dann war Biggi beim Tanzen und Bene ließ sich auch nicht sehen. Pille lernte noch das, was sie gerade in der Stunde besprochen hatten, und ich las einen Comic. Wir sprachen oft lange gar nicht miteinander. Wenn es was zu lachen gab im Comic, las ich es ihm kurz vor. Und er fragte mich hin und wieder etwas aus den Büchern vom letzten Schuljahr, aber meistens wusste ich das auch nicht mehr. Wenn ich eine solche Prüfung hätte machen sollen, wäre ich voll durchgefallen. Er hatte auch Schiss davor, das weiß ich.

Es fiel ihm schwer, sich zu konzentrieren, deshalb machte er oft Pausen oder hörte schließlich ganz auf. Es reichte ja auch. Wir kochten uns dann Kaffee und quatschten ein bisschen oder schalteten MTV ein. Alle zwei Stunden rauchte er eine.

Für mich war die Ruhe bei ihm unten okay. Einfach so dazusitzen und nichts zu tun. Bei uns zu Hause ist immer was los. Und die beiden Kleinen gehen mir manchmal ziemlich auf die Nerven.

Einmal fragte er mich plötzlich, während er mit dem Fuß zur Musik wippte: »Sag mal, wofür, meinst du, sollten wir leben? Ich meine, welchen Sinn sollte man seinem Leben geben?«

»Hm ... Ich weiß nicht, ich lebe halt so. Muss mir gut gehen. Das Leben muss Spaß machen.«

»Klar, aber ist das alles? Willst du nicht irgendwas erreichen?«

»Erreichen? Klar, irgendwie schon.«

»Was denn?«

»Also, genug Kohle will ich mal verdienen. Man muss wissen, wovon man lebt im Leben. Na ja, und der Rest kommt irgendwie. Eine Frau halt. Und ... vielleicht ...«

»Wie sich das anhört: *eine* Frau.«

»Na ja, also, eine mit schönen Titten, die einfach gut drauf ist. Zu mir passt. Ob sie 'n dicken Arsch hat, ist mir egal. Ich meine, ich sehe auch nicht toll aus. Man muss durch dick und dünn gehen miteinander, das ist wichtig. Auch wenn's mal beschissen läuft, muss man zusammenhalten, gerade dann.«

»Ich wollte immer Musik machen, die die Leute gut drauf bringt. Oder Bilder malen, die einen glücklich machen, wenn man sie morgens nach dem Aufstehen ansieht.«

»Und warum hast du jetzt aufgehört?«

»Ich kann's nicht mehr.«

»Du probierst es ja gar nicht. Ist doch scheißegal, ob du die Bilder von früher besser findest, Hauptsache, du malst.«

»Aber ich kann keine Bilder mehr malen, die glücklich machen.«

»Komm, jetzt hör auf …«, meinte ich, »krieg jetzt bloß keinen Sentimentalen. Außerdem glaub ich's nicht.«

Nach einer Pause sah er mich erneut an: »Vielleicht muss man aber auch gar nichts erreichen.«

»Gar nichts?«

»Na ja, ich meine, man könnte doch auch sagen: Wenn ich den nächsten Tag erreiche, dann habe ich was erreicht im Leben.« Er grinste, wurde aber doch sofort wieder ernst. »Stell dir vor, wir sagen: Wenn ich morgens mit einem guten Gefühl im Bauch aufwache und abends mit einem guten Gefühl einschlafe, dann hat sich der Tag gelohnt.«

Ich nickte. »Aber woher kommt das Gefühl?«

»Darüber denke ich auch immer wieder nach.« Er grinste. »Wenn ich's weiß, sag ich's dir«, meinte er und lachte. Wieder schwieg er kurz. Dann schob er nach: »Wenn ich mal mit einer Frau zusammenlebe, dann werde ich ihr jeden Abend und jeden Morgen sagen: ›Es ist schön, dass du neben mir liegst.‹«

»Oh, also, ich wär schon froh, wenn ich einmal pro Woche dran denke …«

Er lachte laut heraus. Ich musste oft mitlachen, wenn er

lachte. Als er sich wieder beruhigte, sagte er: »Nein, ich nehm's mir vor.«

Er hatte schon immer über vieles nachgegrübelt, das war gar nicht so neu. Es waren eher die Antworten, die anders waren. Aber obwohl er so anders geworden war, mochte ich ihn, vielleicht sogar noch mehr als vorher. Eigentlich war er mein bester Freund, immer schon. Einmal hat er mir monatelang sehr geholfen. Hab gesoffen damals. Weiß nicht, wieso. War beschissen drauf. Da waren gerade die beiden Kleinen auf die Welt gekommen. War immer schon ab dem frühen Abend voll dicht. Morgens bin ich zu ihm eine halbe Stunde vor der Schule, um die Hausaufgaben abzuschreiben. Voll geschmiert. War krass. Drei, vier Mal die Woche ging das so. Er musste wegen mir eine halbe Stunde eher aufstehen und mich reinlassen. Hat er gemacht, fast fünf Monate lang. Schon stark. Jedenfalls: Dass er in der Birne abgeschmiert war, das war mir egal. Die Gespräche gefielen mir. Wir haben über vieles gesprochen. Er hatte immer so Ideen … na ja, kommt man allein nicht drauf.

Wenn BeBi dabei waren, sprachen wir nie über so etwas. Ich glaube, das lag an Benedikt. Er ist eigentlich ein kleiner Angeber. Prahlt immer ganz gerne und tut so cool.

Als wir mal allein waren, aber ich glaube, das war schon nach dem Picknick, da erzählte Pille, dass er wegen der Medikamente keinen mehr hochbekäme. Schon eigenartig. So was weiß man normalerweise gar nicht. Jedenfalls … na ja, ich war ziemlich geschockt. Man wird dick von dem Zeug, müde, kann sich nicht mehr richtig konzentrieren und kriegt auch keinen mehr hoch. Also, ich hab erst ein Mal mit 'nem Mädchen geschlafen, also, nicht mal so richtig, aber trotzdem … letztlich konnte ich ihn schon verstehen mit seinen Sorgen.

Man fragt sich dann halt, wie es weitergeht mit einem. Ist normal.

**Ich** habe mich riesig gefreut, als er zum ersten Mal wieder reinkam. Ich wusste, dass er seit Wochen zurück war, und ich wusste von BeBi auch, warum er nicht in die Kneipe kam. Ein bisschen hat mich das gekränkt, weil ich mir immer große Mühe gebe, dass bestimmte Drogen nicht in meiner Kneipe gedealt werden, und das wusste er ja auch aus eigener Erfahrung. Aber letztlich konnte ich es verstehen: Er wollte einfach nicht auf bestimmte Typen treffen. Dieser Robby hat bei mir zwar Hausverbot, aber seit längerer Zeit schon macht er die Kontakte über Frank. Frank ist ein armes Schwein, letztlich, weil er sich selbst jetzt mit dem Aitsch endgültig den Rest gibt. Der braucht inzwischen jeden Tag so viel Kohle, dass er einfach dealen muss. Er weiß, dass das nicht in meiner Kneipe läuft, und daran hält er sich auch, denn einmal hab ich ihm ziemlich eins auf die Glocke gegeben. Trotzdem macht er hier die Absprachen. Was soll ich machen?

*Aitsch* engl. Aussprache des Buchstabens »H«, der hier für Heroin steht

Er kam also rein mit Biggi und sie setzten sich gleich an den Tresen. Es war der Tag, als ich diesen Schwarzen, von dem ich mir den Namen nie merken konnte, zu Jochen auf den Schrottplatz vermittelt hatte. Das weiß ich noch. Ich hatte die beiden noch gar nicht richtig wahrgenommen, weil ich Flaschen aus Kästen in die Kühlfächer räumte. Dann sah ich hoch und er grinste mich breit an. Ich habe mich tierisch gefreut.

Wir haben uns gegenseitig in die Hände geklatscht und ich hab dabei ein lautes »Hey!« ausgerufen. Dann habe ich ihn stumm angesehen und nur leicht genickt. Schließlich sagte ich: »Wie war die Wüstenwanderung?«

Und er gab so eine unheimlich gute Antwort: »Liegt verdammt tief da, das Grundwasser.«

Ich spendierte erst mal für beide einen O-Saft und stellte ihm außerdem ein Glas Wasser dazu – er grinste. Erstaunt war ich darüber, wie offen er mit mir über die Klinik und den

Entzug sprach. Es saßen ja noch andere herum und konnten mithören. Er erzählte es auch überhaupt nicht wie eine Heldengeschichte, sondern sehr nüchtern, aber doch so, dass man die Abgründe, die sich in so einem Laden auftun, ahnen konnte. Er war sehr klar im Kopf, was mir gefiel. Vorher war das nicht immer so gewesen.

Wir haben lange geredet, bis es dann voller wurde und viel zu tun war.

Vor dem ganzen Scheiß damals war er fast täglich hier gewesen, obwohl er manchmal nur durch den *Park* ging, »Hallo!« sagte, und weg war er wieder. Es gab aber auch Abende, an denen sie alle bis ein Uhr in der Nacht und länger hier saßen. Meistens spielten sie dann Kicker. Ich glaube, er war damals beinahe jeden Tag drauf. Und beim Kickern ging es gar nicht ums Gewinnen, sie spielten auch nie um Runden oder so etwas. Nein, es ging einfach nur um den Spaß. Die waren oft so high, die trafen die Kugel kaum noch. Ich denke, die haben die ganze Zeit nur Filme gesehen. Diese drehenden Figuren, der schnelle Ball, die Musik und die eigenen Bewegungen – all das wurde in ihrem Kopf zu etwas ganz anderem. Sie hatten eine Riesengaudi dabei. Traf einer den Ball nicht, konnten sie sich minutenlang schieflachen, bevor sie weiterspielten.

*drauf sein* im Drogenrausch sein

*Film* → Seite 287

Alkohol hat er hier nie getrunken, jedenfalls nicht dass ich mich daran erinnern könnte. Sie hatten, bevor sie hier auftauchten, immer etwas geraucht oder geschmissen und waren einfach lustig drauf. Gekifft haben sie auch hier öfter, das ist bei mir erlaubt. Irgendwann am frühen Abend verschwanden sie dann meistens und tauchten oft so gegen Mitternacht noch einmal auf.

Ich mochte ihn einfach, weil er immer nett und freundlich und hilfsbereit und was weiß ich alles war. Er war kein Angeber und er war auch kein Duckmäuser. Solche Jugendlichen

Pille – Ein schwieriger Weg zurück | **35**

gefallen mir. Wenn es mal sehr voll war und ich jemanden brauchte, der mir Getränkekästen aus dem Keller raufschleppte, dann musste ich nur ihn fragen. Es war einfach kein Problem. Und er tat das nicht deshalb, weil ich im Gegenzug ein Getränk spendierte.

Kohle hat er soundso immer genug gehabt. Die Eltern haben ziemlich viel Asche, und spätestens als er ins Dealen einstieg, hatte er immer Pulver. Der hat hier nie einen Deckel gemacht.

Ich weiß nicht, warum ich ihm nie übel genommen habe, dass er plötzlich dealte. Wahrscheinlich weil er immer fair blieb und weil er mir einmal nachts erzählte, dass er sich durch Qualität von den anderen Dealern absetzen wolle.

Und er wollte anderen Leuten einfach ein paar tolle Stunden im Leben ermöglichen. Na ja, ist so eine Sache damit. Jedenfalls bekam er immer nur beste und reinste Ware. Während den anderen Dealern auch schon mal ziemlich miese Ware untergeschoben wurde, hatte Pille nur beste Qualität. Er musste sich da irgendwie eine besondere Stellung erarbeitet haben bei den Leuten, die das Zeug in die Stadt brachten. Er sagte mir einmal, dass er seine Kunden ja schließlich auch vor dem Tod bewahren müsse, deshalb würde er nur Qualität wollen. Und er wusste, wie er sie bekam.

Allerdings hatte er auch Ärger deshalb, denn sein Verhalten passte einigen Dealern natürlich nicht. Unter denen, die ich kenne in der Stadt, gibt es verdammt miese Schweine. Eigentlich wundert's mich, dass die noch leben.

Er bot mir auch ein paarmal an, Musik im *Park* zu machen, aber ich hab es mit dieser elektronischen Musik nicht so.

Es wurde schließlich voller und ich hatte kaum noch Zeit zum Erzählen. Die beiden gingen dann auch recht früh. Erst als ich nachts die Kneipe abgeschlossen hatte und nach Hause ging, musste ich wieder an Josh denken. Dass es ihm noch nicht besonders gut ging, das war zu sehen gewesen, aber er schien doch erst mal ganz fidel zu sein.

**Einmal** unterhielten wir uns bei ihm unten, welche früher die verrücktesten Filme gewesen waren, die wir gehabt hatten. Ich selbst hatte irgendwann aufgehört mit den Pillen, denn meistens war ich auf Horrortrips gekommen. Die Filme kann man ja oft gar nicht richtig nacherzählen, weil alles nur so flüchtige Eindrücke sind, weil sich alles permanent wandelt, noch stärker als in Träumen, aber manchmal ist es doch etwas zusammenhängender.

*Pillen*
Drogen in Tablettenform
*Horrortrip*
→ Seite 287

Er lag auf dem Bett, ich saß in einem der Sessel.

Pille grinste zu mir rüber: »Kannst du dich an den Nachmittag bei Bene erinnern, wo ihr mir am anderen Tag gesagt habt, dass ich ein paarmal ganz laut geschrien hätte?«

»Ja, du kamst rein und bist gleich ans Fenster gegangen und hast ein paarmal irrsinnig laut Benes und Biggis Namen rausgebrüllt. Wir mussten natürlich lachen, haben dann aber doch lieber das Fenster zugemacht. Dann saßest du eine Weile weggetreten in der Ecke.«

Er nickte. »Ich hatte einen Trip geschmissen zu Hause und mich kurz darauf auf den Weg zu Bene gemacht. Alles begann mit einem Graffito an einer Wand, in dem plötzlich die Buchstaben tanzten. Ich lebte auf einmal in einer Buchstabenwelt. Alles war voller geheimer Bedeutungen und Botschaften. Nach dem Graffito sah ich in den Autos Bedeutungen. Der erste Wagen, den ich so wahrnahm, war ein BMW, und sofort wusste ich: *B*enedikt *m*uss *w*einen. Ich wusste nicht, warum, aber dann wurde mir klar, dass Benedikt Kummer hatte und ich schnell zu ihm musste. Der nächste Wagen war ein Audi und da wusste ich, dass Biggi ebenfalls Kummer hatte: *Au*ch

Pille – Ein schwieriger Weg zurück | **37**

*die*. Nun war mir alles klar: Benedikt war in Biggi verknallt. Obwohl ich ja mit ihr ging, fragte ich mich jetzt, ob wohl auch Biggi in ihn verliebt war. Vielleicht stand ich den beiden in einer großen Liebe im Weg. Das wollte ich aber nicht. Nein, ich, nur ich konnte sie doch zusammenführen und das wollte ich tun. Sofort. Wenn sie sich wirklich so sehr liebten, dann wollte ich sie zusammenbringen. Ich wusste, dass nur ich das konnte.

Plötzlich setzten sich auch die Häuser aus Buchstaben zusammen. Die Häuser waren Gebilde aus geometrischen Buchstabenformen. Sie bestanden besonders aus H's, die Fenster waren O's, die Balkone U's, Türen bestanden aus zwei T's. Alles war aus Buchstaben, die sich plötzlich vermischten und zu Wörtern und Sätzen zusammenzogen, alles in einer ungeheuren Geschwindigkeit und mit irrsinnigen kreisenden oder schraubenden Bewegungen, zum Schwindligwerden. Plötzlich bestand ein Haus an einer Straßenecke nicht nur aus Buchstaben, sondern die Buchstaben sagten mir: *Blumen sind Häuser ohne Dächer. Käfer brauchen Panzer.*

Das nächste Haus bestand aus einer Wortkette, die mir zuerst gar nichts sagte: *Blühen Weiden Liebe Wächst Moos Dichte Wärme Bebt.* Doch dann ahnte ich auf einmal, dass Benedikt nicht zu Hause sein würde, sondern sich unter Weiden mit Biggi traf. Sie lagen auf dichtem Moos, die Wärme wuchs zwischen ihnen, blühend und bebend wie die körperliche Liebe.

Ich begann zu rennen.

Als ich bei Benedikt ankam, stand auf dem Haus ein riesiges *Sehnsucht*. Wir alle gehörten zusammen. Ich wusste das. Wir konnten der Welt so viel Liebe geben und die Welt brauchte Liebe. Als ich im Treppenhaus die Stufen hochging, befand ich mich inzwischen mitten unter Buchstaben, die um mich herumtanzten und wirbelten und mit mir gingen und hüpften und mich zogen und mich hochhoben und … Alles riss mich mit. Ja, die Buchstaben konnten gehen. Sie konnten auch lachen. Ich griff durch das Dreieck eines A, das sich aber sofort wieder verwandelte zu einem N, und schon tanzte es davon. Es war einfach alles in Bewegung.

Bei Benedikt lief die Musik. Jetzt flogen mir die Buchstaben aus den Boxen zu, sie umschwebten mich und ich setzte mich auf den Boden und sah zum offenen Fenster raus. Es wimmelte von Buchstaben, die schwirrten und verschwanden. Draußen am Himmel, überall. Ich schloss dann die Augen und sah mich schließlich auf dem unteren Schwung eines S, das mich mit sich gerissen hatte. Das S legte sich leicht nach vorne und verschwand mit mir durch das offene Fenster nach draußen. Ich schwebte plötzlich über Häuser und Straßen, hoch in den Lüften. Wir flogen inmitten eines Sturms anderer Buchstaben über die Stadt und bildeten den Satz: *Die Liebe ist das einzige Versprechen Gottes*. Ich saß in dem S von *Versprechen*, konnte mich aber gleichzeitig in einer Außenperspektive winzig klein in dem ganzen Satz sehen, der vor dem blauen Himmel und vor einzelnen Schäfchenwolken dahinschwebte. Ich saß ganz winzig unten in dem S. Während wir weiterflogen und sich die Buchstaben immer neu mischten und mal der eine vor uns war und mal der andere, entstand der Satz: *Körper wollen keine Kriege!* Wie Pfeile schossen jetzt Rufzeichen an uns vorbei und auf den Satz zu und sie zischten mit voller Wucht durch das O.

Wir schwebten über einer Wiese, auf der Biggi und Benedikt auf der Linie, die die Oberseiten der Buchstaben UVWXY bildeten, gingen und jetzt zu zweit auf dem rechten Arm des Y standen, um zum Z hinüberzuspringen, aber der Abstand dorthin war zu groß und ich sah, wie sich das Z zur Seite legte, um zu einem N zu werden und um ihnen *Nein!* zu signalisieren. ›Nein!‹, hab ich ihnen mehrmals zugeschrien, ›nein!‹, aber sie schienen mich nicht zu hören.«

»Ja, stimmt, auch Nein hast du ein paarmal irre laut gebrüllt.«

»Dann war ich selbst das Z und das S zugleich. Ich nahm jetzt die Zügel des S mit beiden Händen und ritt es hinüber. Ich wollte, dass wir uns einhaken zwischen dem rechten Arm des Y und dem linken Zahn des Z. So würden die anderen über den ersten Bogen unseres S klettern können und sich dann wie auf einer Rutschbahn hinuntergleiten lassen in die Windung des zweiten S-Bogens, um von dort auf das Z zu steigen. Dann hätten wir es alle zusammen geschafft.

Zett – das war die Welt, in der wir leben wollten. Das war unsere Welt. Das Zett war warm umrankt von bunten Blütenlianen und Menschen lebten darin.

Weißt du noch, im Copy-Shop hab ich ein paar Tage danach T-Shirts für uns alle bedrucken lassen, auf denen einfach nur ›Zett‹ stand. Auch Future bekam eins.«

Ich nickte. Ich hatte das T-Shirt natürlich noch, hatte es aber nie getragen, seit er zurück war, außer ein paarmal beim Renovieren mit Andy.

Über Biggi und Bene hab ich nichts gesagt.


**Die** Wochen vergingen wie im Flug. Trotzdem zog es sich für ihn selbst hin, diese Lernerei, diese Unsicherheit, vielleicht doch zurückgestuft zu werden, falls er durch die Nachprüfung fiele. Es war hart für ihn. Aber er wollte es schaffen. Auf gar keinen Fall wollte er in eine andere Klasse.

Unter der Woche lief eigentlich immer alles ganz normal. Nach wie vor war ich fast jeden Nachmittag bei ihm, außer montags, da hatte er Nachhilfe, und mittwochs, da hatte er auch Nachhilfe und ich war beim Tanzen. Ich tanze in einer Schule, lateinamerikanisch, klassisch, modern, alles eben.

Manchmal tanze ich außerdem in einer Gruppe mit, die bei Veranstaltungen auftritt, dann müssen wir öfter proben, auch an den Wochenenden. Das macht echt Spaß. Ich tanze schon, seit ich zehn bin.

Schwierig wurde es für uns an den normalen Wochenenden. Josh war dann nie dabei. Von Freitagabend bis zum Sonntag waren wir eigentlich immer drauf, das war nach wie vor so, auch wenn uns die Geschichte mit Josh eine Warnung hätte sein müssen. Aber mindestens am Samstag fuhren wir ins *Up in the sky*. Dann wurde dort Techno gespielt und wir tanzten ohne Unterbrechung die ganze Nacht durch. Je nachdem, wie man drauf sein wollte, brauchte man zwei oder drei Pillen und Speed und vielleicht LSD und Shit natürlich. Im *Sky* gibt es eigentlich alles. Manche rauchten auch Bleche oder zogen Lines, aber das war nicht unser Ding.

Die Dealer stehen in den Gängen zu den Klos. Jeder kennt sie. Sie haben genau miteinander abgeklärt, wer was verkauft, damit sie sich nicht in die Quere kommen. Der Besitzer vom *Sky* weiß das zwar, aber es macht nichts, denn wenn keine Dealer da wären, würde keiner in seine Disco kommen. Das weiß er auch. Er braucht die Dealer. Wenn man bei den bekannten Gesichtern kauft, kann man sich meistens darauf verlassen, dass es vernünftige Ware ist. Wenn sie Scheiße verkaufen würden, bräuchten sie sich da nicht mehr blicken zu lassen. Und das können sie nicht riskieren, denn sie verdienen eine irre Kohle dort. Trotzdem haben wir auch mal beschissenes Zeug erwischt. Man weiß ja nie, was drin ist in den Pillen. Wenn man Glück hat, kotzt man nur. Wenn man Pech hat, haut's einem den Kopf durcheinander und man ist nur beschissen drauf. Hat Horror. Na ja, und wenn man's ganz schlecht erwischt, eben …

Das *Sky* hat bis sechs Uhr morgens geöffnet. Um genau die Uhrzeit macht dann das Bistro nebenan auf, sodass man etwas

*Speed*
→ Seite 287
*LSD*
→ Seite 287
*Shit*
engl. »Scheiße«, hier: Haschisch
*Blech*
→ Seite 287
*Line*
→ Seite 287

frühstücken kann. Wir wussten immer, dass wir nach acht Stunden Tanzen etwas essen und vor allem viel trinken mussten. Die meisten, die die Nacht durchtanzen, trinken zu wenig. Wir auch. Ein paarmal hatten wir schon erlebt, wie Leute plötzlich auf der Tanzfläche zusammenklappten und völlig weg waren. Einer hat sich mal tierisch den Kopf eingeschlagen. Den mussten sie mit Blaulicht ins Krankenhaus fahren. Wir kifften dann nach dem Frühstück, um wieder runterzukommen. Für Bene und mich war immer klar, dass wir sonntags nichts mehr warfen. Rainer warf sowieso meistens nichts. Der steht mehr auf Alk. Aber bekifft waren wir eigentlich immer den ganzen Sonntag über. Montags war's hart.

Bene, Rainer und ich trafen oft ein paar andere Leute im *Sky*, die zwar aus anderen Orten kamen, die wir aber inzwischen gut kannten. Es ist schon ein geiles Gefühl, wenn in einer ganzen Disco fünfhundert Leute total gut drauf sind und miteinander tanzen. Es gibt überhaupt keine Aggressionen oder so was. Einfach nur Musik hören und tanzen und gut drauf sein und Freude mit anderen haben. Wo gibt's das schon? Ich meine, die Leute schütteln darüber immer den Kopf, aber sonst ist es in unserer Gesellschaft doch total krass. Überall geht es nur um Leistung und Kohle und Konkurrenz und Besitz, und keiner gönnt dem anderen etwas.

Während wir also an den Wochenenden einen Film nach dem anderen hatten, saß Josh zu Hause. Er ging höchstens mal zu Future. Ich glaube, das alles war sehr schwierig für ihn.

Also, für mich war es auch schwierig, weil alles so ungeklärt war zwischen uns – und wir sprachen auch nie drüber.

Wir hätten uns mehr um ihn kümmern müssen, irgendwie, so oder so, aber wir hatten keinen Bock darauf, an den Wochenenden nur so rumzuhängen. Und er wollte ja nie mit. Wir haben das auch nicht so richtig verstanden, damals, glaube ich. Also, irgendwie gab's da keine Lösung. Jedenfalls bin ich am Sonntagabend meist noch zu ihm, ohne Bene, wenn ich nicht mehr so drauf war, wollte mich noch mal sehen lassen bei ihm. Aber das brachte es meist nicht so.

Nach den Wochenenden war es immer schwierig. Einmal, an einem Montag, Benes Band probte ausnahmsweise, da ging ich am frühen Abend noch zu Josh. Er hatte nicht mit mir gerechnet. Er war oben und saß vor dem Fernseher, aber dann gingen wir nach unten. Er schaltete nur die kleine Lampe mit dem gelben Schirm ein und es war total gemütlich in seinem Zimmer. Wir legten uns aufs Bett und er streichelte mein Gesicht. Dann stand er auf und schloss die Tür ab. Ich wurde aufgeregt. Wir hatten nicht miteinander geschlafen, seit er zurück war. Es war einfach nicht …

Josh war der erste Junge, mit dem ich geschlafen habe. Ich erinnere mich ganz genau daran. Ich hatte Angst, fast alle Mädchen haben etwas Angst davor und sind irre aufgeregt. Na ja, und dann passierte es. Natürlich hat es einen Moment wehgetan, aber er war danach total süß. Er stand vom Bett auf, nahm die Decke und legte sie über mich. Er kroch dazu und hielt mich fest, ganz fest. Seine freie Hand hielt meine freie Hand und dann küsste er mich auf die Stirn. »Tat's sehr weh?«, fragte er leise.

Ich schüttelte den Kopf und mir liefen die Tränen über die Wangen. »Halt mich jetzt fest«, antwortete ich. Ich glaube, er hat mich über eine Stunde lang im Arm gehalten, einfach so, und es war ein irre schönes Gefühl, da mit ihm unter der Decke zu liegen, so warm eingepackt, in seinen Armen.

»Alles in Ordnung?«, flüsterte er irgendwann in mein Ohr und ich habe einfach nur ganz leicht genickt. Ich werde das Gefühl nie in meinem Leben vergessen.

Als er sich jetzt neben mich legte, musste ich sofort daran denken. Er knöpfte mir die Bluse auf und küsste meinen Hals.

Mir gefiel das und ich entspannte mich. Dann zog er die Körbchen vom BH herunter und legte die Wange zwischen meine Brüste. So blieb er liegen und hin und wieder küsste er meine rechte Brust, die er mit einer Hand festhielt.

So lagen wir einfach nur still da. Weiter passierte nichts. Die ganze Zeit hatte er die Augen geschlossen; ich weiß es, weil ich seine Wimpern auf meiner Haut spürte, als er die Augen wieder öffnete. Eingeschlafen war er nicht. Woran er die ganze Zeit gedacht hat, weiß ich nicht.

Es war schön, so mit ihm auf dem Bett zu liegen, obwohl wir ein bisschen verkrampft waren. Irgendwann standen wir wieder auf. Und dann musste ich auch nach Hause.

Wir haben an diesem Abend nur ganz wenig gesprochen. Es war eigenartig.

Nach den Wochenenden war es oft merkwürdig zwischen uns allen. Ich erinnere mich an einen Sonntagabend, als auch Bene dabei war und wir spät von Josh nach Hause gingen. Bene sagte plötzlich: »Schon ein bisschen öde, so bei ihm rumzusitzen, wenn man überhaupt nicht übers Wochenende reden kann.«

»Ja, ich traue mich auch nie, etwas aus dem *Sky* zu erzählen, weil ich denke: Wie fühlt er sich dann bloß? So ausgeschlossen. Und er kennt ja auch viele von den Leuten gar nicht mehr.«

»Man fühlt sich auch immer so verantwortlich. Ich meine, sollen wir nicht mehr in die Disco fahren, weil ... Ich habe da bald echt keinen Bock mehr drauf.«

»Jetzt hör auf. Wir müssen es ihm ja nicht noch schwerer machen. Wenn er erst mal die Prüfung geschafft hat und alles wieder normal ist, irgendwie, dann wird das auch wieder anders. Ich meine, er traut sich eben im Moment nicht viel zu.«

»Trotzdem: Irgendwie gehört er doch gar nicht mehr richtig dazu.«

An diesen Satz musste ich Karfreitag sofort denken.

**Wir** saßen auf den Stufen vor dem Haupteingang, den Korb hatten wir seitlich unter der Treppe versteckt und warteten. Wir waren ziemlich albern drauf und mindestens so aufgeregt wie er da drinnen. Immer wieder sah Biggi auf die Uhr. »Oh, Mensch«, sagte sie einmal, »die machen ihn fertig.« Es dauerte viel länger, als sie ihm gesagt hatten, woraus wir schlossen, dass es eng wurde für ihn.

Dann stand er mit einem Mal in der Tür. Er hatte einen Kopf wie eine Tomate, grinste aber sofort – da wussten wir: Er hatte es geschafft.

Biggi sprang wie eine Wahnsinnige die Stufen hoch, fiel ihm um den Hals und knutschte ihn. Dann kamen die beiden herunter. »Glückwunsch, Alter!«, sagte Bene und gab ihm die Hand – das hatten die beiden sich so angewöhnt. Ich nahm ihn einfach in die Arme und klopfte ihm kurz auf den Rücken.

Als wir uns umdrehten, heulte Biggi, lachte aber dabei, während sie sich die Tränen wegwischte. »Ich bin so froh«, sagte sie und gab Pille noch mal einen Kuss. Dann kroch sie unter die Treppe und holte den Korb hervor.

»Hey, wollt ihr mir etwa einen Fresskorb schenken zur Feier des Tages?«

»Nein, wir fahren jetzt zusammen raus ins Grüne und machen ein Picknick.«

»Das ist eine tolle Idee!« Er strahlte über alle vier Backen.

Er war früher immer gerne draußen in der Natur gewesen, also hatten wir uns gedacht: Wir bereiten ein Picknick vor. Das würde ihm gefallen. Viel zu wenig hatten wir in den letzten Wochen miteinander unternommen und jetzt wurde es bald schon wieder Herbst.

Als er noch Pillen warf, war das mit dem Grün und den Bäumen und Blumen und den Wolken draußen im Freien noch etwas anderes gewesen, die Filme waren dann einfach andere, alles war so unendlich. Ich habe in der Zeit auch öfter Pillen geschmissen. Jetzt hatten wir natürlich keine dabei. Dieser Schwur galt für uns. So weit mussten wir zu ihm stehen, fanden wir. Ich werfe aber sowieso nur noch selten Pillen.

Wir fuhren also raus an den Stadtrand, wo wir uns eine Wiese zwischen einem kleinen Waldstück und einem breiten Bach mit Trauerweiden ausgesucht hatten. Unsere Räder legten wir ins Gras und gingen den Rest bis zum Bach und an ihm dann weiter entlang, bis wir eine schöne Stelle fanden, nicht weit von dem Wäldchen.

»Puh, Leute, ich hab's tatsächlich geschafft!« Pille ließ sich rückwärts ins Gras fallen, und sah in den Himmel. Er strahlte so, er war richtig stolz, glaube ich. Erst jetzt wich die Anspannung von ihm und er begann all die Fragen zu erzählen, die ihm den Schweiß auf die Stirn getrieben hatten. »Aber wisst ihr was?«, sagte er plötzlich und setzte sich aufrecht. »Es war trotzdem blankes Mitleid. Und der blöde Ohm hat es auch gesagt. Sowohl in Physik als auch in Mathe hätte er mich durchfallen lassen können. Aber die anderen Noten seien ja recht gut und er wolle einem jungen Menschen, der mal vom Weg abgekommen sei, nicht die Zukunft verbauen. Vom Weg abgekommen ... Dieses Arschloch! In diesem Schuljahr müsse ich aber deutlich zulegen in seinen Fächern, das stünde fest.«

»Das hat er echt gesagt?«, fragte Biggi. Sie war richtig empört.

Pille nickte.

»An so einem Tag, statt dass er was Positives sagt ...«

»Das ist sowieso ein Wichser«, meinte Bene.

Wir packten nun erst mal alles aus dem Korb und ich hatte auch einen ziemlichen Hunger. Dann wickelte Biggi die

Flasche Sekt aus dem feuchten Zeitungspapier. Und sie hatte tatsächlich Gläser mitgenommen. »Wir dachten, wir stoßen jetzt so richtig an. Deine Arbeit all die Wochen hat sich doch gelohnt! Du hast es geschafft.«

Pille nickte und lächelte.

Wir hielten unsere Gläser hin und sie schenkte ein. »Also«, sagte sie dann, »herzlichen Glückwunsch!«

Wir stießen alle an und tranken die Gläser in einem Zug halb leer. Dann begannen wir zu mampfen. Wir quatschten so über Gott und die Welt, alberten herum, aßen und waren auch schnell ein bisschen betüdelt. Als die Gläser leer waren, bekam Pille den Rest aus der Flasche. Ich lag auf einen Arm gestützt im Gras, ich konnte die Erde riechen und beobachtete einen Käfer. »Tja, bald wird's schon wieder kälter«, sprach ich so vor mich hin, während BeBi zum Bach gingen und ins Wasser hintersahen.

Pille wurde auf einmal schweigsam, kam es mir vor, er reagierte gar nicht mehr. Ich sah zu ihm hinüber: Er wirkte plötzlich so abwesend. Ich beobachtete ihn kurze Zeit aus den Augenwinkeln. Dann fielen mir seine unruhigen Augen auf, als würde er etwas suchen. Er wirkte angespannt auf einmal.

»Was ist?«, fragte ich.

Er antwortete nur: »Nichts«, ohne mich dabei anzusehen.

Und dann kam dieser verdammte Hubschrauber. Dieser verdammte Hubschrauber! Warum kommt ausgerechnet in so einem Moment ein Hubschrauber angeflogen? Wahrscheinlich hätten wir drei den gar nicht registriert, aber Pille sah wie vom Blitz getroffen in den Himmel, sicher hatte er ihn kommen hören, sprang dann auf und lief los wie ein Angestochener. »Weg hier! Versteckt euch!«, brüllte er zu uns zurück und rannte in einem Affentempo durchs Gras.

Wir lachten, weil wir dachten, er würde eine Show abziehen. »Ja«, rief ich ihm nach und hielt mir als Tarnung die leere Sektflasche vors Gesicht, wodurch BeBi noch mehr geierten und sich krümmten vor Lachen.

Weiter vorne warf sich Pille unter einen Busch, während der Hubschrauber hoch oben über unsere Wiese flog. Es war ein Polizeihubschrauber. Vermutlich war er auf dem Weg zum Autobahnkreuz, das in der Richtung lag, in die er weiterflog. Solche Einsätze gab es öfter.

Pille kroch um den Busch herum, sozusagen in den Rücken des Hubschraubers, und rannte erneut los. »Kommt! Weg hier!«, brüllte er.

Jetzt war uns doch nicht mehr zum Lachen. Irgendwie stimmte was nicht.

»Joshua!«, rief Biggi und es klang wie eine Frage.

»Joshua, jetzt komm zurück!«, brüllte Benedikt.

Ich sah ihm einfach nur nach. Es war voll schräg. Wie er da rannte. Völlig gehetzt. Einen Moment lang ging mir die Frage durch den Kopf, ob er tatsächlich mit seinem Dealen so viel Dreck am Stecken hatte, dass er überall vor der Polizei weglaufen musste, selbst vor einem Hubschrauber weit oben in der Luft?

Fast hatte er das kleine Wäldchen erreicht, als wir alle drei ohne ein Wort der Absprache fast gleichzeitig losliefen. Wir rannten wie um unser Leben. Wir riefen ihm auch nichts mehr zu, wir rannten ihm einfach bloß noch nach. Biggi fiel etwas zurück, aber auch sie hatte ich so noch nie rennen sehen.

Winzig klein erschien er mir, als wir ihn erreichten. Er hockte neben der Wurzel eines umgestürzten Baumes und zitterte am ganzen Körper, Schweiß lief ihm am Gesicht herunter. »Haut ab, was habe ich euch getan!«, brüllte er uns entgegen. Mein Gott, dieses Gesicht. Ich hatte noch nie so ein Gesicht gesehen. Benedikt und ich blieben stehen, unsere Lungen pumpten wie verrückt. Mein Herz hämmerte.

Dann näherte sich aber auch schon Biggi und sie ging

schnurstracks auf ihn zu und hockte sich neben ihn und legte ihm den Arm um die Schultern. »Wir sind's doch nur.«

Mit einem Ruck drehte er den Kopf zu ihr und starrte sie an. Er kam mir vor wie ein zu Tode verängstigtes Kaninchen.

»Biggi ...«

»Ja, ich bin's. Und da stehen Benedikt und Rainer.«

»Wo sind sie?«

»Wer?«

»Die Männer aus dem Hubschrauber.«

»Der Hubschrauber ist weitergeflogen. Sie wollten nicht zu uns.«

»Ich höre sie. Sie sind in der Nähe. Sie fangen meine elektrischen Wellen auf.«

»Sie sind weg, bestimmt.«

»Nei-n!«, brüllte er mit aufgerissenem Mund und geschwollener Halsader und wir zuckten alle zusammen. So erschrocken hatte ich mich nicht mehr, seit ich ein kleines Kind gewesen war. Aber Biggi blieb neben ihm sitzen und hielt ihn fest. Sie hielt ihn einfach nur fest. Seine Hand in ihrer. Ich sah, dass auch sie vor Anspannung zitterte.

»Joshua«, sie drückte ihn leicht an sich.

Und dann kam dieser drecksverdammte Hubschrauber doch tatsächlich zurück. Das durfte einfach nicht wahr sein!

Pille warf sich ausgestreckt, so eng es ging, an den Baumstamm; er lag richtig im Dreck. »In Deckung!«, rief er.

Es war ja völlig albern, aber sofort sprangen auch Bene und ich unter einen Strauch und duckten uns. Wir sahen zum Himmel und dem Hubschrauber nach.

Als das Geräusch kaum noch zu hören war, fragte er leise, ohne aufzusehen: »Landen sie?«

»Nein«, antwortete Biggi, »sie haben uns nicht gesehen.«

Er haspelte los: »Aber sie hören uns und wenn sie uns genau geortet haben dann kommen sie zurück sie wollen mich nur mich gleich haben sie raus wo wir sind …«

Darauf sagte Biggi doch tatsächlich: »Komm, wir müssen uns in Sicherheit bringen.«

Sie nahm seine Hand und lief einfach los – und er mit ihr. Bene und ich hinterher. Am Picknickplatz bestand Pille darauf, dass wir alle Spuren beseitigten, und so beobachtete er haargenau, ob wir auch ja alles in den Korb packten. Selbst den Korken sah er beim erneuten Losrennen im Gras liegen und ich musste ihn noch aufheben. Die ganze Zeit über hatte ich ihn in der linken Hand, und selbst als wir in seinem Keller angekommen waren und dort ratlos saßen, knetete ich ihn in den Händen, und ich besitze ihn noch heute. Wie ein kleines Männchen steht er in meinem Regal.

Als wir reinkamen, schrie er sofort, dass wir alle Fenster verdunkeln sollten. Er schrie so laut, dass seine Mutter heruntergestürzt kam. Sie nahm ihn in die Arme und versuchte ihn zu beruhigen, was aber zuerst überhaupt nicht gelang. Er zitterte und schwitzte. Zum Glück war sie zu Hause, denn ich weiß nicht, ob wir uns getraut hätten den Notarzt zu rufen.

**Es** war eine ungeheure Enttäuschung! Zwei Mal hatte ich im Büro an die Prüfung gedacht. Anrufen wollte ich nicht, um nicht zu viel Aufregung aufkommen zu lassen. Und dann … dann komme ich abends nach Hause und höre das.

»Er hat die Prüfung bestanden – aber er ist wieder in der Klinik« – so sagte sie es.

»Was!?«, schrie ich. Ich begriff den Satz zuerst gar nicht. Ich brachte beide Informationen nicht zusammen in meinem Kopf. »Was sagst du?«

»Ja. Sie haben ein Picknick gemacht, weil er bestanden hatte, und plötzlich kam ein Hubschrauber und es ging alles wieder los bei ihm. Sie haben ihn dann hierher gebracht. Er saß in seinem Zimmer in der Ecke rechts unter dem Fenster und ahnte wieder überall die Verfolger …« So weit kam sie, dann heulte sie auch schon Rotz und Wasser.

»Ach, warum kommt er denn nicht zur Ruhe?« Sie sank in einen Sessel.

Ich setzte mich auf die Bank am Kachelofen. Ich konnte nicht sprechen. War einfach nur fassungslos. Wohin sollte das alles nur führen? Wie wollte er durchs Leben kommen? Im Grunde war er doch jetzt schon ein Sozialfall.

»Sie haben Pillen geworfen, oder? Zur Feier des Tages. Sag es ehrlich!« Eine irrsinnige Wut schlich in mir hoch.

»Ich habe sie gefragt, sie sagen Nein.«

»Ach, das kann mir doch keiner erzählen! Wie soll das denn sonst kommen? Er hatte die Prüfung doch geschafft!!«

»Schrei mich nicht so an!«

Ich stand auf und ging in die Küche und wieder zurück, setzte mich erneut auf die kleine Bank. Wir verstummten beide. Ich war so völlig am Boden. Schließlich sagte ich:

»Entschuldigung. Bitte erzähl jetzt mal von Anfang an.«

Barbara erzählte mir dann alles, was sie wusste, und wie es im Krankenhaus gewesen war. Ich saß nur da und schüttelte den Kopf, immer wieder. Schließlich ging ich in die Küche, weil ich seit dem Mittag nichts gegessen hatte und jetzt doch sehr hungrig war. Beim Essen starrte ich nur auf die Tischplatte und schüttelte immer wieder den Kopf. Ich verlor meine Hoffnung. Aus ihm würde nie etwas werden. Er war einfach zu labil. Er konnte nicht nur nicht Frust aushalten, er konnte ja nicht einmal die minimalen Erfolge, wenn er dann mal welche hatte, genießen. Was für ein Mensch war er überhaupt? Während ich mir diese Frage stellte, hatte ich ein Gefühl, als würde ich auf einen fast Fremden hinabschauen. War man ehrlich, musste man zugeben, dass er das war, was man einen »Blender« nennt. Er war ja gar nicht dumm und machte besonders auf Frauen und Mädchen einen gewissen Eindruck, aber letztlich steckte doch nicht viel dahinter. Er hatte sich einen Charme zugelegt, der viele für ihn einnahm – ich wusste ja, dass ihn seine Mitschüler mochten –, aber er war einfach nicht leistungsfähig genug, nicht willensstark, und ihm fehlte letztlich so ein gewisser Biss, den man im Leben nun mal braucht, wenn man zu etwas kommen will. Nein, er war wohl einer, der scheitern würde im Leben, der irgendwann endgültig auf die schiefe Bahn geraten würde oder, wer weiß, in der Gosse liegen würde. Ein Sozialfall eben.

*lethargisch* Ich saß da am Tisch, starrte wie lethargisch vor mich hin
teilnahms- und und spürte einfach nichts mehr. Es war, als wäre mein Gehirn
interesselos wie ein Handschuh von innen nach außen gedreht worden. Ich war leer, müde, völlig kraftlos und … Was hatten wir nur für eine Familie fabriziert?

Irgendwann kam Pia in die Küche, um sich etwas aus dem Kühlschrank zu holen. »Hallo, Papa!«, sagte sie und umarmte mich von hinten. Ich legte meine Hand auf ihre Hände, die auf meiner Brust lagen. »Verzweifle nicht. Warte ab, was die Ärzte sagen und wie es in ein paar Tagen aussieht.« Sie streichelte mir über die Wange. »Du Armer.« Dann verschwand sie wieder.

Später hörte ich, wie Barbara ins Bett ging. Immer noch konnte ich mich nicht rühren. Ich trank ein Glas Wein und wechselte wieder rüber ins Wohnzimmer und löschte alle Lichter außer der kleinen Leuchte auf dem Ecktisch. Ich glaube, es war weit nach ein Uhr, als ich endlich ins Bett ging, ein bisschen angetrunken sogar, weil ich mir irgendwann die Weinflasche geholt hatte. Ich wollte einfach nichts mehr fühlen. So saß ich in einer diffusen Schwere da, wie am Ende einer

Flucht, bei der man endgültig weiß, dass man sich aussichtslos verrannt hat.

Stumm lag ich eine Weile lang auf der Couch und heulte irgendwann einfach in eins der Kissen.

Als wir ihn ein paar Tage später aus dem Krankenhaus abholten, fragte ich mich, ob das wirklich mein Sohn war. Er war blass und ging leblos wie eine Mumie neben uns über den Parkplatz zum Auto. »Ich will nach Hause«, das war alles, was er außer der Begrüßung gesprochen hatte.

Wohin auch sonst?, schoss es mir durch den Kopf. Natürlich hatten sie noch einmal die Dosierung der Medikamente hochgesetzt. Eine sehr nette Krankenschwester kam mit bis zur Eingangstür und klopfte ihm, ganz liebevoll lächelnd, auf den Rücken. Es wirkte sehr vertraut, aber auch hilflos. Die Fachleute wissen doch auch oft nicht weiter. Aber immerhin hatte uns der Arzt sagen können, wie das alles ausgelöst worden war.


**Er** ist einfach zu sensibel für diese Welt. Da hatte er eine so tolle Leistung gebracht, etwas, worauf er doch wirklich stolz sein konnte, aber auch das war zu viel für ihn. Ihn überforderte einfach vieles. Für solche Wesen wie ihn ist auf dieser brutalen Welt einfach kein Platz, habe ich manchmal den Eindruck. Wir wollen diese robusten Draufgänger, die egoistisch alles durchziehen, denen es egal ist, was um sie rum passiert – wo gehobelt wird, fallen Späne –, die ihre Erfolge wollen und sonst gar nichts. Aber er ... er hat nun mal eine Künstlerseele.

Ich bin trotz allem stolz auf ihn. Obwohl ich als Mutter natürlich oft enttäuscht war.

Ich wollte ihm immer zeigen, dass ich ihn verstand, seine

Leistung und seine Feinfühligkeit. Ja. Ich freute mich stellvertretend für ihn über die bestandene Prüfung, so kam es mir vor. Wenn er es nicht konnte, so wollte ich es für ihn tun. Ich hatte sogar eine Torte gekauft und Pia hatte bereits den Wohnzimmertisch gedeckt. Einer musste diese Freude ja ausdrücken. Vielleicht würde er einmal daraus lernen. Nicht jetzt, dazu war er noch zu jung, aber später einmal, da war ich mir ganz sicher. Ich nahm ihn in die Arme, als wir aus der Klinik wieder zu Hause waren, und drückte ihn ganz fest. »Mein Glückwunsch, dass du die Prüfung geschafft hast! Nachträglich, sozusagen.«

Er lächelte, aber so, als erreiche ihn das alles gar nicht, dann sank er in eine der Couchecken. Er gab ein so erbärmliches Bild ab, wie ein kleines Vögelchen kam er mir vor, dessen Eltern von der Katze gefressen worden waren, dem aber noch niemand das Fliegen beigebracht hatte.

Ungefähr eine Stunde lang saßen wir alle im Wohnzimmer. »Es ist doch toll, dass du jetzt in der Klasse bleiben kannst«, sagte ich, als wir alle unser Stück Torte auf den Tellern hatten, aber ich spürte sofort, dass er nicht reden mochte. Trotzdem: Ich wollte ihn noch bei mir haben. Und ich wollte nicht, dass er schon wieder nach da unten ging und einfach verschwand. Manchmal habe ich sowieso diese ganze Idee, die vordere Kellerseite für ihn auszubauen, für einen riesigen Fehler gehalten. Ich war ja von Anfang an nicht dafür gewesen, aber ich mochte ihm doch nichts verwehren, was er sich so sehr wünschte. Irgendwie fühlte er sich damals von uns eingeengt. Ich weiß bis heute nicht, warum. Und als Helmut diesen Ausbau für gar nicht so aufwendig erklärte, vorausgesetzt, Joshua und seine Freunde würden die Malerarbeiten übernehmen … Was sollte ich da noch dagegen haben?

So konnte Helmut sein: zielstrebig für andere etwas realisieren. Tatkräftig. Auch in unserer Ehe war das oft so. Zwar waren viele Ideen damals beim Hausbau oder für unsere Urlaube von mir gewesen, aber Helmut war derjenige, der sie umsetzte. Er war immer jemand, der anpackte. Deshalb habe ich ihn viele Jahre lang geradezu angehimmelt.

Aber letztlich ist uns Joshua ab dem Ausbau entglitten. Sonst hätte er auch die ganze Drogengeschichte gar nicht vor uns verheimlichen können. Wir haben ihm mit dem Ausbau doch erst die Möglichkeiten dazu geschaffen.

Es war immer mein Bestreben, ihm vieles im Leben zu ermöglichen. Es fing damals mit dem Schwimmverein an. Dann kam der Klavierunterricht. Später das Snowboardfahren. Er brach alles ab. Gut, sagte ich mir immer, dann war das eben alles nicht das Richtige für ihn. Als er sich dann für die Gitarre und kurz darauf für den Synthesizer begeisterte, da dachte ich: Jetzt, jetzt hat er das Seinige gefunden. Und das war es auch. Davon bin ich immer noch überzeugt. Ja, das war es. Aber nach dem Klinikaufenthalt war auch das nun erloschen.

Joshua blieb den Nachmittag über oben. Er sah fern und einmal telefonierte er länger, ich weiß nicht, mit wem.

Anschließend half er mir beim Abendessen und dann saßen wir alle wieder zusammen. Die meiste Zeit plapperte ich vor mich hin, ich wollte nicht, dass jetzt alle verkrampft schweigen. Ein richtiges Gespräch kam aber nicht auf.

Nach dem Essen saßen wir noch einmal im Wohnzimmer zusammen, auch wenn wir nur über Belanglosigkeiten plauderten. Pia ging schließlich rauf in ihr Zimmer, sie wollte früh zu Bett. Zwar hatte ich gedacht, dass wir vielleicht zu dritt ein Gespräch führen könnten, aber Joshua wirkte abwesend. Natürlich war alles sehr belastend für ihn.

»Ich bin total müde, ich muss jetzt schlafen«, sagte er schließlich in ein Schweigen hinein und stand auf. Er gab mir einen Kuss und wandte sich nach unten.

»Gute Nacht!«, sagte Helmut leicht nickend und lächelte ihm kurz zu.

Wir lauschten seinen Schritten auf der Treppe, dann war es still im Haus. Irgendwann sah Helmut zu mir herüber und sagte: »Und jetzt? Wie geht's jetzt weiter?«

»Ach, Helmut, ich weiß es nicht. Lass doch erst mal ein paar Tage vergehen. Ich hoffe, er ist am Montag wieder so fit, dass er zur Schule gehen kann.«

»Jedenfalls sollte er nicht allzu lange allein sein den ganzen Tag. Wer weiß, was sonst noch alles passiert.«

»Es war ein Versehen! Das konnten sie doch nicht ahnen. Jetzt wissen wir es.«

»Ein Versehen …«

»Ja, ein Versehen!« Ich ärgerte mich irrsinnig darüber, dass er schon wieder glaubte, es müssten Konsequenzen gezogen werden.

Und dann sagte er auch noch: »Ich habe heute darüber nachgedacht, ihn in ein Internat zu stecken.«

»Was!?!«, schrie ich. Ich sprang aus dem Sessel. »Ja, sag mal, bist du noch bei Trost!?! Musst du immer alles noch schlimmer machen, als es ohnehin schon ist!?« Ich kochte vor Wut und schoss durchs Wohnzimmer, warf die Arme in die Luft und fuhr mir mit den Händen durchs Haar.

»Was ist denn dein Vorschlag!?«, brüllte er.

»Jedenfalls braucht er jetzt seine Eltern, jetzt, genau jetzt!!«

»Gut, nimmst du dann die nächsten Tage Urlaub und kümmerst dich um ihn?!«

»Warum denn nicht du? Wie wäre es denn, wenn du ihm mal zeigen würdest, dass du als sein Vater zu ihm stehst!?«

»Ach, weil ich hier auch mal die unangenehmen Fragen stelle, stehe ich wohl nicht zu ihm. Wer hat sich denn vor die Lehrer gestellt und gebettelt, sie mögen ihm die Chance der

Nachprüfung geben? Du!?!« Plötzlich verlor er völlig die Kontrolle. »Du!? Na, sag schon!? Du!!?« Er klatschte mit der Handfläche gegen die Fliesen des Kachelofens. »Das darf wirklich nicht wahr sein hier!!« Er schoss herum, seine Augen waren kalt. »Dass ich zu ihm stehe, ha!!«

Plötzlich stand Pia in der Tür, wir hatten sie gar nicht kommen hören. »Papa«, sagte sie nur und Helmut verstummte sofort. Es entstand eine kurze Pause, dann schob sie nach: »Ich muss schlafen, es ist spät.«

»Entschuldige bitte. Ja. Wir sind jetzt leise, schlaf gut.«

»Gute Nacht!«, murmelte sie und wandte sich wieder zur Treppe.

Ich zitterte am ganzen Körper. Wir sprachen kein Wort mehr. Dann verschwand ich ins Schlafzimmer. So wie uns Pia gehört hat, so hat vielleicht auch Joshua jedes Wort unten im Keller verstanden.


**Ab** diesem Tag hatte ich Angst. Nicht vor ihm. Aber dieses Gesicht, das er gehabt hatte, neben dem Baumstamm hockend, zusammengekauert, zitternd, verzerrt. Es war nicht sein Gesicht, irgendwie. Es war, als wäre die Angst ein Gesicht. Natürlich wussten wir schon nach ein paar Tagen, dass es an dem Alkohol gelegen hatte, aber wenn man wirklich so schnell wieder auf einen Horrortrip kommen konnte, dann …

Die ersten zwei Wochen, als er zurück war, erfand ich öfter Ausreden, warum ich nach der Schule nicht zu ihm kommen könne – und ich ging auch nur noch gemeinsam mit Bene hin.

Er tat mir sehr leid und irgendwie liebte ich ihn auch immer noch. Nach wie vor begrüßten wir uns mit einem Kuss.

In der Schule verbrachten wir die Pausen zusammen und in seinem Zimmer saß ich auch meistens mit auf seinem Bett. Trotzdem war zwischen uns vieles unklar. Nur dass ich ihm weiterhelfen wollte, das stand für mich fest.

Obwohl er jetzt erneut im Unterricht gefehlt hatte und einiges nachholen musste, sprachen wir kaum noch über die Schule. Für manche Fächer nahm ich nachmittags gelegentlich meine Hausaufgaben mit zu ihm, dann verglichen wir sie.

Ich machte mir große Sorgen um ihn, wusste aber nicht, was ich tun konnte. Natürlich hätte ich ihn davon abgehalten, Alkohol zu trinken, aber dass er das von jetzt ab auch nicht mehr durfte, das wusste er selbst.

Bene und ich unternahmen jetzt auch öfter allein etwas, wenn er keinen Nerv hatte, bei Josh unten zu sitzen. Wir gingen einkaufen oder hörten in einem Laden CDs oder saßen in einem Eiscafé oder bummelten einfach nur durch die City. Wir erzählten Josh nie davon. Es war so ein blödes Geheimnis, aber einmal stießen wir drei eben doch in der Stadt aufeinander. Bene und ich spazierten gerade durch die Fußgängerzone, als Josh plötzlich vor uns stand.

»Na, ihr zwei«, sagte er und lächelte.

Mir wurde heiß und die Röte schoss mir ins Gesicht. »Hallo!«, sagte ich und wir gaben uns einen flüchtigen Kuss.

»Was macht ihr?«, fragte er und versuchte es ganz normal klingen zu lassen. Er hatte seinen Rucksack auf und trug den roten Anorak.

»Och«, meinte Bene, »eigentlich nichts Besonderes. Musste nur schnell was besorgen. Bist du gleich zu Hause?«

»Klar.«

»Vielleicht komme ich noch vorbei.«

Bene sah mich an und ich nickte und sah Josh an: »Und was machst du?«

»Ich brauchte eine neue Jeans.« Er lächelte etwas verschmitzt: »Aus den alten bin ich rausgewachsen …«

Wir lachten ganz laut, so gekünstelt irgendwie.

»Ja«, sagte Bene, »ich muss auch stärker auf meine Figur achten.«

»Ach«, sagte ich, »und welche Diät machst du gerade?« Wieder prusteten wir los.

»Ich weiß die sicherste«, warf Josh ein.

»Und?«

»Einfach nichts essen.«

»Nein.«, meinte Bene, »ich trinke jetzt immer Schlimm-Fraß oder wie das heißt. Das ist hundert Prozent Chemie und klebt dir den Magen zu und du kommst gar nicht mehr auf die Idee, dass du Hunger haben könntest.«

So alberten wir herum, minutenlang. Plötzlich blies uns ein kalter Wind entgegen und wir drehten uns mit den Rücken dagegen. Ich blickte kurz zu Bene und bemerkte, dass er Schweiß auf der Stirn und über der Oberlippe hatte.

Neben mir trieb eine Plastiktüte die Fußgängerzone hinunter. Ein Paar Tauben schreckten auf, als sie auf sie zutrieb. Dann wehte sie gegen das Bein eines Mannes, der wild strampelte, um sie wieder loszuwerden. Ich musste lachen. Weiter unten schlug sie in einen Fahrradständer, rutschte auf den Boden und wurde erneut vom Wind aufgegriffen.

»Also«, sagte Josh und drehte sich zu uns. »Ich ziehe mal weiter. Ihr könnt ja noch kommen, wenn ihr alles erledigt habt. Und wenn ihr Lust habt.«

»Ja, mal sehen«, nickte Bene.

Ich gab Josh einen Kuss, dann bog er links in die schmale Gasse neben der Wallfahrtskirche ein. Mit beiden Händen kramte er im Nacken und holte die Kapuze seines Anoraks hervor. Er war der Einzige, der die Gasse hinunterging. Ich konnte nicht anders und musste ihm nachsehen. Das war so ein Bild, das ich nicht vergessen werde, ich weiß nicht, warum. Umgedreht hat er sich nicht mehr.

In der Zeit nach dem Picknick war er brutal einsam, glaube ich. Für ihn war jetzt noch mehr zusammengebrochen. Er wurde auch ängstlicher. Ja, er hatte Angst, richtige Angst. Einmal sagte er den Satz: »Ich habe keine Ahnung, was alles noch mit mir passieren kann.« Und kurz danach fügte er hinzu: »Ich weiß gar nicht mehr, wer ich bin; ich muss mich neu kennenlernen. Aber ich weiß gar nicht, ob ich der Neue sein will.«

Das klang schon alles komisch, ziemlich verrückt eigentlich. Obwohl: Manchmal, manchmal konnte ich ihn verstehen, aber nur kurz, dann war es wieder weg, das Gefühl. Einmal abends im Bett erinnerte ich mich daran, wie ich als Kind meine Hand angesehen hatte und sie betrachtete, als würde sie gar nicht zu mir gehören. Die Finger, die Nägel, die Gelenke, die Haut – alles war so fremd. Als würde da einfach so eine Hand liegen. Das war eigenartig gewesen. Auch jetzt stehe ich manchmal vor dem Spiegel, sehe mich und denke: Das bin ich. Dann ist da ein Gesicht, das ich nur ganz selten wirklich sehe und das meins ist. Und das Gesicht starrt mich an. Aber ich selbst bin ja das Gesicht, das mich anstarrt.

Vielleicht geht es ihm so ähnlich, dachte ich damals.

Wenn man Pillen schmeißt, dann ist man auch so ein komisches Ich. Man ist ganz anders, obwohl man sich sagt, dass man es selbst ist, aber eigentlich ist man es ja gar nicht selbst, irgendwie. Trotzdem ist man derjenige, in dem das alles abläuft. Man ist so ein eigenartiges Wesen, das alles empfindet, was so passiert im Kopf, obwohl es ja gar nicht passiert, wirklich, aber eigentlich ja auch doch, also … Manchmal weiß man doch gar nicht, was ist und was nicht ist.

Nachdem Bene und ich weiter die Fußgängerzone raufgegangen waren, fühlte ich mich auf einmal ganz mies. Wir wollten beide nicht zu Josh, aber ich wollte auch nicht mit zu Bene gehen, irgendwie. Wir trennten uns und ich ging nach Hause.

**Wir** hatten uns lange nicht gesehen. Auch dass er in die Klinik gekommen war, hatte ich erst nach einiger Zeit erfahren. Wir hatten schlicht keinen Kontakt mehr. Ungefähr ein Jahr zuvor hatte ich mich von ihm getrennt.

Umso überraschter war ich, als er plötzlich am Apparat war. Sein Anruf freute mich, sehr sogar. Es war früher Abend, ich war noch gar nicht lange von der Arbeit zu Hause. Da wir noch ein Telefon mit Kabel haben, saß ich die ganze Zeit auf dem Hocker im Flur und starrte auf die gestickten Bilder meiner Mutter an der Wand. Ich zog ein Bein an, griff an meinen Fuß und spielte dann die ganze Zeit an den Zehen.

Als ich fragte, warum er anriefe, antwortete er: »Nur so. Wir haben uns lange nicht gesehen. Ich wollte hören, wie es dir so geht.«

Zunächst erzählten wir beide einfach so drauflos. Er berichtete von der Klinik, von der Rückkehr und wie es jetzt in der Schule weitergehen sollte. Was zuletzt passiert war, davon erzählte er nicht. Ich erfuhr es erst später. Ich erzählte von der Lehre, von den Kollegen und dass noch nicht klar sei, ob ich im nächsten Jahr übernommen würde, aber falls ja, würde ich mir eine eigene kleine Wohnung suchen.

Das fand er natürlich spannend. »Allein?«, fragte er.

»Hm, weiß nicht, ja, aber vielleicht auch mit Nicki. Ich hab sie aber noch gar nicht gefragt, hat ja auch noch Zeit.«

»Das ist toll, bestimmt. Freue mich auch drauf, auf meine erste eigene Wohnung.«

Ich nickte stumm vor mich hin.

Eigentlich klang er ganz munter. Vielleicht riss er sich mir gegenüber aber auch nur zusammen, ich weiß es nicht. Schließlich dachte ich schon, dass wir am Ende unseres Gesprächs sein würden, wir wechselten noch ein paar Floskeln und ein paar alberne Sprüche, aber dann wandelte sich unser Gespräch noch einmal und wurde ernster.

»Mein Leben ist im Moment etwas träge«, meinte er, »wenn ich nur die Schule schon hinter mir hätte.«

»Na ja«, lachte ich, »für mich ist es anders: Der Berufsschultag jede Woche ist schön. Ich bin etwas eher zu Hause und mit dem Unterrichtsstoff habe ich eigentlich keine Probleme.«

»Ach, weißt du, ich würde gerne endlich was Richtiges tun. Dieses unproduktive Rumgehocke in der Schule nervt mich.« Jetzt klang er doch etwas deprimiert.

Ich kannte diese zwei Seiten an ihm. Am Anfang, als wir damals zusammen waren, passierte das auch öfter. Er war lustig und aufgekratzt, aber innerhalb einer halben Stunde wurde er plötzlich ernst und war gar nicht mehr richtig ansprechbar. Man musste sich dann um ihn kümmern, ihn ein bisschen bemuttern, schließlich ging es irgendwann wieder. Wegen irgendwelcher Kleinigkeiten konnte er plötzlich tierisch durchhängen. In der harten Drogenzeit änderte sich das allerdings völlig, da war er nur noch aufgekratzt, jedenfalls soweit ich das noch beurteilen kann. Einfach immer gut drauf. Aber welcher Mensch ist schon immer gut drauf? Also, ich jedenfalls nicht.

Für mich war das der Zeitpunkt des Ausstiegs. Da waren wir über ein Jahr zusammen gewesen. Ich habe ihn wirklich geliebt. Er konnte so einfühlsam sein. Mich hat auch nie gestört, dass er zwei Jahre jünger war als ich. Er wirkte ohnehin älter, sah toll aus und hatte echt Charme.

Auch Doreen und Pascal mochten ihn. In der Anfangszeit

haben wir vier wirklich viel zusammen unternommen. Natürlich war Joshua ein bisschen das Nesthäkchen. Aber mir gefiel das auch. Manchmal sagte ich, wenn ihn die anderen wegen irgendetwas aufzogen: »Lasst meinen Süßen in Frieden«, und nahm ihn in die Arme. Also, unsere Zeit zu viert war wirklich schön. Ich habe das nach der Trennung ein paar Monate lang sehr vermisst, auch weil Doreen und Pascal dann öfter etwas ohne mich unternahmen. Mit zwei Paaren ist es anders als zu dritt.

Als das mit den Drogen zunahm, bekamen Joshua und ich öfter Streit. Ich wollte nicht die ganze Zeit über, wenn wir zusammen waren, drauf sein. Und als das mit dem Dealen immer schlimmer wurde, ging es in seinem Leben fast nur noch um Drogen. Das wurde immer extremer, und darauf hatte ich keine Lust. Zuerst haben wir uns nur gestritten, weil ich nicht wollte, dass alles, was wir unternahmen, davon abhing, ob er gerade auf Business war oder nicht. Aber irgendwann war den ganzen Tag Business. Er versprach mir immer alles Mögliche und meistens ließ ich mich bequatschen, jedenfalls in der ersten Zeit. Es änderte sich nie etwas. Mit ihm ernsthaft darüber zu sprechen, wurde immer schwieriger, weil er sehr oft drauf war.

*Business* engl. »Handel«, hier: Handel mit Drogen

Als ich eines Abends allein zu Hause war, habe ich entschieden, dass ich so eine Beziehung nicht wollte. Ich wollte ihm das in aller Klarheit sagen und mit ihm darüber reden, aber dazu kam es ein paar Tage lang gar nicht. Dann haben wir uns gestritten, an einem Freitag, am Teich im Stadtpark. Es nieselte leicht, die Stämme der Bäume glänzten schwarz und auf der Wasseroberfläche lag diese Musterung durch Tausende von Regentropfen. Ich habe das Bild noch vor Augen, und die Stimmung damals spüre ich immer noch.

»Hör zu, Joshua«, brüllte ich ihn an, weil wieder alles total schräg ablief, und es muss das erste Mal gewesen sein, dass ich nicht »Pille« zu ihm sagte, »ich habe jetzt endgültig keinen Bock mehr auf die Drogenscheiße. Und ich werde nicht die ganzen nächsten Stunden mit dir rumhängen, um das Zeug zu verkaufen. Ich gehe jetzt nach Hause. Wenn dir an unserer Beziehung etwas liegt, dann komm morgen zum Frühstück. Ich möchte, dass du am Wochenende nichts einwirfst, dass wir nicht bei Future rumhängen, sondern dass wir mal vernünftig über alles reden und was Schönes unternehmen. Lass ja den Stoff zu Hause. Wenn du nicht kommst, ist Ende!«

Er machte zwei Schritte auf mich zu und wollte mich in die Arme nehmen, »Ramona ...«, aber ich wich aus.

»Hör auf mit deinem ›Ramona‹ ...«

»Pass auf, ich mache einen Vorschlag: Geh schon mal nach Hause. Wenn ich alles geregelt habe, komme ich vorbei.«

Ich war stinksauer: »Nein, du brauchst heute Abend nicht mehr zu kommen.«

Ich drehte mich um und ging durch den Park zurück. Ich kochte vor Wut. Obwohl: Eigentlich war ich traurig, total traurig. Und enttäuscht. Insgeheim hoffte ich, dass er mir nachkäme, aber das tat er natürlich nicht. Er kam am Abend nicht und am nächsten Morgen auch nicht. Den Nachmittag über habe ich die ganze Zeit geheult. Am frühen Abend habe ich ihn angerufen, aber er war irgendwo, wo ganz laut Musik lief, und er quatschte sofort wirr drauflos, da habe ich das Gespräch einfach weggedrückt. Am Abend des nächsten Tages stand er plötzlich vor der Tür. Er war völlig aufgelöst, erzählte mir mit Tränen in den Augen eine Entschuldigung, er wisse ja, wie unzuverlässig er manchmal sei und dass das nerven würde, und dann hielt er mir plötzlich ein kleines Kästchen hin. Darin waren Perlenohrringe, sehr schöne, mit echten Perlen. Na ja, an dem Abend habe ich mich noch mal bequatschen lassen.

Er hat mir oft Geschenke gemacht, sehr teure sogar. Ich

hab sie auch immer angenommen, obwohl ich wusste, dass er die Kohle vom Dealen hatte. Er konnte sich viel mehr leisten als ich mit meinem Lohn. Manchmal bezahlte er sogar für uns alle vier, wenn wir irgendwo unterwegs waren. Wenn es ihm gut ging, konnte er auch die Drogen einschränken. Dann war das alles gar kein Problem.

Aber irgendwann hatte ich seine Spiele trotzdem satt. Ein paarmal ließ er Doreen, Pascal und mich ziemlich mies hängen. Die beiden wurden allmählich richtig sauer auf ihn.

Manchmal kam er mir wie ein ungezogenes Kind vor. Na ja, dann war der Altersunterschied vielleicht doch wichtig. Wenn wir ihm am nächsten Tag Vorhaltungen machten wegen seiner Unzuverlässigkeit, saß er geknickt in der Ecke und schmollte. Oder er erzählte irgendwelche Storys.

Letztlich ging es einfach nicht mehr. Auch ich habe früher Pillen geworfen, aber ich wollte keinen Freund, der so ein Leben führte.

Als wir uns am Telefon verabschiedeten, meinte er, wir müssten uns mal wiedersehen, aber ich wusste nicht, ob das nur so ein Spruch war.


**Ab** Mitte Oktober half ich oft meinem Bruder beim Renovieren einer Altbauwohnung, in die er Anfang des Jahres einziehen wollte. Er hatte einen tollen Deal mit dem Vermieter gemacht: Der bezahlte die Materialien und mein Bruder machte die Arbeit. Dafür durfte er von Januar bis März mietfrei wohnen.

Mir machte das Spaß. Wenn Andy von der Arbeit kam, fuhren wir kurz darauf mit den Fahrrädern in die Wohnung und renovierten noch zwei, drei Stunden. Manchmal fing ich auch schon ohne ihn an, bei Arbeiten, die ich allein machen konnte. Wir haben zum Beispiel alle Kabel neu verlegt und ich habe tagelang dafür die Schlitze geschlagen. Auch die Fußböden haben wir rausgerissen und Parkett geklebt. War eine Sauarbeit, sah aber cool aus, als es fertig war. Ich hab echt eine Menge gelernt in der Zeit.

Es ist schon stark, wenn man so ein Ziel hat und sieht, wie alles so langsam fertig wird. Wir zwei haben fast alles allein gemacht.

Manchmal saßen wir nach der Arbeit noch 'ne Weile einfach so auf den Werkzeugkisten und haben gequatscht. Das kleine Radio lief; die Antenne war abgebrochen und wir hatten immer einen Schraubenzieher als Ersatz. Über alles Mögliche haben wir geredet, jeder ein Bier in der Hand. Andy war dann körperlich ziemlich platt, nach all der Arbeit. Er muss morgens schon um Viertel nach fünf aufstehen. Na ja, war jedenfalls cool, da in all dem Chaos zu sitzen, es roch nach Mörtel und war staubig, und wir waren müde, aber irgendwie zufrieden mit dem, was wir geschafft hatten.

An einem Abend hat er mir als Erstem erzählt, dass er Doris heiraten wolle. Anfang des Jahres hätten sie eine ziemliche Krise gehabt, aber sie hätten da was geklärt inzwischen und er würde sie lieben, richtig lieben. Wie er das sagte, stieg ihm sogar das Wasser in die Augen, ich konnte das genau erkennen. Na ja, das war ein tolles Gespräch. Also, genau genommen konnte ich ja dazu nicht viel sagen. Aber dass er es mir erzählt hat, als Erstem, das war schon cool.

Kurz darauf fragte er: »Sag mal, wie geht's jetzt eigentlich dem Pille?«

Ich zuckte mit den Schultern. »Beschissen.«

»Warum?«

»Ist schon 'ne ziemliche Scheiße, so alles. Ich meine, früher war er immer voll lustig, wollte immer einen draufmachen, wir waren viel unterwegs, immer Action ... Er hat sich schon ziemlich verändert. Aber er ist okay. Ich glaube, er ist mein bester Freund. Manchmal hängt er ziemlich durch. Hab gestern Abend schon überlegt, ob ich ihn frage, ob er uns heute nicht hier helfen will. Einfach damit er was zu tun hat. Aber ich hab mich dann doch nicht getraut. Vielleicht hat er gar keinen Bock auf so eine Maloche.«

»Hättest ihn trotzdem fragen sollen. Nein sagen kann jeder selbst, sind bloß vier Buchstaben. Vielleicht wäre er froh gewesen, mal was anderes zu sehen.«

Ich nickte.

Der Schraubenzieher fiel aus dem Radio und Andy stand auf, um ihn wieder reinzustecken, dabei trat er fast mein Bier um.

»Hey, pass auf! Wenn du mein Bier umschmeißt, ja ...«

»Was dann? Schlägst du mich dann?«

Ich sah cool und ernst an ihm vorbei: »Nee, ich hau keine Schwächeren.«

Er lachte und steckte den Schraubenzieher von oben in den abgebrochenen Antennenrest. Als er wieder auf seiner Kiste saß, fragte er: »Und, Schule?«

»Ach, es geht so. Ich muss jetzt doch mehr lernen. Will jetzt auch meine Noten so einigermaßen halten.«

»Wegen der Bewerbungen demnächst?«

»Mhm. Hab heute Nachmittag auch mit Mama schon drüber gesprochen. Papas Firma geht's wohl beschissen. Wenn ich dann ab Sommer arbeite, kann ich ihnen auch Geld dazugeben.«

»Ja, der Firma geht's nicht so gut. Wahrscheinlich kriegen die jetzt schon Kurzarbeit.«

Ich nickte.

»Ist blöd, dass ich dann ab Januar auch nicht mehr da bin.«

»Ach, es wird schon gehen.«

»Du bist ja nur froh darüber«, grinste er, »dass du dann endlich ein Zimmer für dich allein hast.«

Ich lachte. »Klar. Darauf freue ich mich total.«

Er trank die Flasche aus und sah auf die Uhr. Dann stellte er sich auf: »Also, los, wir fahren nach Hause. Jetzt noch duschen und dann ab ins Bett.« Er ging zum Radio rüber, schaltete es aus und blieb dann plötzlich vor mir stehen: »Also, kleiner Bruder, ich muss dir mal ganz ehrlich sagen, dass ich das schon stark finde, dass du hier so regelmäßig mitziehst ...«

»Och, macht doch Spaß.«

»Nein, ganz im Ernst. Ich finde das saugut. Eins steht fest: Bei mir hast du was gut.«

»Komm ich drauf zurück«, sagte ich, und er schlug mir grinsend gegen den Oberarm.

Diese Gespräche zwischen uns gefielen mir natürlich. Zu Hause haben wir uns nie so unterhalten. Auch jetzt fahre ich noch öfter zu ihm und Doris. Nur so zum Quatschen. Der Fernseher läuft, ich trinke Cola und wir reden über dies und das. Oft spielen wir auch Spiele.

Auch an den nächsten Samstagen habe ich Andy meistens geholfen, dann war auch Doris dabei. Abends war ich manchmal so müde, dass ich nicht mal mehr mit ins *Sky* gefahren bin. Hin und wieder sind wir drei zum Pizzaessen gegangen nach all der Arbeit. Natürlich hat Andy immer bezahlt für mich.

Manchmal hat er mir auch Geld fürs Helfen gegeben, meistens wenn er selbst gerade Lohn bekommen hatte. Ich konnte es natürlich gut gebrauchen. Also, Geld kann ich eigentlich sowieso immer gebrauchen. Obwohl: Ich gebe gar nicht so viel aus. Hin und wieder habe ich sogar Biggi die Pillen bezahlt, weil sie nie so viel Geld hatte. Bene ist etwas geizig, der bezahlt nur ganz selten mal für andere mit. Selbst wenn's nur 'ne Cola ist.

**Als** ich in die Klasse kam und meine Unterlagen aus der Tasche zog, ließ ich den Blick durchs Klassenzimmer schweifen und sah, dass sein Platz leer war. Während ich alle Materialien für die unterschiedlichen Phasen der Stunde sortierte, nahm ich wie beiläufig das Klassenbuch: Er war als fehlend eingetragen. Ich war ungeheuer enttäuscht.

Am Nachmittag zuvor bei den Vorbereitungen hatte ich mir überlegt, ob ich einfach so tun solle, als gäbe es seine Erfahrungen nicht, oder ob ich seinen Drogenkonsum offen ansprechen sollte. Mir wurde aber schnell klar, dass ich Letzteres vorher mit ihm hätte absprechen müssen. Ich wollte also versuchen ihn auf eine selbstverständliche Art ins Gespräch zu holen, es würde sich schon eine Gelegenheit ergeben.

Tja, und nun war er gar nicht erschienen. Na klar, schoss es mir durch den Kopf, ich Naivling, das ist doch offensichtlich. Er will sich das Thema nicht antun, er ist noch zu nah dran, gerade nach dem neuen Zwischenfall neulich. Und er will vermutlich auch nicht all die Fragen beantworten müssen, die von den anderen kämen.

Ich war mir im Klaren darüber, dass ohnehin über die Hälfte der Klasse eigene Drogenerfahrungen hatte. Alkohol hatten sicher schon fast alle getrunken. Viele derjenigen, die rauchten, hatten vermutlich auch schon mal gekifft. Na ja, mein Gott, wer hatte das auch nicht? Das war immer mein Dilemma bei dem Thema. In meiner Jugend hatten die Lehrer so getan, als sei Shit die Einstiegsdroge ins Drücken. Das war natürlich Blödsinn gewesen. Und wir wussten auch bald, dass das Quatsch war. Und während der Studienzeit ... auf jeder Party wurde doch gekifft. Und heutzutage gab es Pillen. Jede Gesellschaft hat ihre Drogen. Nur muss eben jeder lernen, damit umzugehen. Eine Dramatisierung nützt da nichts. Und Moralisieren nützt erst recht nichts.

*drücken*
**Heroin spritzen**

Ich entschloss mich spontan, nicht nur eine, sondern noch eine weitere Stunde für das Thema Drogen zu verwenden.

In der ersten Stunde sprachen wir über Drogen und Süchte allgemein, welche verschiedenen Arten von Drogen es gibt und warum Menschen Drogen nehmen. Von da aus wollte ich zu der Frage kommen, welche Menschen wohl in der Gefahr standen, sich selbst in Drogen zu verlieren, süchtig zu werden. So kamen wir auf die Psychologie des Drogenkonsums. Es war ein sehr spannendes Unterrichtsgespräch und mit Unruhe oder Unkonzentriertheit hatte ich in dieser Stunde nicht eine einzige Minute lang zu kämpfen. Biggi hörte die ganze Zeit über aufmerksam zu, sagte aber kein einziges Wort. Am Ende der Stunde wollte ich die Klasse konfrontieren, konfrontieren mit der Behauptung, dass Menschen, die sich in Drogen verlieren, schwache, instabile Menschen sind. Jeder in der Klasse, der öfter Drogen nahm, sollte auf kritische Fragen zu sich selbst gestoßen werden. Mir lag zunächst gar nicht daran, Verständnis zu schaffen, nein, ich wollte sie konfrontieren.

*Psychologie des Drogenkonsums* Zusammenhang der seelischen Befindlichkeit mit der Einnahme von Drogen

In der Stunde eine Woche später ging es mir um eine Reflexion der Drogenpolitik in all ihren Facetten und um ein konstruktives Verständnis für Menschen, die sich einmal in Drogen verloren hatten. »Wenn das eher schwache Menschen sind«, sagte ich, »dann brauchen sie doch Unterstützung, nicht Strafe, oder?« Für ihre spätere Zeit als Erwachsene sollten die Schüler Einsichten haben, wie man sich Drogenabhängigen gegenüber verhält. So sprachen wir auch über Ko-Abhängigkeit, über Grenzensetzen und über den Umgang mit Abstinenzlern.

*Ko-Abhängigkeit* → Seite 287

*Abstinenzler* → Seite 288

Natürlich fehlte Joshua auch an diesem Tag.

Biggi war es natürlich, die am heftigsten für das Verständnis für Drogenabhängige eintrat. Nicht immer erlebte man sie im Unterricht so aktiv. Sie tat das nicht für sich selbst – obwohl ich natürlich wusste, dass sie zu denen gehörte, die oft an den Wochenenden Pillen warfen – nein, sie tat es für Joshua.

Benedikt sagte in beiden Stunden kein einziges Wort.

Jule, von der ich auch ahnte, dass sie jedes Wochenende in irgendwelchen Discos hing und Pillen warf, so fertig sah sie jeden Montag aus, wenn sie überhaupt anwesend war, plapperte hin und wieder frei von der Leber. Schließlich erzählte sie von Cocktails und Kombinationen von Drogen und wollte wissen, ob das alles denn nun sehr gefährlich sei oder nicht. Sie hätte einen Freund, der das ziemlich auf die Spitze triebe, sagte sie, und natürlich habe das Ganze gar nichts mit ihr zu tun.

»Beschreib doch mal«, sagte ich und setzte mich vorne auf meinen Tisch. In der Klasse wurde es sehr still.

Sie erzählte ganz frei: »Also, na ja, es ist so, die meisten nehmen als Erstes mal Speedys zum Aufputschen. Dann hat man voll die Energie. Zum Tanzen muss man aber Pillen nehmen, das ist … na ja, als würde sich ein Hebel im Gehirn umlegen, du bist einfach so positiv drauf, fühlst dich mit den Leuten um dich rum so verbunden. Und man passt auf die anderen auf, dass es ihnen auch gut geht. Wenn es dazu noch bunter werden soll im Kopf, dann nimmt man zusätzlich Pappen. Nebenher kifft man eigentlich die ganze Zeit, um sich zu dämpfen, denn man ist so heftig drauf, dass man viel zu schnell ausgepowert wäre. Essen braucht man nicht, weil die Pillen den Magen so verkleben. Manchmal wird mir sogar schlecht, wenn ich andere essen sehe. Auch das Trinken vergisst man, aber das ist gefährlich, weil der Körper so viel Flüssigkeit verliert beim Tanzen. Trinken muss man unbedingt.«

*Pappen*
LSD auf Pappstreifen

Ich war ziemlich überrascht, wie gut sie das alles erklären konnte. »Und wie fühlst du … ich meine, wie fühlt man sich dann am Montagmorgen?«, wollte ich wissen.

Alle lachten und sie stotterte: »Na ja, müde eben.«

»Wenn man dann schon auf ist«, warf Florian ein und alle grölten los.

Jule zupfte an ihren Wimpern; das tat sie immer, wenn sie etwas unsicher wurde.

»Ist das alles: müde? Ich meine, wie fühlt es sich denn *in* dir an?«

»Hm … na ja, alles ist dann langweilig. Man fühlt sich leer. Ich glaube, man ist dann deprimiert, ja, irgendwie deprimiert. Man sieht dann die ganze Scheiße auf der Welt. All die Probleme …«

»Auch die eigenen?«

»Ja, auch die eigenen.«

»Und, was machst du dann damit?«

»Ich versuche nicht dran zu denken.«

»Na ja«, sagte ihre Tischnachbarin, indem sie die Unterarme aufstützte, »es will ja keiner den ganzen Tag an Probleme denken. Immer nur Probleme und Lernen und Stress.«

Eine andere Schülerin meldete sich: »Also das mit dem Stress geht mir auch so. Ich weiß, wir haben heute viel mehr Freiheiten, als Jugendliche früher hatten, wir können vieles tun, was die nicht tun konnten, aber trotzdem: Ich fühle mich auch oft unter Stress. Alles, was man tut, muss immer sofort eine Höchstleistung werden. So sehe ich das jedenfalls.«

Leider ging dann auch diese zweite Stunde schon wieder zu Ende. Nur ein paar Minuten hatten wir noch, um über das innere Gefühl der Leere zu sprechen. Ich war wirklich überrascht, wie intensiv das einige der Schülerinnen beschreiben konnten. Es waren die Mädchen, die das erzählten. Die Jungen schwiegen lieber mal wieder, es ging ja um Gefühle …

Dass Joshua nicht dabei war in beiden Stunden, war natürlich schade. Durch das längere Fehlen kurz zuvor lag er außerdem schon wieder zurück im Lernstoff. Ich machte mir Sorgen, denn das Halbjahreszeugnis würde sehr wichtig für ihn sein.

**Schwungvoll** fuhr ich in die Kurve und dann rutschte mir mit einem Mal das Hinterrad weg; mein rechtes Bein kam unter das Fahrrad und ich krachte samt Rad gegen den Bordstein, dabei quetschte ich mir zwischen Lenkstange und Bordstein die Hand ein. »Verdammte Scheiße!«, schrie ich, die Finger taten saumäßig weh, stand auf, warf das Rad auf den Gehsteig und hielt mir die Hand. Es war dunkel und ich konnte nichts erkennen, deshalb musste ich ein paar Meter gehen, um im Schein der nächsten Straßenlaterne meine Hand genauer anzusehen und abzutasten.

»Mensch, Alter, was machst du denn?!«, hörte ich es hinter mir. Ich sah zwar auf der anderen Straßenseite hinter den parkenden Autos nur einen Kopf im Dunkeln, aber wer es war, das wusste ich sofort.

Ich betrachtete meine Hand im Laternenschein, dann trat er auch schon neben mich.

»Das muss man schon können, sich in die Kurve legen ...«

»Halt die Schnauze, das tut total weh.« Ich hatte eine breite Schürfwunde am rechten Handballen, in der Split-Steinchen steckten, und eine Quetschung am kleinen Finger, der rot war und schon dick wurde. Ich bewegte die Finger, es tat ziemlich weh.

»Hast du es eilig, soll ich dich nach Hause fahren? Du hinten drauf?«

»Bin ich lebensmüde?«

»Grad sah es so aus …«, grinste er.

»Es geht schon.«

Wir gingen zum Fahrrad, an dem das vordere Schutzblech verbogen und eingeknickt war, aber sonst schien alles heile.

»Kommst du vom Proben?«

»Ja.« In dem kleinen Finger pulsierte das Blut. »Und was machst du hier? Warst du bei Pille?«

»Ja.«

»War Biggi auch da?«

»Nee.«

»Was habt ihr gemacht?«

»Nichts. Bisschen Musik gehört und gelabert.«

Ich nickte und hielt mir immer noch die Hand. »Du bist öfter abends bei ihm, oder?«

»Ja, manchmal.«

»Wieso?«

»Na ja, ist okay für mich.«

Noch immer standen wir vor dem Rad.

»Komm«, sagte Rainer, »ich schieb dein Fahrrad und du pulst erst mal das Zeug aus der Hand.« Er nahm das Rad und wir gingen los.

»Und ihr habt nur Musik gehört? Nicht gechattet oder so?«

»Nee, war eher so ein Abhängen. Gute Musik. Ich hatte zwei Flaschen Cola mitgebracht, aber er trinkt echt nur noch Wasser.«

Der Arzt hatte Joshuas Dosis hochgesetzt. Weil er immer einen völlig trockenen Mund hatte, trank er viel, vorher meistens Cola, jetzt aber war er auf Mineralwasser umgestiegen, denn er wollte nicht noch mehr zunehmen. War schon merkwürdig, bei ihm unten zu sitzen und ihn Wasser trinken zu sehen. Auch bei allem, was er aß, achtete er nun auf die Kalorien. An so etwas hatten wir früher nie gedacht.

Er war auch oft schlapp und hing einfach nur rum. Manchmal hatte ich keinen Bock, zu ihm zu gehen. Das war schon komisch. Früher war seine kleine Wohnung fast unser zweites Zuhause gewesen, aber das war jetzt nicht mehr so.

Wir schwiegen eine Weile, dann meinte Rainer: »Pille glaubt, dass er das Schuljahr nicht schafft. Er überlegt, ob er sich zurückstufen lassen soll.«

»Spinnt der?«

»Nee, ich glaub auch nicht, dass er es macht. Aber er sagt, er kann sich nicht gut genug konzentrieren. In Mathe neulich hat er nicht mal alle Aufgaben geschafft. Er sagt, er muss sich brutal anstrengen und ist trotzdem zu langsam.«

»Krass.«

»Er tut mir echt leid.«

Ich nickte. »Irgendwie weiß man auch gar nicht mehr, was man noch sagen soll. Ich meine, zu ihm. Also, klar, ich helfe ihm, wenn ich kann, habe ihm ja früher auch immer geholfen, aber sonst …«

Rainer nickte.

Wir kamen zu unserer Straße. Rainer musste weiter geradeaus, deshalb blieben wir stehen. Gerade fuhr ein Nachbar von uns mit dem Auto, in dem voll die Anlage dröhnte, aus der Straße. Er grüßte mich beim Abbiegen durch die Windschutzscheibe.

»Weißt du was«, begann ich noch schnell zu erzählen, »Sven hat im Frühjahr vielleicht einen ersten Auftritt für uns organisiert. Wir sollen als Vorgruppe spielen. Geil oder?«

»Ja, cool.«

»Wir haben natürlich noch gar kein richtiges Programm zusammen und müssen auch noch viel üben, aber das wäre schon was. Mensch, stell dir vor: so ein richtiger Auftritt.«

»Wie ist er da drangekommen?«

»Ach, der kennt doch alle möglichen Leute.«

»Und wo?«

»In Lüdenscheid.«

»Dann kommen wir alle hin und machen Party! Pille kommt bestimmt auch mit.«

»Klar, das wird jedenfalls geil.«

Rainer nickte. »Also, bis morgen, ich will nach Hause.«

»Morgen Schularbeit in Geschichte.«

»Ach, danke, dass du mich dran erinnerst, hab's doch glatt den ganzen Tag vergessen.«

**Ich** traf ihn ganz zufällig auf der Straße wieder. Ich hatte ihn lange nicht gesehen, wusste aber, dass irgendetwas mit Drogen gewesen war und dass er in eine Entzugsanstalt gekommen war. Ganz freundlich grüßte er mich, aber er wäre wohl an mir vorbeigegangen, wäre ich nicht stehen geblieben, um ihm die Hand zu geben. Ich kannte ihn ja etwas näher aus dem Konfirmandenunterricht. Und wenn ich weiß, dass jemand in der Gemeinde Probleme hat, dann gehe ich nun mal nicht einfach weiter.

Er war immer sehr aufgeweckt gewesen. Solche Jugendlichen sind für jeden Religionsunterricht eine Wohltat, weil sie Leben in die Bude bringen. Damit hat man als Pfarrer immer ganz besonders zu kämpfen, denn viele Kinder begegnen einem mit so viel Ehrfurcht, als sei man der liebe Gott selbst. Ich lockere das immer ein bisschen mit Witzen und Sprüchen auf. Das klappt meistens ganz gut. Trotzdem: Wenn man zu wenig Schüler hat, die auch mal kritisch zurückfragen, dann bleibt der Religionsunterricht oft etwas leblos.

Na ja, Joshua jedenfalls traute sich von Anfang an, allerlei Zweifelndes und auch Provozierendes einzuwerfen. Das Schlimmste im Unterricht ist ja, wenn der Lehrer der Kritischste von allen ist und die Schüler nur brav dasitzen und nicken. Trotzdem mache ich mir bei solchen arg kritischen Jugendlichen Sorgen. Ihr Bild von der Welt ist insgesamt sehr negativ. Sie sehen nur das Schlechte und sind oft auch im Urteil über ihre Mitmenschen recht unerbittlich, sind zu wenig nachsichtig mit den Verfehlungen anderer. Sie sehen das Leiden der Menschen und finden schnell welche, die für dieses Leiden verantwortlich sind.

Die christliche Religion aber muss in erster Linie lehren, vergeben zu können. Wenn eine Religion nicht Platz lässt für unsere kleinen Fehler und Lügen im Alltag, dann wird sie schnell eine Ideologie der Unterwerfung. Der Glaube darf nicht auf Angst basieren, sondern auf Freiheit.

*Ideologie* weltanschauliches System mit festen Werten und Grundannahmen

Joshua war immer gut informiert, ich vermute, dass er regelmäßig die Zeitung las. Er kam natürlich auch aus einem gebildeten Elternhaus. Bei vielen Themen im Konfirmandenunterricht war er sehr engagiert. Ich erinnere mich gut an das Thema Dritte Welt und die Unterernährung in vielen Ländern. Er sah hier ganz entschieden die westliche Welt in der Pflicht, prangerte die Kolonialisierung und die Rohstoffausbeutung an und meinte, dass die Entwicklungshilfe auch nur ein Alibi sei, das die ungerechten Wirtschaftsstrukturen auf der Welt verdecken soll. Na ja ...

Er konnte auch vehement gegen unsere Leistungsgesellschaft wettern. Sehr gut erinnere ich mich an einen Ausspruch, der mich lange beschäftigte. Er sagte: »Geld kann man nicht nur nicht essen, es kann einen auch nicht lieben.« Ich muss sagen, der Satz hat mich sehr beeindruckt und ich habe ihn abends in mein Tagebuch geschrieben. Sogar im Unterricht habe ich ihn manchmal schon eingesetzt und an die Tafel geschrieben. In unserer Luxus- und Konsumgesellschaft hat man ja wirklich oft den Eindruck, dass viele Kinder den Sinn ihres Lebens im Konsum sehen. Mitmenschlichkeit ist in unserer Gesellschaft gar kein richtiger Wert mehr.

Na ja, so standen wir also voreinander. Ich mache bei solchen Begegnungen kein langes Federlesen und sagte sofort, nachdem ich ihm die Hand gegeben hatte: »Ich habe gehört, dass du Probleme hattest.«

Er antwortete erstaunlich offen: »War auf Entzug. Die Drogen haben eine Psychose ausgelöst.«

*Psychose*
→ Seite 288

»Eine Psychose?«

»Ja, das ist, wenn man einen Horrortrip hat und nicht mehr runterkommt. War krass«, sagte er und nickte dabei leicht.

Es kam jemand auf dem Gehsteig auf uns zu, den ich grüßte und den wir vorbeiließen. Einen Augenblick schwiegen wir.

Dann wandte ich mich ihm wieder zu: »Und jetzt? Wie geht es dir?«

»Bin nicht so gut drauf. Ich weiß nicht, wie es weitergehen soll. Alles sehr schwierig. Ich muss Medikamente nehmen und die beeinträchtigen mich sehr. Habe eine Droge durch die andere ersetzt. Leider machen beide auf Dauer nicht glücklich.«

»Siehst du«, sagte ich, »da hast du schon was ganz Wichtiges für dein Leben gelernt.«

Er nickte, und zwar mit diesem Gesichtsausdruck, den Jugendliche manchmal haben und der einem signalisiert, dass sie viel mehr von dem verstehen, worüber sie gerade reden, als man selbst und dass man als Erwachsener zwar klug daherreden kann, aber im Grunde gar keine Ahnung hat. Ich habe natürlich keine Erfahrungen mit Drogen, aber ich bemühe mich in solchen Situationen immer, die Erlebnisse des anderen in einen Erfahrungsschatz umzuformulieren. Es ist doch oft ganz wichtig, dass etwas Bestimmtes mal ausgesprochen wird. Und manchmal muss man das eben stellvertretend für den anderen tun.

»Und in der Schule? Du bist jetzt in der letzten Klasse, oder?«

»Ja. Musste eine Nachprüfung machen, weil ich am Ende des Schuljahres so lange gefehlt hatte, hab sie aber bestanden.«

»Ja, meine Hochachtung! Unter solchen schwierigen Bedingungen eine Prüfung zu bestehen, das bedeutet etwas. Die hätte so mancher nicht bestanden.«

»Na ja, so schwer war sie nicht.«

»Nein, nein, das ist schon eine Leistung. Alle Achtung, wirklich!«

Er schmunzelte und sah zur anderen Straßenseite, wo er mit einem stummen Kopfnicken einen anderen Jugendlichen grüßte.

Ich zog einen kleinen Zettel aus der Innentasche meines Mantels und gab ihn ihm. »Wenn du mal jemanden zum Quatschen brauchst, ruf an, dann machen wir einen Termin aus.«

Er lächelte und nahm den Zettel. »Danke.« Das war alles, was er sagte.

Während wir aneinander vorbeitraten, berührte ich ihn noch leicht am Arm und nickte kurz. Nach ein paar Schritten drehte ich mich noch einmal um, um ihm etwas zu sagen, kein Gleichnis oder so etwas, nein, ich wollte etwas Alltägliches sagen. »Joshua!«, rief ich und er wandte sich um. »Auch eine Psychose darf das Leben nicht in den Schatten stellen.«

Noch einmal lächelte er und nickte. Während er sich wieder umwandte, hob er kurz den rechten Arm und ging weiter. Ich habe dieses Bild noch vor Augen. Hinten am Sohlenrand seines rechten Schuhs klebte ein braunes, verwelktes Blatt.

**Einmal,** als ich an einem Nachmittag zu ihm kam, an dem BeBi nicht kommen wollten, stand die Staffelei ausgeklappt in der Ecke. Ich war überrascht: »Wolltest du malen?«, fragte ich und ließ mich in einen der Sessel fallen.

»Nee«, antwortete Pille, der auf dem Boden saß und irgendetwas sortierte, »hab was gesucht und musste sie rausziehen. Hab auch gar keine Farben hier.«

»Kauf dir halt welche.«

Zuerst zuckte er nur mit den Schultern, dann aber begann er plötzlich zu erzählen, was Farben für ihn bedeuteten. Er wurde sogar etwas aufgeregt und beschrieb einen ziemlich verrückten Film, den er mal gehabt hatte:

»Da konnte ich Farben betreten. In sie hineingehen. Ja, ich ging in eine Farbe hinein wie in einen Raum. Aber es war nicht so, dass es ein farbiger Raum war, nein, die Farbe selbst war wie ein Körper. Ich betrat ihn wie eine Landschaft. Alles war Farbe. Sie hatte eine Tiefe, hatte Verläufe, Nuancen, ihre Oberfläche war mal ganz rau, sodass es in den Handflächen wehtat, wenn man sie zu sehr daraufpresste, mal war sie glatt und geschmeidig, sodass ich nicht aufhören konnte, über ihre Rundungen und Wölbungen zu streichen, ja, ich musste sie sogar küssen.

Immer tiefer ging ich in sie hinein. Es gab keine Wege, es war wie ein sich ständig bewegendes Gebilde, in dem ich mich befand, mal rot in allen Schattierungen, dann wieder im ganzen Fächer des Regenbogens, und die Farben verliefen ineinander, bildeten Strudel, Kreisel. Sie zogen mich immer tiefer in sich hinein. Auf einmal trennten sich die Farben, das Gelb strahlte hell und warm und erschien jetzt wie ein eigener Raum, der vor mir lag, doch wenn ich mich umdrehte, tat sich ein orangefarbiges Gekräusel auf, das zu pulsieren schien, das mich noch tiefer aufnahm, das mich umschloss wie ein schützender Körper. Es war heimelig darin. Ich legte mich in dieses

Orange und bettete den Kopf in ein orangefarbenes Kissengewusel. Das Orange umschmiegte mich, ich spürte es auf der Haut, bis ich einschlief, und als ich wach wurde, ging ich weiter, längst war alles um mich herum ganz anders, grün wie eine Frühjahrswiese. Jetzt tropfte helles Rot von oben herunter und löste sich auf wie ein Farbtropfen im Wasser. Es zog Schlieren und verflüchtigte sich. Und plötzlich konnte ich dieses Rot hören. Es war ein wunderschöner Ton, den es machte. Die Farben hatten Töne, jede hatte einen ganz bestimmten Ton. Zuerst hörte ich nur das Rot. Aber dann hörte ich nach und nach alle Farben. Sie bildeten ein anhebendes Orchester, wurden immer volumiger, satter, ergänzten sich, tosten aber auch in einem totalen Chaos über mich herein. Ich war ergriffen, hatte eine Gänsehaut nach der anderen, ich schrie, weil ich mit dabei sein wollte, weil ich zu diesem Orchester dazugehören wollte, ich wollte teilhaben an dem orchestralen Tosen, ich wollte ein Ton sein, eine Farbe, ich brüllte und schrie, bis alles wieder leiser wurde, seicht, hohe Töne färbten durch den Raum, nahmen mich mit, führten mich in ein türkis- und perlmuttfarbenes Gebilde. Plötzlich konnte ich die Farben riechen. Ich berührte sie, hörte sie ganz leise und roch sie. Ich konnte ihre Gerüche unterscheiden. Es waren Gerüche, wie ich sie noch nie gerochen hatte. Unbeschreibbar. Das Gelb roch wie die Bewegung einer Raupe. Rot roch wie die Stellung der letzten Blätter eines Hagebuttenstrauchs. Und das Grün trug den Geruch der Poren alter Kirchenmauern.

Immer noch ging ich durch die Farben irgendwohin, obwohl ich nicht wusste, ob ich mich wirklich fortbewegte, denn alles um mich rum war immer in Bewegung, im Fluss, bildete eine sich immer wieder verändernde Umgebung, sodass ich nicht ausmachen konnte, ob ich es wirklich war, der sich bewegte. Vielleicht machte das alles auch nur Bewegungen mit mir. Ich kannte weder meinen Standort noch einen Weg. Schließlich sank ich auf eine gelbe Farbe nieder. Ich lauschte den Farben und sah die Klänge. Dann war es, als würde sich der Farbraum um mich herum heben, ganz leicht und luftig, ja, wir schwebten, und … und ich wurde eine Farbe. Ich fühlte mich ganz leicht an und wurde Teil dieses Farbuniversums. Wie alle Farben fügte ich mich ein in dieses bunte Orchester. Ich verfloss und war kein Körper mehr. In einer Wellenbewegung pulsierte ich dahin, in einer sich überschlagenden Buntheit. Ich war nicht wie Wasser, ich war eine Welle, das Wellenhafte selbst. Ich wellte dahin. Ich konnte mich noch fühlen, aber ich hatte keinen Körper mehr. Er war einfach weg. Ich hatte mich aufgelöst und floss als Gefühl, das jetzt rot-gelb war und ein winziger Ton und aufgelöst in allem um mich herum. Eigentlich war ich verschwunden.

Als ich langsam wieder runterkam, rannte ich schwitzend, aber von innen frierend durch die Stadt zu einem Kunstladen. Ich kaufte Unmengen von Ölfarben und dazu ein halbes Dutzend bespannter Rahmen. Dann ließ ich mir ein Taxi rufen und fuhr alles nach Hause. Ich trug es in den Keller und begann sofort zu malen. Ich musste ein Farbgebilde schaffen, das eine räumliche Tiefe besaß und von dem ein Klang ausging. Zuerst trug ich in einer irrsinnigen Schnelligkeit Rot auf, dick und quastig, satt. Ich verwendete mehrere Tuben gleichzeitig. Dann drückte ich meine Hände hinein in diesen Farbmorast, strich aber sofort wieder mit einem breiten Pinsel über das Relief, das ich mit den Händen erzeugt hatte. Ich wusste zuerst nicht, welcher Ton es sein könnte, aber dann wurde es ganz deutlich, es war ein Ton zwischen F und Fis. Jetzt wusste ich, dass noch mehr Weinrot hineinmusste ins Bild. Ich quetschte eine ganze Tube aus und strich und stieß und wischte und patschte. Ja, dieses Rot lag zwischen F und Fis. Immer wieder habe ich diesen Ton gehört.

*Relief*
Bild oder Karte mit Erhebungen und Vertiefungen

Sofort nahm ich eine weitere Leinwand und trug Grün auf. Ich warf den Pinsel weg, quetschte je zwei Tuben verschiedener Grüntöne in die Handflächen und begann sie auf der Leinwand zu verreiben. Ich liebte das Grün auf der Leinwand, ich streichelte es, drückte und presste es, ich stieß es und küsste es mit dem Mund, immer und immer wieder. Ich roch das Grün und ließ meine Stirn in die Farbe sinken. Ich roch das Öl. Es war … es war …

Aber dann wurde ich plötzlich sehr müde.

Mein Blick fiel auf eine Tube mit einem hellen Gelb. Ich wischte mir die Hände an einem Handtuch ab, holte aus dem Werkzeugkeller einen Nagel und einen Hammer, nahm die Tube, schraubte sie auf, nagelte sie auf den Rand und ließ mit einem kurzen, kräftigen Druck meines Handballens das Gelb auf die beigefarbene Leinwand spritzen. Dabei schrie ich kurz laut auf.

Kurz danach bin ich, beschmiert, wie ich war, aufs Bett gesunken und eingeschlafen.«

Er erzählte das alles ohne eine Unterbrechung und ich habe ihn die ganze Zeit genau beobachtet. Wie er von den Farben redete … das war schon durchgeknallt. Ich wusste genau, wie es war, wenn so ein Film in einen Horrortrip umkippte.

**Zum** Glück hatte sich jetzt alles wieder etwas normalisiert. Es drehte sich nicht mehr alles nur noch um Joshua. Wir hatten wieder Alltag. Trotzdem war es immer auch etwas angespannt, wenn wir vier zusammensaßen. Es gab wohl Themen, über die wir hätten reden müssen, aber selbst Helmut und ich sprachen über bestimmte Dinge nicht, selbst abends im Bett blieb es recht stumm zwischen uns. Meistens kam er auch später als ich zu Bett.

In der Schule lief es zurzeit nicht gut. Joshua wirkte oft so abwesend, hatte mir Frau Schneider gesagt, als ich sie Ende November anrief, manchmal sogar desinteressiert. Na ja, da enttäuschte er mich schon. Dabei schien durch das Picknick ohnehin so etwas wie ein Damoklesschwert über uns zu schweben. Umso froher war ich, dass es nun bald in die Weihnachtsferien ging. Er musste sich von dem Rückfall erholen, aber auch erneut Unterrichtsstoff aufholen.

*Damoklesschwert*
→ Seite 288

Zu Hause war Joshua schweigsamer geworden. Mit Helmut ließ er sich inzwischen kaum noch auf Gespräche ein, wich ihm aus und verschwand immer rechtzeitig in sein Zimmer. Doch auch zwischen ihm und mir kamen kaum noch tiefere, ernsthaftere Gespräche auf. Na gut, dachte ich, er muss jetzt nach dem Zwischenfall erst einmal wieder zu sich finden. Ich ließ ihn. Ich wollte ihm demonstrieren: Auch wenn du nicht mit mir sprechen willst, ich liebe dich doch.

Zwischen Pia und ihm ging es wieder sehr distanziert zu. Hauptsächlich lag das an Pia, sie hat sich nie besonders für ihren Bruder interessiert. Auch mich betrachtete sie sehr feindselig, war mein Eindruck. In ihren Augen war vermutlich alles, was ich tat, falsch. Besonders als dann das mit der Spritze geschah, behandelte sie mich, als sei ich an allem schuld. Mit ihrer kühlen Art kann sie sehr vernichtend sein. Aber trotzdem: Ich liebe auch sie. Sie ist meine Tochter. Manchmal sehe ich sie vom Fenster aus auf der Straße fahren.

Ich nahm mir für die Weihnachtszeit viel vor. Die Adventssonntage sollten in sehr viel Ruhe und Wärme und Gemeinschaftlichkeit verlaufen. Früh schon hatte ich begonnen, an freien Abenden Weihnachtsplätzchen zu backen. Ich sagte allen, dass wir uns doch an jedem Advent um achtzehn Uhr zum Abendessen zusammensetzen und anschließend noch ein paar Kekse und Tee zum Nachtisch genießen könnten. Das gefiel allen. Helmut hatte ich bekniet, diese Abende nicht für Problemgespräche zu missbrauchen. Im Gegenteil, ich wollte, dass wir gerade nicht von Problemen sprachen. Jedes Mal war ich ganz aufgeregt. Es klappte aber an allen vier Sonntagen gut; es war immer sehr schön.

Ebenso wollte ich einen harmonischen Weihnachtsabend. Das hatten wir uns verdient. Geschenke hatte ich mir längst für alle ausgedacht. Joshua las seit Anfang Dezember ein Buch über van Gogh, sodass ich mich entschloss, ihm eine Kassette mit Bildbänden über die klassische Moderne in der Malerei zu schenken. Es war eine sehr schöne Ausgabe. Ich hatte sie schon recht früh gekauft und sah sie mir selbst abends im Bett an. Eine Widmung wusste ich lange nicht. Sie sollte schlicht und doch auf eine Art ergreifend sein. Schließlich entschied ich mich für: *Was wäre das Leben ohne Farben?* Ich wollte so sehr, dass er wieder zu seiner Freude am Malen zurückfand.

Dann kam der Weihnachtsabend. Die Kinder taten sich immer etwas schwer, sich fein anzuziehen, wenn wir »nur« unter uns waren, selbst wenn sie wussten, wie sehr mir daran lag. Pia brachte es dann auch fertig, ihre ausgelatschten Freizeitschuhe anzuziehen, da nützte es dann nichts mehr, dass sie die schwarze Hose und die nette weiße Bluse trug. Joshua hatte seine schwarze, etwas legere Leinenhose und das rote Seidenhemd ausgewählt. Er gefiel mir sehr. Helmut hatte sogar einen Anzug an. Ich trug natürlich das lange Schwarze mit dem Schlitz, dazu den Perlenschmuck, von dem ich ein passendes Fußkettchen besitze.

Das Essen war sehr feierlich und ich war ziemlich aufgeregt. Zum Glück missriet mir nichts beim Kochen – Pia hatte mir etwas geholfen, bevor sie sich umziehen ging. Alles schmeckte ganz so, wie es sein sollte. Ich war sehr erleichtert und froh. Ich freute mich auf den gemeinsamen Festabend.

Während die Kinder den Tisch abräumten und Helmut im Wohnzimmer das Letzte vorbereitete, machte ich uns noch

Cappuccino. Dann wechselten wir ins Wohnzimmer. Meine Aufregung stieg. Den ganzen Dezember über hatte mich dieses Weihnachtsfest beschäftigt. Allen Geschenken hatte ich noch eine individuelle Note gegeben. Bei Joshuas Kassette war es nicht nur die Widmung, auch die Lesebändchen der einzelnen Bücher hatte ich noch mit einer kleinen Stickerei verschönert.

Der Cappuccino duftete, die herrliche Musik lief, der Baum strahlte. Beinahe zitterte ich vor Anspannung. Auf dem Tisch stand ein großer Teller mit Süßigkeiten. Kerzen brannten. Man roch den Nadelbaum. Als dann alle ihre Geschenke auspackten, sah ich in ihren Augen, wie sehr sie ihnen gefielen. Alle strahlten. Helmut und Pia bedankten sich über den Tisch hinweg. Und dann ... dann stand Joshua auf, kam zu mir und nahm mich in die Arme. »Danke, Mama, das hast du sehr, sehr schön gemacht.«

Ich schluckte, riss mich aber zusammen; ich war so gerührt.

Als er sich wieder gesetzt hatte, sagte er: »Jetzt pack du aber auch deine Geschenke aus, so schlimm werden sie schon nicht sein.«

Wir alle mussten lachen, laut und prustend, auch ich, ganz herzhaft lachte ich. Ich sah ihn an, so viel Witz hatte er zuletzt gar nicht mehr gehabt. Das freute mich alles so und wir lachten immer noch und lachten und lachten und ... mit einem Mal ... ich weiß nicht, wie es kam, es brach alles aus mir heraus und ich begann zu weinen und zu schluchzen, ich konnte es nicht zurückhalten, ich konnte nicht mehr, ich schluchzte und schluchzte und hielt mir die Hände vors Gesicht, denn ich schämte mich so, ausgerechnet jetzt loszuheulen, aber ich konnte nicht aufhören und weinte immer weiter, bis mir die Nase lief, aber ich konnte einfach nicht aufhören zu schluchzen, es ging einfach nicht, ich konnte gar nichts dagegen tun, ich heulte und heulte ...

Helmut setzte sich neben mich und gab mir sein Stofftaschentuch – alle saßen betreten da. Schließlich brachte er mich ins Schlafzimmer, bis ich mich wieder beruhigt hatte. Ich nahm ein Beruhigungsmittel. Es war doch alles sehr ergreifend gewesen.


**Die** Woche nach Weihnachten war öde. Es hatte einen Tag geschneit, aber dann wurde der Schnee zu schmutzigem Matsch, ohne dass er wegtaute. Es war kalt und trüb draußen und es war überhaupt nichts los. Beim Tanzen hatten wir Weihnachtspause und Benedikt war mit seinen Eltern beim Skifahren. In der zweiten Wochenhälfte entschloss ich mich, bei Joshua vorbeizusehen. Wir hatten in den Tagen um Weihnachten nicht einmal miteinander telefoniert. Zuvor rief ich bei Rainer an und bat ihn ebenfalls zu kommen. Er sagte zu, kam dann aber nicht.

So saßen wir bei ihnen im Wohnzimmer und tranken Kaffee, dazu gab es noch ein paar Stückchen Marzipantorte. Alle waren da: sein Vater, seine Mutter und sogar Pia kam aus ihrem Zimmer dazu. Unsere Kuchengabeln klapperten auf den Tellern. Vom Kachelofen strahlte die Hitze ab. Auf dem Tisch brannten mehrere Kerzen. Ich glaube, sein Vater freute sich, dass ich gekommen war. Eigentlich sprachen wir nur unwichtiges Zeug, aber trotzdem war es irgendwie ganz schön, weil wir im Jahr davor am zweiten Weihnachtstag auch so zusammengesessen hatten. Das war ein sehr schöner Tag gewesen und seine Eltern hatten sogar für mich ein kleines Geschenk gehabt, womit ich überhaupt nicht gerechnet hatte. Ich hatte mich ein bisschen wie eine Schwiegertochter gefühlt.

Diesmal hatte ich mich zuvor nicht für den zweiten Feiertag bei ihnen angemeldet. Es war ja auch eigentlich total unklar, was nun mit mir und Joshua war. Wir gaben uns zwar immer noch zur Begrüßung einen Kuss und er hielt auch meine Hand, wenn wir irgendwo unterwegs waren, aber wir sprachen nie offen darüber, wie es denn nun weitergehen sollte. Ich glaube, wir hatten beide Angst davor.

Am frühen Abend gingen wir runter in Joshuas Zimmer. Er zeigte mir eine mehrbändige Bücher-Kassette über die Malerei im zwanzigsten Jahrhundert, die ihm seine Eltern geschenkt hatten. Es waren tolle Bücher und wir legten uns nebeneinander aufs Bett und blätterten darin und zeigten uns, welche Bilder uns am besten gefielen. Es war witzig, er mochte zwar eigentlich Klee und Feininger, aber auch diese eigenartigen Bilder von Otto Dix fand er gut. Diese alte Frau im roten Kleid und diese ekligen sieben Todsünden. Das passte überhaupt nicht zusammen.

Plötzlich klingelte sein Handy. Er fummelte an der Gürteltasche herum, sah auf das Display, ging ein paar Schritte weg, nahm das Gespräch an und verschwand, während er »Ja« sagte, mit ein paar weiteren Schritten in der kleinen Küche.

Zuerst blätterte ich noch weiter in dem Buch, das vor mir auf dem Kissen lag, bis mir bewusst wurde, dass er in der Küche blieb zum Telefonieren. Er schien mit dem Rücken zur Tür zu stehen, denn ich verstand nicht viel von dem, was er sagte, nur Bruchstücke. Zwar schien es ein Bekannter von ihm zu sein, aber das Gespräch war trotzdem sehr sachlich, organisatorisch irgendwie. Ich hatte keine Ahnung, worum es ging. Trotzdem konnte ich jetzt nicht mehr weghören. An irgendetwas erinnerte mich das Gespräch, aber ich wusste nicht, woran. Ich fragte mich, wer das sein mochte.

»Also, tschüss!«, hörte ich schließlich klar und deutlich und dann stand er auch schon wieder im Zimmer und steckte das Handy weg. »Wollen wir …«, begann er, aber ich unterbrach ihn.

»Wer war das?«, fragte ich.

»Ach, Robby.«

»Welcher Robby?« Ich drehte mich auf die Seite und sah ihn an, während er am Tisch stehen blieb.

»Na, Robby.«

»Robbydasarschloch? Ich wusste gar nicht, dass ihr Kontakt habt.«

»Kontakt? Nein, er kann nur ein paar Dinge für mich besorgen.« Er sah Richtung Fenster.

Ich bekam Herzklopfen. »Was für Dinge?«

»Ach, CDs und so. Sag mal«, fauchte er mich plötzlich an, »wieso quetschst du mich eigentlich so aus?!«

»Ich … ich … also *du* hast doch gesagt, dass du mit all denen nichts mehr zu tun haben willst.«

»Na und? Wir haben uns neulich zufällig getroffen und jetzt kann er mir ein paar Sachen besorgen.«

Ich antwortete nichts mehr. Er setzte sich in einen der Sessel und schenkte sich ein Glas Mineralwasser ein, und ich tat so, als würde ich wieder das Buch ansehen. In meinem Kopf ging alles durcheinander. Was hatte das zu bedeuten? Er und dieser bescheuerte Robby … Der Typ war ein ganz mieses Schwein, das wussten wir doch alle. Es gab Leute, die bei ihm alles in Auftrag gaben, was sie brauchten: CDs, Jeans, Lederjacken, einfach alles. Aber Josh hatte nie mit ihm Geschäfte gemacht. Was wollte er jetzt plötzlich von diesem Arschloch? Ich weiß nicht, warum, aber ich habe mich an diesem Abend nicht getraut, ihn offen zu fragen. Ich konnte mir alles Mögliche ausmalen und tat das auch abends im Bett, aber nichts davon konnte ich glauben.

Vielleicht war für mich dieser Anruf so schlimm wie das Picknick. Alles Mögliche hatte ich erwartet, aber darauf wäre ich nie gekommen. Robbydasarschloch!

Es blieb zwischen uns sehr schweigsam und schon bald

ging ich nach Hause. Wir machten noch aus, Silvester gemeinsam mit den anderen zu einer Party bei einem Bekannten zu gehen. Josh schaltete den Computer ein, als ich das Zimmer verließ.


**Es** war irre! Wir waren gerade erst aus dem Skiurlaub zurückgekommen, da klingelte mein Telefon. Es war Biggi, die mir sagte, dass Penne, den wir alle aus dem *Park* kannten, eine große Silvesterparty machen würde am nächsten Abend. Das war so richtig nach meinem Geschmack. Hatte mich an den letzten Tagen schon gefragt, was man in so einer Silvesternacht machen könne. Irgendetwas Besonderes musste man doch tun. Pille und Rainer wollten auch hingehen, sodass wir uns um acht, halb neun bei Penne verabredeten. Alle sollten was zu essen mitbringen. Meine Mutter half mir natürlich. Knaller kaufte ich keine.

Ich kam erst um neun, da herrschte schon eine tolle Stimmung. In der Waschküche konnte man die Fressalien auf einem langen, breiten Brett zwischen der Waschmaschine und der Schleuder oder auf einem Tapeziertisch abstellen. Überall standen Leute rum und mampften. Für die Getränke sollte jeder etwas Geld in ein Sparschwein werfen.

Es lief sehr gute Musik. Sie war so laut, dass man sie in allen Räumen hören konnte. Überall waren schon Leute, obwohl es später noch voller wurde. Viele kannte ich gar nicht, sodass ich erst einmal Biggi und Rainer suchte, aber zunächst nicht fand. Ich schätze, es waren so achtzig bis hundert Leute da, und überall nur farbige Beleuchtung. Einige hatten auch schon gekifft, das roch ich sofort.

Na ja, es ging jedenfalls irre gut ab. So gegen zehn fragten wir uns dann, ob wir wohl Pille mal anrufen sollten, denn er war immer noch nicht gekommen. Zu Biggi hatte er gesagt, es mache ihm nichts aus, nüchtern zu bleiben, während alle anderen besoffen oder bekifft sein würden, er wollte auf jeden Fall kommen.

Pillen hatten wir noch keine geschmissen, nur Bier getrunken oder Wein.

Die meiste Zeit saßen wir mit anderen zusammen in dem Raum, in dem die Musik lief. Penne hatte sogar eine kleine Lichtanlage aufgetrieben. Die farbigen Strahler zuckten und tauchten uns mal in rotes, mal in gelbes Licht und manchmal in alle Farben gleichzeitig. Und hin und wieder schaltete sich ein Stroboskop ein, das uns in blaues Licht tauchte und unsere Bewegungen zerhackte. Die Boxen dröhnten dazu und alle hatten einfach ihren Spaß.

Es muss kurz vor elf gewesen sein, da sah ich ihn plötzlich in einem hellen Lichtstrahl an die Wand gegenüber gelehnt stehen und den Kopf zum Rhythmus der Musik bewegen. Gerade grölten die meisten mit der Musik: *Hey, hey, hey, hier kommt Alex!* Ich freute mich und ging durch die Tanzenden zu ihm hinüber. Er lächelte mir zu und ich beugte mich zu seinem Ohr, weil man sich nur so unterhalten konnte: »Schon lange hier?«

Er wandte sich zu mir: »Nee. Ich hab euch auch schon gesehen, hatte aber keinen Bock, mich hier durch all die Leute zu boxen.«

Ich nickte, blieb neben ihm stehen und blickte wie er in die Menge der Tanzenden; ganz hinten an der Wand tanzte Biggi, die ihn schließlich sah und rüberwinkte.

Er lächelte und winkte zurück.

Nach einer Weile neigte er sich zu mir und sagte: »Ich gehe mal rüber, bis später.« Er verschwand in den zweiten Raum, wo es ruhiger war und wo die Getränkekästen standen.

Im Musikraum wurde es immer heißer und feuchter. Den

meisten Jungen lief der Schweiß am Gesicht hinunter, die Haare klebten ihnen auf der Stirn und die T-Shirts und Hemden hatten längst dunkle Flecken auf der Brust oder auf dem Rücken, klar. Mädchen schwitzen nie so, keine Ahnung, warum, aber die tanzen auch anders, ruhiger, vielleicht wegen des Make-ups. Manche scheinen jedenfalls die Bewegungen eher mit den inneren Organen zu machen als ... Ich tanzte durch die Leute langsam zu Biggi hinüber, blieb eine Weile vor ihr und küsste sie auch einmal, bewegte mich dann aber wieder so durch den Raum.

Irgendwie verloren wir uns und ich verließ den Raum, weil auch ich am ganzen Körper nass war. Die Luft waberte feucht und stickig. Ich holte mir ein Bier und spazierte durch den Kellergang hinüber in den Raum mit den Fressalien. Da war es inzwischen leerer. In der Ecke neben der Waschmaschine knutschten Rainer und ein Mädchen, das auch auf unserer Schule war. Er ging ihr ganz schön an die Wäsche. Der war bestimmt schon ziemlich abgefüllt, sonst traute er sich so etwas nämlich nie.

Ich weiß auch nicht, warum, aber ich schlenderte zu der schweren Eisentür, die ins Treppenhaus führte, und öffnete sie. Vielleicht wollte ich dort auf den Stufen etwas abkühlen, ich weiß es selbst nicht, jedenfalls sah ich gerade noch, wie Pille nach draußen verschwand und die Haustür hinter sich zuzog.

Zuerst dachte ich einfach, auch er wolle sich vielleicht etwas abkühlen von der Hitze da drinnen, holte meine Jacke und ging nach draußen. Auf dem Gartenweg vor der Haustür zur Straße war er aber nicht. Ich ging vor zum Tor. Da sah ich ihn die Straße hinunterschlendern, ganz langsam, wie auf einem Spaziergang, überhaupt nicht eilig.

Ich war einfach nur neugierig, was er vorhatte, und folgte ihm. Ich rief ihn nicht, sondern ging einfach los. Auf den Straßen war noch kaum eine Menschenseele, es war noch zu früh. Nur Musik und Gelächter hörte man aus den Häusern. Man konnte sich überhaupt nicht vorstellen, was hier auf den Straßen in einer Dreiviertelstunde los sein würde.

Weiter vor mir bog Pille in eine Seitenstraße ab. Als ich ihn wieder sah, stieg er gerade über einen niedrigen Jägerzaun. Ich dachte, er müsste pinkeln, und schlich mich heran, um ihn zu erschrecken, aber er tastete sich an ein Kellerfenster heran, hockte sich davor und ... Ich hatte zuerst keine Ahnung, was er da machte. Von drinnen waren ausgelassene Stimmen zu hören, immer wieder grölte einer besoffen und dann stimmten alle ein deutsches Lied an. Es war dieses *Polonäse nach Blankenese* oder wie das heißt. Hammerhart! Und Pille? Pille hockte sich tatsächlich einfach vor das Fenster und sah hinein. Es waren mehrere Minuten, wie er so dakniete. Ich sah ihn im Profil. Es kam mir vor, als würde er lächeln. Ich wollte schon einen Spruch ablassen und zu ihm rübergehen, aber ich ließ es, weiß nicht, warum. Dann stellte er sich wieder auf und ging zurück zur Straße. Schnell trat ich hinter eine hohe Hecke. Wie er jetzt zurück ins Laternenlicht kam, wirkte er ernst.

Ich schlich ihm weiter nach.

Wieder kamen wir an ein Haus, in dem gefeiert wurde. Vermutlich alt gewordene Hippies, denn da drinnen lief *Smoke on the water* und kurz darauf dieses eigenartige *In-A-Gadda-Da-Vida*. Pille stellte sich in den Schutz zweier großer Tannen und sah zu einem riesigen, offenen Doppelfenster. Er wippte etwas mit dem Kopf. Es roch, als wäre da drinnen eine ganze Garnison am Kiffen.

Schließlich ging er weiter. Zweimal bog er ab und jetzt ahnte ich, wohin er wollte. Noch einmal trat er näher an ein Haus heran. Aus einer Balkontür war Musik zu hören. Es sah aus, als würde eine große Familie rund um einen Tisch sitzen.

Sicher hatten sie gut gegessen und teuren Wein getrunken. »We'll have white wine with the fish«, kam mir in den Sinn. Dann stimmten ein paar Frauenstimmen in ein Lied ein, das vermutlich im Hintergrund lief: »Fü-r mich soll's ro-te Ro-sen re-gnen, mi-r so-llten sämt-liche Wu-nder bege-gnen.«

Pille stand ganz versteinert da. Ich weiß nicht, ob er wirklich zum Fenster sah. Vielleicht starrte er auch nur in den dunklen, klaren Himmel. Von drinnen war Gläserklirren zu hören. Er stand einfach da, die Hände gegen die Kälte in die vorderen Taschen geschoben. Ich konnte seinen Atem sehen.

Die Abbiegung in die nächste Straße würde in die Richtung zum Haus von Pilles Eltern führen. Ja, offenbar wollte er nach Hause. Als dunkle Gestalt ging er jetzt mitten auf der Straße, mit völlig ruhigen und gleichmäßigen Schritten. Ich sah ihm nach, bis er erneut abbog.

Ich hatte völlig die Zeit vergessen und blickte plötzlich erschrocken auf meine Uhr: noch zwölf Minuten. Ich rannte zurück.

**Das** war schon eine nette Geste von meinem Schwager, ihm eine Lehrstelle anzubieten, trotz der Schwierigkeiten in der Schule und dieser … na ja, man muss es ja wohl Krankheit nennen. Aber ich war erst mal nur froh, dass es bis zu den Weihnachtsferien keine Probleme mehr gegeben hatte. Ich fand einfach, dass jetzt der Zeitpunkt war, wo er sich auch etwas beweisen musste. Er sollte, verdammt noch mal, dieses Schuljahr durchhalten und dann wenigstens mit einem vernünftigen Schulabschluss dastehen. Irgendwann würde er nun mal lernen müssen, sich selbst zu disziplinieren. Und so etwas gibt einem doch auch Kraft, wenn man etwas durchgestanden, geschafft hat. Und jetzt noch praktisch diese Blankozusage für die Stelle.

Aber ich sagte ja kaum noch etwas. Alles, was ich sagte, war ohnehin nur falsch. In der Weihnachtszeit ermahnte mich Barbara fast jeden Abend, ja nicht wieder »anzufangen«.

Ich war seit der Geschichte mit dem Picknick sehr skeptisch geworden. Ich wusste nicht, was wir noch tun konnten. »Bleiben Sie Ihrem Sohn zugewandt«, hatte der Arzt gesagt. Ha, zugewandt, Joshua war es doch am liebsten, wenn wir ihn gar nicht ansprachen. Es hätte ja irgendeine Anforderung an ihn gestellt werden können …

Er hatte ja schließlich alles: sein eigenes Apartment im Keller, genug Taschengeld, im Haushalt brauchte er bestenfalls mal die Spülmaschine auszuräumen oder auf dem Weg von der Schule nach Hause ein paar Dinge einzukaufen. Im Grunde hatte er den ganzen Tag Narrenfreiheit, weil Barbara und ich arbeiten waren. Wir waren nun wirklich immer mit allem großzügig gewesen – um was kümmerten wir uns schon?

Gegen Ende der Weihnachtsferien war ich an einem Abend runtergegangen zu ihm. Ich wollte noch einmal einen Versuch unternehmen, mit ihm vernünftig über alles zu reden, in einer völlig entspannten Atmosphäre – und ohne Barbara. Als wir alle vom Abendessen aufstanden, hatte ich gesagt: »Ich komme gleich mal kurz runter zu dir.«

»Ja«, hatte er nur geantwortet und war verschwunden.

Als ich ins Zimmer kam, war das da unten alles ganz fremd für mich. Seit sie ihn eingeliefert hatten im Sommer, war ich nicht mehr in seinem Zimmer gewesen, deshalb sah ich zunächst hierhin und dorthin. Ich hatte mir einen Schluck Wein mitgenommen und stellte das Glas jetzt auf dem niedrigen Tisch ab. Joshua saß auf der Bettcouch und ich setzte mich in einen der Sessel. Sein Handy und eine offene CD-Box lagen auf dem Tisch.

»Wie war denn eure Jahrtausendparty eigentlich?«, begann ich.

»Es war viel los. Schätze, über hundert Leute. Alle waren tierisch gut drauf.«

»Wann warst du zu Hause?«

»Ach, nicht sehr spät. Weiß nicht genau.«

Ich nickte und sah mich um. »Jetzt sind die Ferien schon wieder vorbei«, murmelte ich.

»Mhm …«

»Nur noch ein halbes Jahr und du hast es geschafft.«

»Mhm.«

»Wie geht's dir zurzeit?«

»Och, ganz gut.«

»Glaubst du, es läuft in der Schule bis zu den Zeugnissen?«

»Weiß nicht.«

»Na ja, was heißt ›weiß nicht‹?«

»Wir werden es sehen.«

»Na ja … klar. Aber du musst doch eine Vorstellung haben, wie es weitergehen soll.«

»Nee, hab ich noch nicht.«

»Willst du denn dann die Lehrstelle bei Gerhard annehmen? Ich meine, er muss das ja auch irgendwann wissen. Er kann die Stelle ja nicht für dich reservieren bis zum Jüngsten Tag und dann steht er ohne Lehrling da. Man muss ja heutzutage froh sein, wenn Betriebe überhaupt noch ausbilden. Andere würden was dafür geben, schon so früh eine Lehrstelle sicher zu haben unabhängig von der weiteren schulischen Leistung.«

Er nickte nur.

Ich nippte an meinem Glas und ließ mich im Sessel zurückfallen. Eine Weile lang schwiegen wir beide.

»Was wird eigentlich aus einem Menschen«, fragte er plötzlich, »der im Arbeitsleben nicht so richtig Fuß fasst?«

»Tja ... Was soll aus so einem schon werden? Nicht viel. Gelegenheitsjobs. Mal hier, mal da. Zwischendrin Arbeitsamt, Sozialamt. Man kommt nicht zu vielem dann. Immer nur das Nötigste. Na schön, wenn's einem reicht ... Aber man will ja vielleicht noch mehr vom Leben.«

»Klar.«

»Na, siehst du!« Ich denke, dieses »Klar« hat er nur mir zuliebe gesagt. Es war so dahingeplappert. Er hat es meistens gut verstanden, vor mir abzuwiegeln. Sich mit mir auseinandersetzen? Ach wo! »Du würdest Mama wirklich eine große Freude machen, wenn du das Schuljahr bestehst. Ich glaube, das wäre ein großer Tag auch für sie. Und weißt du, danach kannst du immer noch sehen, wie es weitergeht. Du fängst erst mal diese Lehre an und siehst dann schon, ob dir die Arbeit gefällt. Ich meine, mir macht auch nicht alles in meinem Job Spaß, natürlich muss man sich da manchmal zwingen, durchbeißen, aber mit Nichtstun kann man eben kein Geld verdienen. Und ohne Geld kann man sich auch all seine Wünsche in der Freizeit nicht erfüllen. So ist das nun mal.«

»Aber weißt du, was ich nicht verstehe: Es gibt doch sowieso nicht genug Arbeit für alle, warum läuft dann alles über Arbeit? Ich meine, nehmen wir mal an, ich würde vom Staat Geld bekommen, damit ich leben könnte, und würde Bilder malen und sie den Leuten, denen sie gefallen, schenken, einfach schenken ... Ich meine, das wäre doch toll! Alle hätten was davon.«

»Na ja ... Joshua, ich glaube, das sind jetzt wieder so deine ... also das sind ... ja, Luftschlösser, Hirngespinste letztlich. Wir müssen den Tatsachen schon ins Auge sehen.«

Unser Gespräch brach damit ab. Er sagte nichts mehr. Ich versuchte ganz gelassen zu bleiben. Ich wollte nicht, dass wir stritten, aber das war eben wieder genau dieser Punkt. Der

Punkt, an dem er sich früher oder später in Fantastereien verstieg. Immer ausweichen, nur ja nicht die Dinge praktisch angehen.

Ich fragte noch nach ein paar Belanglosigkeiten, ich wollte das Gespräch nicht abbrechen lassen. Aber viel kam nicht mehr. Zum Schluss sagte ich im Aufstehen und während ich mein leeres Glas nahm: »Bitte sag es mir, wenn ich dich bei irgendetwas unterstützen kann. Wofür gehe ich denn arbeiten, wenn nicht dafür, dass es uns allen gut geht?«

Er nickte.


**Ich** hab Angst, Alter, ganz einfach, tierische Angst! Du kannst dir das ja gar nicht vorstellen, wenn der Film plötzlich wieder abläuft. Auf der Wiese, was meinst du, was ich für eine Angst gehabt habe! Dieser endlose Himmel über mir und dann dieser Hubschrauber. Und ich will nicht, dass es irgendwann plötzlich wieder losbricht. Was weiß denn ich, wodurch es noch alles ausgelöst werden kann. Ich gehe jetzt auf Nummer sicher. Wenn ich irgendwann merke, dass es wieder losgeht, pfeife ich mir das Zeug da rein, um runterzukommen. Vielleicht hilft's ja.«

Ich sah zu dem großen Schubfach unter seinem Bett, in das er das Bettzeug sowieso nie steckte und wo er seit einiger Zeit die Tablettenpackungen in eine alte Wolldecke gewickelt bunkerte. Keine Ahnung, wie viele es waren. Mir war es letztlich auch egal. Er musste klarkommen. Wenn er sich so sicherer fühlte ... Ich fand's nur eben beschissen, dass er sich plötzlich auf Robbydasarschloch einließ. Ausgerechnet der verdiente jetzt an Pille. Früher hatte er fast nie mit ihm Business gemacht, weil Robby eine echte Sau war. Der haute jeden übers Ohr. Bei dem hatten einige tierische Schulden, aus denen sie nie wieder rauskommen würden, und er machte sie nach und nach fertig, presste sie aus.

»Tja, wie ein richtiger Geschäftsmann«, meinte Pille bloß und zuckte mit den Schultern. »So geht's hier doch überall zu. Am besten ist es, wenn Leute bei dir Schulden haben. Sie zahlen und zahlen und zahlen.«

An dem Abend war er eigenartig drauf. So hatte ich ihn bis dahin nur ganz selten mal erlebt. Irgendwas war anders an ihm. Aber das Positive war, dass er zuletzt wieder mehr unternahm, nicht mehr so oft zu Hause rumhing. Wir gingen jetzt öfter mal Billard spielen.

Wir saßen unten in seinem Zimmer, Musik lief. Und es war gemütlich warm. Draußen war seit Tagen ein totales Mistwetter, alles grau. Meistens schüttete es. Es ging auf den Abend zu, wir hatten schon Licht an im Zimmer. BeBi kamen nicht, obwohl wir uns in der Schule verabredet hatten. Zwei, drei Mal pro Woche trafen wir uns. Mittwochs nach Biggis Tanzen saßen wir neuerdings meistens im *Park*. Pille war fast immer auch dabei.

Seit Kurzem hatte er Stress mit seinem Arzt. Der meinte, er würde ihm nicht mehr so viele von diesen Tabletten geben, die er sich zur Beruhigung verschreiben ließ. Pille hatte seine ganzen vorherigen Vorräte einem Typen gegeben, der in keiner Krankenkasse war und allein einen kalten Entzug gemacht hatte. Der wollte sich mit dem Zeug dämpfen, runterholen, wenn er »Druck« bekäme oder auch einfach nur Angst. Pille hatte ihm sein ganzes Zeug gegeben und wollte schnell seine Vorräte wieder aufbauen, aber der Arzt verschrieb ihm nichts mehr. »Der glaubt, ich würde das Zeug verscherbeln, ist doch klar«, meinte Pille.

»Ich glaube«, er sah zu mir herüber, er lag auf dem Bett, »ich habe auch früher viel Angst gehabt. Aber diese Angst jetzt ist was anderes, etwas ganz anderes, davon macht sich keiner ein Bild. So eine bestimmte Angst ist ja ganz normal, hat jeder. Aber jetzt habe ich Angst davor, dass wieder was mit mir passiert, verstehst du, in meinem Kopf, in meinem eigenen Kopf. Dass in meiner Birne was abläuft, ohne dass ich irgendwas dagegen tun kann. Nichts. In meinem eigenen Kopf passiert was mit mir, was mich fertigmacht. Und ich kann nichts tun. Die Angst in meinem Kopf. Das ist total wahnsinnig. Und immer wenn du dran denkst, bekommst du schon wieder automatisch Angst. Angst, dass die Angst in deinem Kopf wieder anfängt. Und wenn du erst mal Angst vor der Angst hast, dann …« Er schüttelte leicht den Kopf, sprach nicht weiter und sah zur Stereoanlage. Dann wandte er den Kopf wieder mir zu: »Es passiert was in deinem Kopf und du kannst nichts dagegen tun. Nichts. Gar nichts. Jedenfalls wenn es erst mal anfängt. Wenn es anfängt und du es merkst, ist es schon zu spät. Du musst es also merken, bevor es anfängt, sonst macht es dich kaputt. Und jetzt bin ich an dem Punkt, dass ich nur noch aufpasse. Ob es anfängt. Ich passe auf und passe auf und passe auf.«

»Und deine anderen Medikamente?«

»Auch so eine Angst. Eigentlich müsste ich die so langsam mal etwas runtersetzen, sagt der Doc, aber ich will das noch nicht. Ich hab Angst davor. Ich weiß nicht, was passiert, wenn ich reduziere. Wenn ich die Dosis runtersetze, das steht fest, dann fresse ich erst mal vorsichtshalber die Tabletten da unten, denn dann schiebe ich garantiert eine brutale Panik. Woher soll ich denn wissen, was passiert, wenn ich die Neuroleptika absetze?«

*Neuroleptika*
→ Seite 288

Ich nickte stumm. »Ich verstehe das trotzdem alles nicht. Okay, du hast viel mehr Pillen geworfen als wir und die Bleche und so. Aber warum kommt das so plötzlich? Was passiert denn dann?«

»Keine Ahnung. Irgendwann will der Kopf nicht mehr.

Irgendwann verkraftet dein Gehirn das alles nicht mehr. Du musst dir das mal überlegen, was ich meinem Gehirn alles zugemutet habe: zuerst bekifft die ganze Woche, dann ab Freitagmittag Speedys, abends und nachts reihenweise E's und schließlich für die Optiken auch noch Pappen drauf. Zwischendrin mal hier und da ein Blech. Das hält die Birne einfach nicht aus. Alles ist durcheinander im Kopf. Dein Gehirn weiß nicht mehr, was wirklich ist. Irgendwann kann es nicht mehr unterscheiden: Film oder Wirklichkeit? Und wenn es erst mal so weit ist, dann läuft plötzlich ein anderer Film – und den kannst du nicht mehr abstellen. Der läuft. Plötzlich läuft der von selbst, egal ob du nichts mehr nimmst oder doch. Alles kann den wieder auslösen. Shit sowieso, das wusste ich. Aber Alkohol, das wusste ich nicht. Ist selten, kommt aber vor.«

*E*
Abkürzung für »Ecstasy«: aufputschende Droge in Tablettenform
*Optiken*
Halluzinationen

Ich starrte ihn an und nickte leicht.

»Ab dem Tag ist dein Leben verändert, für immer. Dabei sollte es doch immer bloß Spaß machen.«

**Eigentlich** hatte ich längst mal mit ihm sprechen wollen, ausführlicher, in aller Ruhe, aber ich hatte es nie einrichten können. Ich bin zwar ihre Klassenlehrerin, aber so viele Stunden habe ich letztlich bei ihnen gar nicht. Man meint, man hätte fast ein ganzes Jahr Zeit, und nimmt sich dies und das vor, doch plötzlich ist auch dieses Schuljahr schon wieder vorbei.

Mir war in den letzten Wochen aufgefallen, dass es ein paar in der Klasse gab, die ihn offenbar zunehmend abwerteten. Wenn er sich zu Wort meldete, hatte ich einige beobachtet, wie sie die Augen verdrehten oder, während er sprach, zu anderen gewandt albern zustimmend nickten. Wenn ich etwas nicht will in meinen Klassen, dann ist es das: sich gegenseitig abzuwerten, sich übereinander lustig zu machen oder sogar Einzelne vor anderen vorzuführen. Die Klassen wissen das auch und meine weiß das ganz besonders. Es gab also offenbar welche, die das bezüglich Joshua zu ignorieren begannen. Das gefiel mir ganz und gar nicht.

Joshua hatte in der Klasse ohnehin eine schwierige Position. Er war sehr intelligent, reflektierte vieles und wirkte im Unterricht zwar manchmal etwas abwesend, beteiligte sich aber durchaus. Er war vorher in vielem einer der Meinungsführer und im letzten Schuljahr war er sogar zweiter Klassensprecher gewesen. Auf der anderen Seite war er von den Leistungen her nie so richtig gut. Und vor allem: Er fiel in diesem Schuljahr noch einmal ab, besonders in den Lernfächern.

Er war also einerseits recht angesehen in der Klasse, andererseits war er nun mal ein Problemschüler, der offenbar mit seinem Leben nicht so besonders klarkam. Und da waren ihm andere deutlich überlegen.

Außerdem gab es sicherlich auch ein paar Jungen, die neidisch darauf waren, dass einige der Mädchen ziemlich auf Joshua standen. Solche Jungen wie er rufen bei vielen Mädchen einiges wach: Sie sehen gut aus und sind intelligent, gleichzeitig sind sie aber auch schwach und man kann sie ein bisschen bemuttern. Ich wusste nicht, wie es zwischen Biggi und ihm stand, hatte aber den Eindruck, dass da zwei, drei der Mädchen schon auf der Lauer lagen.

Na ja, ich wollte all diese Konflikte nicht eskalieren lassen. Ich hatte zwar mit der Klasse, anders als einige Kollegen, noch nie größere Probleme gehabt, sie respektieren mich sehr, aber es gibt in der Klasse ein paar raue Typen. Zu Provokationen waren die sicherlich jederzeit bereit. Joshua würde sich natürlich nicht mit ihnen prügeln. Benedikt erst recht nicht. Aber bei Rainer war ich mir da nicht so sicher.

So saß ich also vor der Klasse, die Mappe mit den Zwischenzeugnissen vor mir auf dem Tisch, und mir schoss durch den Kopf, mit wem ich eigentlich vor der Vergabe noch alles hatte sprechen wollen … Natürlich waren alle aufgeregt. Einige machten alberne Sprüche, andere schwiegen, weil ihnen das Herz vermutlich bis zum Hals schlug, obwohl die Noten fast alle schon besprochen waren. Immerhin war es das Zeugnis, mit dem sie sich für die Lehrstellen bewerben mussten.

Für Joshua war es natürlich ein frustrierender Tag. Auch wenn er es sich an fünf Fingern hatte ausrechnen können, ist es doch etwas anderes, wenn man das Ergebnis schließlich schwarz auf weiß in den Händen hält. Ich hatte zuvor ausführlich mit den Fachlehrern über seine Noten gesprochen. In Mathe und Physik war es einfach klar; Klaus Gerber bestand auf die Noten. Er sah keinen Sinn darin, im Halbjahreszeugnis Milde walten zu lassen, gerade aus pädagogischen Gründen nicht. Warum er Joshua so sehr ablehnte, habe ich nie verstanden. Trotzdem ist er auch kein Unmensch und nickte stumm, als ich am Ende sagte, ich wolle, dass wir im Zweifelsfall beim Abschlusszeugnis ein Auge zudrückten.

Nach der Vergabe setzten wir uns ganz ungezwungen zusammen, aßen Kekse und tranken unsere mitgebrachten Getränke. Ich hatte einen Wasserkocher, Tassen und aufgießbaren Cappuccino mitgebracht, auf den natürlich alle abfuhren.

Wir sprachen über die Berufswünsche und wie es bei jedem Einzelnen stand bzw. wer schon Vorstellungsgespräche in Aussicht hatte.

Als Joshua an der Reihe war und erzählte, dass ihm ein Onkel eine Lehrstelle als Feinelektroniker angeboten habe, freute ich mich sehr für ihn. Er hatte mir davon noch nichts gesagt. Ich fragte noch irgendetwas nach, als er plötzlich antwortete: »Aber ich weiß nicht, ob ich die Stelle annehme.«

»Nanu«, sagte ich, »warum das?«

»Ach, ist eigentlich nicht so mein Ding. Außerdem weiß ich nicht, ob ich so unbedingt bei 'nem Onkel arbeiten will.«

Ich nickte leicht, mir war natürlich klar, was er meinte. Dann sagte ich aber doch: »Jetzt sei mal ein bisschen strategisch und halt dir das warm.«

Er schmunzelte und nickte.

Zwei Plätze weiter saß Florian. Der hatte noch gar nichts in Aussicht und schimpfte gleich los: »Wer bildet denn schon noch junge Leute aus? Es geht ja gar nicht mehr darum, dass junge Menschen einen Beruf lernen. Die Firmen sagen ja bloß: ›Was, Lehrlinge kosten mehr Geld, als sie bringen. Und wer weiß schon, ob ich in anderthalb Jahren noch genug Arbeit habe?‹ Na ja, und die wenigen Ausbildungsplätze bekommt man doch auch bloß noch mit Vitamin B. Ich hab keinen Onkel, der 'ne Firma hat.«

Sofort blickte ich zu Joshua, aber der wirkte, als ginge ihn das alles gar nichts an.

**Es** schüttete wie aus Eimern und der Regen prasselte gegen meine Jacke, als ich aus den Umkleidekabinen kam, und während ich Richtung Fahrradständer lief, das Gesicht vor dem Wind weggedreht und mir die Kapuze über den Kopf ziehend, zuckte plötzlich an einem geparkten Wagen das Fernlicht auf. Ich erschrak – es war schon ziemlich dunkel und niemand sonst war auf dem Parkplatz – und sah hinüber. Im nun angeschalteten Abblendlicht erkannte ich unser Nummernschild. Da wollte mich doch tatsächlich jemand abholen!

Ich rannte hinüber, riss die Tür auf, warf meine Sporttasche in den Fußraum und schwang mich auf den Sitz. »Ja, das finde ich ja nett.« Ich lächelte Vater an und gab ihm einen Kuss auf die Wange.

»Ich wollte gerade nach Hause fahren, da fiel mir auf, dass ja jetzt dein Training zu Ende ist. Und bei so einem Sauwetter ...«

»Was machen wir mit meinem Fahrrad?«

»Du könntest es morgen holen.«

»Oder wir packen es jetzt hinten rein.«

»Ich dachte, wir beide fahren jetzt irgendwo essen. Da können wir kein offenes Heck gebrauchen.«

»Wow! Na, unter solchen Umständen hole ich es morgen zu Fuß.«

Er lächelte verschmitzt, ließ den Wagen an und fuhr vom Parkplatz. Mich freute das ungemein. In den letzten Wochen hatten wir alle nicht viel miteinander gesprochen. Er war auch viel unterwegs gewesen. Und im Büro hatte es irgendeinen Streit gegeben, der ihn ziemlich stresste.

»Wohin?«, fragte er.

Ich zuckte mit den Schultern.

»Na ja, für was ganz Vornehmes bist du jetzt nicht gerade angezogen, aber was hältst du vom *Tutti*?« Er wusste natürlich, dass das meine Lieblingspizzeria war.

»Ja, da waren wir lange nicht. Wir waren überhaupt alle lange nicht zusammen essen.«

»Ja, das stimmt.« Er verstummte, weil er abbiegen musste und weil vor uns eine Frau mit schräg gegen Wind und Regen gestemmtem Schirm über die Straße lief. Der Regen schraffierte das Scheinwerferlicht.

»Warum eigentlich nicht?«, fragte er mich, als er in die Straße eingebogen war, und ich fand das etwas scheinheilig.

»Tja, wir haben wohl keine Lust. Oder?«

»Es macht den Eindruck.«

Nach ein paar Minuten schon rollten wir auf den Parkplatz vom *Tutti*. Ich zog die Kapuze über den Kopf und rannte im Spurt zum Eingang, wo ich unter dem Vordach stehen blieb und wartete. Auch Vater rannte, mit einen Arm Sakko und Krawatte an den Körper drückend und vom Regen abgewandt nach unten sehend. »Puh!« Er öffnete die Tür.

Der Kellner brachte uns an einen kleinen Tisch. Vater nahm mir die Jacke ab und ging zurück zur Garderobe. Seine Absätze waren auf dem Steinboden zu hören und ich bemerkte, wie ihm zwei Frauen von einem Nebentisch aus nachsahen. Er sieht ja auch wirklich gut aus.

Nachdem wir bestellt hatten und unsere Getränke kamen, stützte er die Armgelenke auf den Tisch, legte das Kinn auf die beiden Daumen und sah mich an: »Wie geht's dir?«

Solche Fragen nerven mich immer kolossal und ich zuckte erst mal mit den Schultern.

»Ich weiß, dass ich dich in der letzten Zeit vernachlässigt habe. Ich glaube, ich muss das jetzt nicht erklären. Jedenfalls dachte ich, dass so ein Abend doch eine gute Gelegenheit ist, mal wieder etwas zu reden.«

Ich nickte stumm.

»Oder willst du nicht mit mir reden?«

»Ach, Papa, was soll ich denn auf so eine Frage antworten? Also, ich meine, wie soll's mir schon gehen?«

»Ja, sag's.«

»In der Schule geht's so, beim Fußball fehlt mir Kathrin und zu Hause ... na ja ... also, ich meine, wir sind alle so angespannt, es geht nur noch um ein Thema, selbst wenn keiner etwas sagt und alle schweigen. Warum eigentlich?«

Er nickte und sah hinunter auf die Blume zwischen uns auf dem Tisch.

»Mama und ich sind so ratlos. Wir wissen nicht, was wir tun sollen. Und vor allem: Wir sind uns nicht einig. Sollen wir ihm lieber eine eigene Wohnung bezahlen, wenn er mit der Schule fertig ist, oder stürzt er dann erst recht in die Gosse?«

Ich schwieg.

»Was meinst du denn? Sprichst du mit ihm über so etwas?«

»Nö. Selten.«

»Und deine Meinung?«

»Ich glaube, das Beste wäre, wenn er bald ausziehen würde.« Als ich diesen Satz ausgesprochen hatte, wurde ich knallrot im Gesicht. Ich spürte die Hitze auf meinen Wangen. »Also, ich meine … ich glaube einfach, dass es dann wieder entspannter oder so bei uns wäre. Ich will ja gar nicht sagen, dass er stört, aber es wäre dann anders, einfach leichter.« Ich nahm mein Glas und nippte: ein Mal, zwei Mal. Zum Glück brachte der Kellner die Salate.

Wir wünschten uns guten Appetit und begannen die Salatblätter auf die Gabeln zu spießen. Ein paar Minuten lang sprachen wir kein Wort. Dann sagte er: »Er kommt mir aber in letzter Zeit wieder aufgeweckter vor. Dir nicht?«

»Doch, er ist auch wieder mehr unterwegs.«

»Das ist doch ein gutes Zeichen.«

»Klar.«

Wir tauschten noch ein paar Beobachtungen aus, bis er schließlich sagte: »Gut, jetzt aber zu dir! Denn ich wollte dich ja nicht zum Essen einladen, um mit dir über Joshua zu reden.«

Er fragte mich, ob ich nicht doch noch ein Musikinstrument spielen lernen wollte, aber als ich das Gesicht verzog, wiegelte er gleich ab. Ich musste lachen. Manchmal ist er so unbeholfen, wenn er etwas gesagt hat, was andere irritiert. Ich erzählte, dass ich Lust hätte, im Sommer mit einer Jugendgruppe einen Kanu-Urlaub zu machen, nur mit Zelt und Schlafsack. Zur Vorbereitung müsste ich mich demnächst zu einem Übungswochenende anmelden. – Er willigte ein.

So ganz lange blieben wir nach dem Essen nicht mehr im Restaurant. Ich wurde auch müde. Nach dem Training ging ich meistens früh zu Bett. So brachen wir auf und fuhren nach Hause.

Bevor wir von der Garage um die Magnolie auf die Haustür zugingen, hielt Vater mich zurück. »Pia«, er nahm mich in die Arme, obwohl dabei die Sporttasche störte, die ich über die Schulter gehängt hatte, ich roch einen Rest seines Parfums, »ich hab dich sehr gern. Manchmal vernachlässige ich dich wegen all der Sorgen, das weiß ich, deshalb will ich dir das sagen. Ja?« Er drückte mich eng an sich.

Ich nickte leicht, mit dem Kopf an seiner Schulter.

»Ich bin sehr froh, dass bei dir alles läuft. Dass du die Dinge des Lebens annimmst, wie sie kommen. Heirate später nicht so früh. Mach erst mal deinen Weg. Ich werde dich bei allem unterstützen.« Er sah mir in die Augen, dann küsste er mich auf die Stirn. »Du machst das schon, ich weiß es.«

Ich lächelte. Dann gingen wir zur Haustür. Mir fiel auf, wie hoch das Gras in den Ritzen zwischen den Wegplatten wuchs.


**Es** war ja etwas eigenartig, aber ich hatte mich im Herbst einfach nicht darum kümmern können, nein, ich hatte nicht einmal dran gedacht. Die ersten milden Tage nun brachten mich plötzlich auf die Idee, die Beete doch noch umzugraben, zumal der Boden nicht mehr gefroren war. Der Nachbar spottete zwar über den Gartenzaun hinweg, aber ich musste es einfach tun. Außerdem tat mir die körperliche Arbeit gut.

Einmal kam Barbara heraus und stand ein paar Minuten bei mir, während ich, auf den Spaten gestützt, meinen Rücken etwas entspannte. »Diesmal gibt es nur eine Zucchini-Pflanze«, lachte sie, »das steht fest.«

Als ich zwei der vier Beete geschafft hatte, ging ich in meinen hohen Gummistiefeln über den feuchten Rasen zum Hintereingang der Garage, wo ich mir zur Belohnung eine Flasche Bier für die Pause deponiert hatte. Auf der Terrasse stand Joshua und rauchte eine Zigarette. »Eine herrliche Luft«, sagte ich und er nickte lächelnd.

*deponieren* lagern

In der Garage öffnete ich die Flasche und stapfte langsam auf unsere kleine Weidenlaube am hinteren Ende des Grundstücks zu, wo ich mich auf die Bank setzte und einen tiefen Schluck nahm. Ein paar der Bäume mussten im Herbst beschnitten werden und beim Hibiskus musste ich im Sommer beobachten, ob er wieder von Parasiten befallen würde. Ich sah, wie Joshua über den Steinweg auf mich zukam. Er hielt eine dampfende Tasse Tee in den Händen.

»In diesem Jahr muss ich mich mehr um den Garten kümmern«, sagte ich, als er sich neben mich setzte.

»Ach«, antwortete er, »mir gefällt er so, ein bisschen wild, lass doch einfach alles wachsen.« Er schlürfte an seinem Tee.

»Ein paar der Pflanzen hatten im Sommer Parasiten.«

Er nickte leicht und ließ den Blick durch den Garten schweifen. Ich wandte mich um und sah raus auf die Felder. Ein paar Krähen staksten über die nackte, dunkle Erde.

»Du, Papa«, begann er mit einem Mal. Es klang etwas getragen und ich merkte sofort, dass er etwas ansprechen wollte, das ihm nicht leicht fiel. »Ich wollte dich mal was fragen.« Er hatte vor Aufregung sogar etwas Schwierigkeiten mit der Atmung.

»Klar, leg los. Was gibt's?«

»Selbstständig kann man sich erst machen, wenn man volljährig ist, oder?«

»Ja, klar. Das macht ja auch Sinn. Womit sollte sich jemand selbstständig machen, der noch so jung ist und vielleicht noch nie richtig gearbeitet hat. Für die meisten Arbeiten braucht man außerdem eine Qualifikation, die man erst mal erwerben muss.«

*Qualifikation* Befähigungsnachweis

»Aber es gibt ja auch Arbeiten, da braucht man nichts zu lernen. Die kann man einfach, wenn man sie kann.«

»Na ja, sicher, das sind dann so anspruchslose Arbeiten. Wer selbstständig sein will, muss aber außerdem über kaufmännische Fähigkeiten verfügen. Das muss man auch erst lernen.«

»Das könnte einem ja jemand zeigen.«

»Es geht aber schlicht juristisch nicht. Man muss jedenfalls voll geschäftsfähig sein. Warum fragst du denn?«

»Ach, ich hatte so eine Idee ...«

»Was für eine?«

Er sah mich an: »Aber du darfst nicht lachen.«

»Nei-n.« Oje, schoss es mir gleich durch den Kopf, was wird jetzt wohl wieder kommen?

»Ich dachte, man könnte doch eine Malerei-Werkstatt machen, ich meine künstlerische Malerei. Nicht Bilder. Man könnte zum Beispiel anbieten, Autos künstlerisch zu bemalen oder Häuser oder Läden oder Fabrikhallen oder Züge, Schiffe, Flugzeuge ...« Er brach kurz ab. »Ich meine, bei uns ist immer alles so langweilig gestaltet, so spießig, ohne Farbe, immer weiß und grau. Warum ...«

»Na ja, wenn alles bunt wäre, würden wir uns vielleicht nicht nur daran leid sehen, vielleicht wären wir auch überfordert. Es würde uns sehr anstrengen, dieses Bunte, vielleicht sogar verwirren und nervös machen.«

»Ja, klar, ich sag ja nicht, dass alles ganz bunt sein soll. Ich würde jedenfalls so eine Firma *creative art 'n' life* nennen. Das wäre doch cool.«

Ich nickte und trank aus der Flasche. Dann sagte ich »Ich glaube, diese Arbeiten könnte kaum jemand angemessen bezahlen. Wer kauft schon ein neues Auto und lässt es gleich noch mal teurer bemalen?«

»Vielleicht müsste man sofort mit Autofirmen zusammenarbeiten. Künstlerische Speziallackierungen. Als besondere Serien. Ich meine, Musiker oder Leute mit Geld lassen sich ja sonst bestimmt auch oft ihre Autos ganz speziell lackieren.«

»Auf jeden Fall braucht man dazu aber eine Lackiererausbildung. Man braucht erst mal viel Erfahrung, auch mit den Farben.« Ich sah ihn an: »Oder heißt das, dass du lieber eine Lackiererlehre anfangen würdest? Dann müssten wir uns mal in die Richtung umsehen.«

»Ich weiß nicht …«

»Na ja, irgendwoher müssten deine beruflichen Erfahrungen dafür ja schließlich kommen.«

»Mhm. Sag mal, wenn man noch zu jung ist, um eine eigene Firma zu gründen, dann bräuchte man jemanden, der älter ist und mitgründet, oder?«

»Ja. Allerdings wäre der arme Hund dann der allein Haftende.«

»Du meinst, wenn man Schulden hat.«

»Ja. Wenn die Firma den Bach runtergeht.«

»Mhm.« Er trank die Tasse leer und hielt sie dann mit dem kleinen Finger am Henkel, leicht pendelnd. »Aber jetzt mal trotzdem: Wie findest du die Idee?«

»Na ja, ich denke, jemand mit viel Können und guten Kontakten und in einer Großstadt, da gäbe es vielleicht genug Verrückte, die sich so etwas leisten würden. Aber wie auch immer: Das kann nur jemand machen, der schon Erfahrung hat und länger in dem Beruf arbeitet.«

Die Tasse rutschte ihm vom Finger und fiel ins Gras. Er hob sie auf und hielt sie in der Hand. »Ich geh mal wieder rein.«

»Ja«, nickte ich, »ich muss auch weitermachen, sonst wird's mir zu spät.«

Er schlurfte über den Weg zurück. Ich stellte die noch halb volle Flasche auf den Boden, drückte den Kronkorken fest und ging hinüber zum Spaten, der am Rand des dritten Beetes aufrecht in der Erde steckte. Ich setzte ihn an und trat ihn kräftig in den Boden. Hinter mir hörte ich, wie die Terrassentür mit einem deutlichen »Schnapp« zugezogen wurde. Ich wendete die Erde und sah auf dem glatten, feuchten Stich, wie ein Regenwurm, den ich durchstochen hatte, zurück in sein Loch zuckte.

**Er** stand mit Frank gleich vorne neben dem Eingang, mit der Schulter gegen den Zigarettenautomaten gelehnt, das Glas oben darauf abgestellt. Mir fiel auf, wie lange sie miteinander sprachen, denn Josh war den Dealern in den letzten Monaten eher ausgewichen. Beim Zapfen der Getränke hatte ich ein paarmal zu ihnen hinübergesehen. Joshs dunkelblonde Haare waren länger geworden als im letzten Sommer. Außerdem hatte er noch etwas zugenommen. Er hatte wirklich ein sympathisches Gesicht mit den tiefbraunen Augen und den dunklen Brauen, die immer so lebendig seine inneren Regungen zeigten: Mal waren sie zusammengekniffen und signalisierten Bedenken, manchmal waren sie ganz hochgezogen, sodass die Augen groß und offen erschienen, was seine Aufmerksamkeit zeigte. Dann wieder zog er die rechte Braue leicht nach oben, was Ironie oder doch wenigstens Ungläubigkeit ausdrückte.

Zuletzt war er oft allein gekommen, am späten Nachmittag oder frühen Abend. Er trank eine Apfelsaftschorle und einen Milchkaffee, manchmal auch zwei. Wenn er sich an den Tresen setzte, sprachen wir viel miteinander, sofern nicht allzu viel zu tun war. Hin und wieder brachte ich ihn mit anderen am Tresen ins Gespräch. Wenn er die Leute neben sich nicht kannte, kam er ein bisschen schwer in Kontakt, war mein Eindruck – das war früher anders gewesen. Meistens setzte er sich gleich am Eingang an den Tresen, oft sogar ganz in die Ecke. Wenn am Tresen alle Hocker besetzt waren, stand er gegenüber am Brett an der Wand oder an einem der beiden Stehtische.

Ich bin immer bemüht, dass sich meine Stammgäste hier bei mir wie in einer großen Familie fühlen, dass sich die Leute kennenlernen und vielleicht auch sonst etwas zusammen machen. Meine gleichaltrigen Freunde finden es ein bisschen eigenartig, dass ich eine Kneipe für so junge Leute mache. Immerhin bin ich zehn, fünfzehn Jahre älter als die meisten, die in den *Park* kommen. Aber mir macht das Spaß. Außerdem haben einige auch schon wirklich krasse Geschichten hinter sich und keiner kümmert sich um sie. Manche haben keine intakten Familien mehr und sind schon sehr auf sich allein gestellt. Bei gar nicht so wenigen bin ich vielleicht der einzige ältere Erwachsene, dem sie vertrauen und dem sie fast alles erzählen. Was ich hier alles erfahre an fürchterlichen Geschichten! Manchmal denke ich, ich sollte mich dann mehr darum kümmern und öfter mal nachfragen, aber das kann ich nicht, das schaffe ich gar nicht. Neulich dachte ich mal, so wie es Schulsozialarbeit gibt, so sollte es auch Kneipensozialarbeit geben. Eigentlich kämen die Sozialarbeiter in Kneipen am besten an die Leute ran: einfach hier sein, zuhören, Tipps geben und konkrete Hilfen einfädeln, wenn jemand es will. Aber auf so etwas muss ein Wirt kommen, darauf kommen die an den Hochschulen gar nicht.

Na ja, jedenfalls hatte ich irgendwann Getränke an einige Tische gebracht und kam wieder zurück hinter den Tresen, als er ohne Frank dasaß, das leere Glas vor sich, und einen Milchkaffee bestellte. Er zündete sich eine Zigarette an.

Als ich ihm den Kaffee brachte, zog ich mir den Hocker herüber und blieb ihm gegenüber sitzen. »Alles klar?«

Er zuckte mit den Schultern, kniff die Brauen zusammen und schlürfte an der Kaffeeschale. »Und bei dir?«

Pille – Ein schwieriger Weg zurück

»Gut. Ich überlege zurzeit, was ich zu meinem Fünfjährigen mache, Ende April.«

»Echt, sind das schon fünf Jahre?«

»Ja. Ich will das hier ein bisschen feiern. Mal sehen, was mir so einfällt. Ich glaube, nachmittags gibt's Kaffee und Tee umsonst und abends werden großzügig alkoholfreie Cocktails verlost. Ich hätte jemanden, der mir das günstig macht.«

»Gute Idee.«

»Es soll ein großes Familienfest werden.«

Er lächelte.

»Außerdem gibt's so Knabberkram auf allen Tischen und dann müssen wir natürlich alles ganz bunt dekorieren.«

Er nickte. »Ich hätte noch eine Idee.«

»Erzähl!«

»Du könntest mal wieder einen neuen Anstrich gebrauchen. Vielleicht mal mit mehr Farbe. Was hältst du davon, wenn ich dir alles in kräftigen Blautönen anstreiche? Mir fiele bestimmt was Tolles ein. Über die Kohle würden wir uns schon einig.«

»Nee, vorläufig nicht. Keine Asche. Sonntagabend ist mal wieder die Heizung ausgefallen. Ich glaube, ich brauche demnächst eine neue Pumpe, wenn nicht sogar eine komplett neue Heizung. Das kostet mich ein Schweinegeld mit Montage und allem Drum und Dran.«

Er nickte und schwieg, dann meinte er: »Ich hab mir gedacht, dass ich so was vielleicht freiberuflich arbeiten könnte, also selbstständig – aber man muss halt auch mal eine Chance bekommen, anfangen zu können. Wie soll man was vorzeigen können, wenn einen keiner lässt?«

»Stimmt.«

»Schon frustrierend.«

Ich musste ein paar Bestellungen annehmen, und während ich die zapfte und einschenkte, unterhielten wir uns über die

Zapfanlage hinweg weiter. Ich habe eigentlich ein gutes Gespür dafür, wie es meinen Stammgästen geht. Bei Josh habe ich gedacht: Der ist längst aus dem Gröbsten raus, er hat schon wieder Pläne und Ideen, auch wenn er gerade etwas durchhängt. Auch dass er so lange und ganz lässig mit Frank gequatscht hatte, das war ein gutes Zeichen.

Nach und nach waren alle Plätze am Tresen besetzt. Josh zahlte irgendwann, saß noch eine Weile stumm da und rief dann im Rausgehen: »Ciao!«

**Unten** bei ihm brannte kein Licht, als ich von der Arbeit nach Hause gekommen war. Da ich schnell zwei Telefonate wegen meiner Mutter im Seniorenheim führen musste, war ich direkt nach oben und an den Schreibtisch im Wohnzimmer gegangen. Aus Pias Zimmer drang Musik herunter. Auch sie hatte ich noch nicht begrüßt.

Nachdem ich die Telefonate erledigt und anschließend in aller Ruhe einen Kaffee getrunken hatte, trug ich einen Korb voll Wäsche in den Waschkeller. Da der Vorhang hinter dem Glas in Joshuas Tür leicht verschoben war, registrierte ich im Vorbeigehen, dass im Klo die kleine Lampe über dem Spiegel brennen musste. Joshua war also doch zu Hause. Bestimmt hatte er geschlafen.

Ich stellte die Waschmaschine an, nahm ein paar getrocknete Wäschestücke von den Leinen und verschwand wieder nach oben. Aus Joshuas Zimmer war kein Laut zu hören.

In der Küche machte ich mich daran, das Abendbrot vorzubereiten, denn Pia würde sicher noch eine Schnitte Brot essen wollen, bevor sie zum Training ging, und auch ich wollte später noch mal los, zu Helmuts Schwester Elke, weil sie günstig an Staubsauger kam und ich einen mitbestellen wollte.

Helmut war zu einem Geschäftstermin auswärts gefahren, ihm wollte ich für später etwas zu essen vorbereiten.

Ich machte eine Schüssel Salat, kochte ein paar Eier hart, um sie anschließend in den Salat zu schneiden, und durfte den Früchtetee nicht vergessen, auf den sich Pia in der kalten Jahreszeit immer so freute, wenn sie vom Training nach Hause kam.

Ich selbst aß schon mal ein Käsebrot, weil ich ganz ausgehungert war, und las dabei in der Zeitung, bis mich die Müdigkeit überfiel. Etwas dämmerig saß ich am Küchentisch. Die Musik bei Pia lief nicht mehr. Es war ganz still im Haus. Draußen wurde es dunkel. Ich blickte zur Uhr: Pia würde bald gehen. Vielleicht wollte sie doch nichts mehr essen.

Ich schnitt die abgekühlten Eier in den Salat, schlug die Zeitung zusammen und schüttete mir den Rest Kaffee aus der Maschine ein, um mich damit ins Wohnzimmer zu setzen. Nur die kleine Lampe in der Ecke schaltete ich ein, weil ich es in dem Licht immer so gemütlich fand. Es machte den Raum kleiner, wärmer. Ich setzte mich in meinen Sessel und legte mir die Wolldecke über die Beine. Während ich den Kopf zurücklehnte, schloss ich die Augen und nickte sogar eine Weile lang ein.

Durch irgendein Geräusch, das ich nicht zuordnen konnte und auch gar nicht wirklich wahrnahm, wurde ich wieder wach. Ich nippte an dem Kaffee, der aber inzwischen kalt geworden war, und erhob mich. In der Küche deckte ich noch den Tisch für Helmut und Joshua, dann ging ich runter in den Keller, um die Wäsche aufzuhängen.

Als ich an Joshuas Zimmertür vorbeikam, brannte immer noch nur das Licht im Klo. Vermutlich hatte er es auszumachen vergessen und schlief oder er war doch nicht zu Hause. Ich wollte gleich mal nachsehen.

Im Waschkeller hängte ich die Wäsche auf und roch diesen

zitronigen Geruch des Waschmittelzusatzes, den ich so mochte. Plötzlich hörte ich irgendetwas aus Joshuas Zimmer. Ich konnte es überhaupt nicht einordnen, aber er war wohl doch da. Ich hatte eine Fülle von Socken und Strümpfen aufzuhängen.

Schließlich ging ich hinüber, klopfte und schob in derselben Bewegung die Tür auf und steckte den Kopf hinein. Vom Klo hinten fiel ein Lichtdreieck ins Zimmer. Das Bett war nicht benutzt. »Joshua?« Aus dem Klo hörte ich einen eigenartigen, gepressten Laut, ein Stöhnen. War es ein Weinen? Sofort überfiel mich Panik. Ich ging durch den Raum und durch die kleine Küche zur Klotür.

Als ich in den winzigen Raum ohne Fenster trat, kroch mir das kalte Grausen in den Nacken, schon als ich den Löffel und das Feuerzeug auf dem kleinen Waschbecken liegen sah. Da saß er auf den kalten Fliesen, eingeklemmt zwischen dem Klo und der Wand, mit verzerrtem, schwitzendem Gesicht, er zitterte am ganzen Körper und hielt in der rechten Hand, die auf dem Klorand lag, eine aufgezogene Spritze. »Joshua! Kind!« Weder sagte er etwas noch rührte er sich. Er sah auf zu mir mit diesem Gesicht, das so völlig verzweifelt und erschöpft und angespannt und blass war, ein Gesichtsausdruck, der mir immer noch nachts in meinen Albträumen begegnet. Ich drehte mich um und rannte zur Tür.

**Sie** konnte zwar auch bei Kleinigkeiten etwas Hysterisches in der Stimme haben, aber als ich den Schrei hörte, schreckte ich sofort hoch, machte die paar Schritte zur Tür und riss sie auf. »Was ist!?«

*hysterisch sein* übertrieben aufgeregt sein, überspannt sein

»Komm!! Schnell!!!« Es kam aus dem Keller.

Mein Herz begann sofort irrsinnig zu rasen und ich stürzte auf die Treppe zu. Ich rannte nach unten, nahm ganz kurz den gedeckten Tisch in der Küche wahr und griff schon wieder ans Geländer, runter in den Keller. Unten roch es nach Zitrone. Ich stieß die Tür von Joshuas Zimmer auf. Nur vom Klo fiel Licht herein und ich rannte sofort dorthin, weil ich sie nach unten gebeugt in der Klotür stehen sah.

Ich trat heran, den Anblick werde ich nie vergessen: Er sitzt irgendwie ganz eigenartig verdreht da, den Kopf an ihre Schulter gelegt, sein Gesicht konnte ich gar nicht richtig sehen. Und sie, jetzt ebenfalls auf dem Boden kniend, vor ihm, aber das Gesicht mir zugewandt: angstverzerrt, totenblass, voll Leiden und Hilflosigkeit, aber auch, irgendwie, erbärmlich.

Keine Ahnung, warum, jedenfalls nahm ich ihm als Erstes die Spritze aus der Hand, indem ich sie mit links griff und mit der rechten Hand den Arm hielt, damit er ihn nicht wegziehen konnte. Aber er zuckte nicht einmal. Ich hielt sie über den Abfluss und drückte sie ab. Ich weiß nicht, warum Mutter das bis dahin nicht längst getan hatte.

»Joshua«, begann sie jetzt auf ihn einzureden, »was ist denn mit dir, was wolltest du tun? Du weißt doch …«

Er sagte kein Wort, überhaupt keine Regung. Ich zitterte vor Anspannung. Am Waschbecken stehend sah ich runter auf ihn. Erst jetzt bemerkte ich das Feuerzeug und den Löffel auf der Seifenablage.

»Joshua, bitte, sag deiner Mutter ein Wort.« Sie schüttelte ihn leicht.

Aber er sagte nichts. Saß da so verdreht auf dem Boden und hielt sich einfach nur an ihr fest. So hatte ich ihn noch nie gesehen. Und sie hockte da nur vor ihm und hielt sich ebenfalls an ihm fest. Sie mussten ein eigenartiges Gleichgewicht haben. Hätte einer von ihnen den anderen losgelassen, wären sie wahrscheinlich beide nach hinten gekippt.

Meine Hände waren eiskalt. Das Herz schlug mir bis in den Hals.

»Joshua, bitte, was ist denn mit dir? Ich bin jetzt bei dir!« Sie presste seinen Kopf stärker an ihre Brust.

Beide verharrten da unten vor mir auf dem Boden, sahen aus wie eine Statue. Alles Mögliche schoss mir durch den Kopf, ich wusste nicht, was ich tun sollte, und trat dann hinter Mutter, als wollte ich sie beide hochheben. Das war natürlich Quatsch. Ich griff ihr an die Schulter, aber sie rührte sich gar nicht. Dann sagte ich mit einem Mal: »Los, jetzt steh auf, wir legen ihn aufs Bett.« Keine Ahnung, warum ich das sagte.

Tatsächlich ließ sie ihn los, rutschte etwas zurück, ohne die eine Hand von ihm zu lassen, stützte sich auf den Klodeckel und stand dann vorsichtig auf. Josh drückte jetzt den freien Arm gegen die gefliese Mauer und wandte das Gesicht nach unten. Ich griff ihm unter die Achsel. »Komm, Josh, steh auf.« Er tat's. Mutter lehnte sich mit dem Rücken in die Wandecke und ließ ihn vorbei. Ich ging schräg hinter ihn, fasste um den Rücken an die andere Schulter und hielt ihn mit der anderen Hand am Arm fest. Ich spürte, dass er zitterte. Mutter folgte uns. Wir tasteten uns mit kleinen Schritten zum Bett vor, wo er sich sofort fallen ließ und das Gesicht vergrub. Jetzt trat Mutter heran und sank auf den Bettrand. Sie streichelte ihm durchs Haar: »Es ist wieder gut, mein Schatz, du hast es ja nicht getan. Es ist alles nicht so schlimm. Jetzt beruhige dich erst mal.«

»Soll ich den Notarzt anrufen?«, fragte ich.

Erschrocken wandte sich Mutter zu mir und sah beinahe empört auf. »Nein, jetzt warte doch erst mal.«

»Ich meine ja nur ...«

Ich ging zu einem der Sessel und setzte mich. Auch sie entspannte sich allmählich und hielt ihm jetzt einfach nur die Hand. Ich hatte keine Ahnung, was los gewesen war. Vermutlich hatte sie ihn gerade noch erwischt, bevor er sich die Spritze setzen konnte. Sie blickte zu mir rüber:

»Geh bitte hoch und hol den Früchtetee. Er steht schon fertig in der roten Kanne. Und bring zwei Tassen mit.«

Ich holte alles, und als ich wieder hinunterkam, hatte sich Josh zur Wand gedreht.

»Danke«, sagte sie.

»Soll ich Papa anrufen?«

»Nein. Er hat einen wichtigen Termin und wir würden ihn nur beunruhigen. Es ist ja auch gar nichts passiert.« Sie machte eine kurze Pause. »Er hat mich ja selbst zu sich gerufen. Ich bin nur so erschrocken.«

Mit einer Art vertraulichem Nicken gab sie mir ein Zeichen, die beiden allein zu lassen. Ich verschwand und zog die Tür hinter mir zu und ging nach oben. Ich wünschte mir, dass Papas Termin ausfallen würde und er plötzlich nach Hause käme.

Zuerst stand ich in der Küche, an die Anrichte gelehnt. Was sollte ich tun? Ich sah auf die Uhr, gleich begann das Training, aber ich konnte jetzt ohnehin nicht einfach gehen. Was war bloß passiert? Und was hieß es, er habe sie zu sich gerufen? Ich nahm mir ein Glas Milch und ging in mein Zimmer.

Auf meinem Bett sitzend bekam ich auf einmal einen Zitteranfall. Ich konnte das Zittern minutenlang nicht abstellen und mir wurde ganz kalt. Ich nahm das Kopfkissen und hielt es mir gegen den Körper. Nur langsam wurde ich wieder ruhiger. Mein Gott, was sollten wir jetzt tun?

Wir konnten ihn doch nicht den ganzen Tag bewachen! »Scheiße!«, schrie ich halblaut.

Ungefähr nach einer Dreiviertelstunde kam Mutter plötzlich in mein Zimmer. Als die Tür aufging, erschrak ich richtig. Ich hatte sie gar nicht die Treppe heraufkommen hören. Immer noch saß ich auf dem Bett. Sie schloss die Tür hinter sich und blieb vor mir stehen. »Du sagst erst mal kein Wort zu Papa. Ich muss zunächst mal herausfinden, was überhaupt los war mit ihm.«

»Hat er schon was gesagt?«

»Nein.« Sie atmete tief aus. »Ich will erst mal in Ruhe mit ihm reden und danach werde ich alles mit Papa besprechen.« Sie blickte mir in die Augen: »Kann ich mich darauf verlassen?«

»Was denkst du denn?«

»Danke.« Sie beugte sich vor und küsste mir von oben aufs Haar. »Ich glaube, wir alle müssen jetzt viel Verständnis haben.«

Ich nickte.

»Ich gehe wieder runter. Ich will ihn nicht so lange allein lassen. Mach dir was zu essen, ja?«

Ich nickte wieder.

Sie ging.

Ich starrte auf die gegenüberliegende Wand und es war, als würde ich überhaupt nichts fühlen. Irgendwann schloss ich die Augen und ließ das Gesicht ins Kissen sinken.


**Unser** Familienleben hatte sich in der letzten Zeit normalisiert. Es lief einigermaßen. Die Probleme standen nicht so im Vordergrund. Mit mir sprach Joshua allerdings nur noch das Nötigste. Ich erfuhr fast alles über Barbara. Ich war ganz froh, dass Rainer und Benedikt nicht mehr so oft bei ihm unten herumhingen. Was mit Biggi war, konnte ich überhaupt nicht einschätzen. Da schien es eine Krise zu geben, denn wenn sie bei ihm war, dann nie allein, immer war mindestens Benedikt dabei. Jedenfalls war das so, wenn ich abends nach Hause kam.

Was er nachmittags so alles unternahm, wusste ich nicht. Einmal fragte ich mich, ob er wohl irgendetwas aushecke. Er hatte zuletzt immer wieder irgendwelche Ideen gehabt.

Seine Blutwerte bei den monatlichen Untersuchungen wegen der Medikamente waren gut. Der Arzt hatte sogar angeregt, die Dosis leicht zu verringern. Mich freute das natürlich, aber Joshua selbst hatte etwas Angst davor. Wie würde es ihm gehen ohne diese leichte Dämpfung durch die Medikamente?

Barbaras Schwager war nach einem längeren Telefonat mit Joshua sogar bereit gewesen, die Lehrstelle noch eine Weile für ihn zu reservieren und sie nicht auszuschreiben. In der Schule lief es zwar nicht gut, aber irgendwie kam er wohl mit. Eine Glanzleistung durfte man am Schuljahresende ohnehin von ihm nicht erwarten.

Eigenartig verschwiegen mir gegenüber war Pia. Eines Abends, Barbara war noch nicht zu Hause, fragte ich sie, ob Joshua unten sei. Ich saß am Tisch und schnitt eine Gurke in Scheiben. Sie stand mit dem Rücken zu mir an der Anrichte und fauchte plötzlich, ohne sich umzudrehen: »Keine Ahnung. Ich gehe da auch nicht mehr runter.«

»Was soll das heißen?«

»Nichts. Dass ich nicht runtergehe.«

»Ja, ich habe ...«

»Ich meine, ich bin doch nicht seine Aufpasserin und hab den ganzen Tag die Verantwortung für ihn.«

»Verantwortung für ihn? Natürlich hast du nicht die Verantwortung für ihn.«

»Also, mehr sage ich ja nicht.« Immer noch drehte sie sich nicht zu mir um.

»Ich habe lediglich gefragt, ob du weißt, ob er unten ist.«

»Ich habe ihn nicht weggehen hören.«

»Also, mehr wollte ich ja nicht wissen.«

Sie rührte sich überhaupt nicht und wirkte ungeheuer verkrampft, wie sie da stand und eine Sahnesoße anrührte. Als ich zehn Minuten später auf die Idee kam, sie könne mal Joshua fragen, ob er zum Essen hochkäme, weil auch Barbara jeden Moment kommen musste, antwortete sie kalt: »Nein.« Sie griff in die Besteckschublade.

»Heißt das, *ich* muss runtergehen und ihn fragen?«

»Kann Mama ja machen, wenn sie kommt.«

»Sag mal, was führst du dich eigentlich so auf?!« Jetzt wurde es mir doch zu bunt. »Ist es zu viel verlangt, wenn ich dich bitte runterzugehen und deinen Bruder zu fragen, ob er mitisst? Ich komme nach einem langen Arbeitstag nach Hause und dir macht es zu viel Mühe, in den Keller runterzugehen?«

Mit einem Mal schluchzte sie los, warf das Besteck auf den Tisch, den sie gerade decken wollte, und rannte hoch in ihr Zimmer. Ich war fassungslos. Was war denn in sie gefahren? Was war los? Vermutlich war etwas in der Schule gewesen.

Kurz darauf hörte ich einen Wagen auf der Straße halten und eine Tür schlagen. Das war Barbara, die immer von einer Arbeitskollegin mitgenommen wurde. Ich ging also in den Keller, klopfte bei Joshua und bat ihn, hochzukommen zum Essen, was er auch direkt tat. Gleichzeitig kam Barbara ins Haus, zog sich den Mantel und die Schuhe aus und schlüpfte in ihre dicken Fellschuhe. Wir begrüßten uns. Sie lächelte Joshua und mich an und hintereinander gingen wir drei die Stufen hoch.

Als wir in der Küche standen, sagte ich schnell: »Ich gehe Pia holen.« Ich ging die Treppe hinauf, klopfte an und öffnete vorsichtig die Tür. »Bitte komm essen.«

Sie saß auf ihrem Bett und sah nur flüchtig zu mir. Ihre Lider waren ein bisschen gerötet.

Ich trat ganz ein und lehnte die Tür hinter mir an. »Habt ihr euch gestritten? Oder war etwas in der Schule?«

»Nein.«

»Aber dir geht's trotzdem nicht gut.«

»Kann sein.«

»Jedenfalls weiß ich nicht, was ich Falsches gesagt habe.«

»Nichts.«

Ich musste lachen: »Dann verstehe ich endgültig nichts mehr.«

Auch sie lächelte kurz, sah aber immer noch nicht zu mir.

»Jetzt komm, bitte.« Ich wandte mich zur Tür.

Sie stand vom Bett auf. Ich drehte mich noch einmal um, berührte sie an der Schulter und küsste sie auf die Stirn. »Wir haben alle mal einen schlechten Tag.«

Sie nickte, ohne eine Miene zu verziehen.


**Die** Sache mit der Spritze war vergessen. Es war ein Ausrutscher gewesen, sonst nichts. Kurz hatte ich noch einmal mit ihm darüber gesprochen: »Ach, es war einfach albern von mir. Es tut mir leid, dass ich dich beunruhigt habe. Wirklich, du brauchst dir keine Sorgen mehr zu machen. Ich hab's jetzt endgültig begriffen.« Das hatte er mir geantwortet.

Natürlich war ich enttäuscht von ihm – aber auch stolz. Wie er das sagte: so überzeugend. Er reifte, das war doch immer deutlicher zu spüren. Und so etwas ist ja auch gar nicht ungewöhnlich: Krisen sind für jeden eine Chance, an ihnen zu wachsen. Ich hatte mal einen Chef, der war Alkoholiker und lange ganz unten in der Gosse. Doch schließlich schaffte er es und ordnete sein Leben neu. Er blieb trocken, machte einen beruflichen Aufstieg und wechselte später ins Management eines Konzerns.

Auch dass öfter wieder fröhliche Musik von unten zu hören war, freute mich.

Und es wurde Frühling. Ich hatte bereits einen Teil der Samen und Pflänzchen für die Beete gekauft. An den Bäumen sprossen die Knospen. Die Krokusse in der Wiese brauchten nicht mehr lang, dann würden sie kräftig in Lila, Gelb und Weiß aus dem Grün des Rasens erblühen. Und die Schneeglöckchen bimmelten mit ihren Köpfchen längst unterhalb der Terrasse im Wind.

Im Haus topfte ich bereits ein paar Pflanzen um. Auch neue Übertöpfe hatte ich gekauft. Als ich in den Keller kam, um ein paar der alten Tontöpfe wegzustellen, saß Joshua vor zwei großen Kisten seines alten Kinderspielzeugs. In einem der Räume hoben wir in Kartons immer noch viele Dinge aus den Kinderzeiten von Joshua und Pia auf. Er saß davor und sortierte nach irgendeinem Prinzip, das ich nicht auf Anhieb verstand.

»Was machst du?«

»Ich suche aus all dem alten Zeug das heraus, was noch gut ist und man verschenken könnte. Bei der Caritas haben sie vor Weihnachten zu Spielzeugspenden aufgerufen, hab ich zufällig mal auf einem Aushang gesehen.«

»Aber Weihnachten ist doch vorbei…«

»Na und? Kinderspielzeug kann man doch immer gebrauchen. Man kann es doch nicht nur zu Weihnachten verschenken. Die sammeln es bestimmt das ganze Jahr über. Die kennen sicher immer Kinder, deren Eltern nicht viel Geld haben und sich nichts leisten können.«

Ich nickte und sah auf den Bären, den wir jahrelang ans Fußende seines Bettes gesetzt hatten mit dem Blick zur Tür, damit er nachts das Zimmer bewachen konnte. Es hatte Joshua immer sehr beruhigt.

»Wenn man sich mal überlegt«, fuhr er, ohne hochzusehen, fort, »wie teuer Spielsachen sind. Ich finde, bestimmte Spielsachen sollten billiger sein, damit alle Kinder sie haben können. Der Staat müsste dafür sorgen.« Er hielt ein Feuerwehrauto mit ausziehbarer Leiter hoch und blickte mich an: »Damit habe ich bei unserem ersten Urlaub in St. Peter-Ording immer im Sand am Strand gespielt.«

Ich nickte stumm, dann lächelte ich ihn an. Wie er da unten saß, zwischen all dem Spielzeug, fast so, als würde er auch jetzt wieder spielen. Ein bisschen wurden mir die Augen feucht.

»Heb doch den Bär noch auf. Und das Feuerwehrauto vielleicht auch. An ihnen hängen doch Erinnerungen fürs Leben.«

»Mal sehen. Ich will erst mal gucken, was überhaupt noch alles in den Kartons ist. Ich wusste gar nicht, dass wir so viel aufgehoben haben. Und an manches kann ich mich schon gar nicht mehr richtig erinnern. Hier, das zum Beispiel.« Er nahm ein Bilderbuch in die Hand. »Von wem habe ich das noch mal bekommen? Oder hier die Märchenkassette?«

Ich zählte ihm all die Gelegenheiten auf, wann er was von wem geschenkt bekommen hatte. Meistens ließen ihn die Geschichten kalt. Das ist in den Jahren so. Die eigene Kindheit bedeutet einem nicht viel. Man entwächst ihr gerade. Das kommt erst später wieder. Für Eltern sind die Kinderjahre ihrer Kleinen viel wichtiger. Sein Leben lang erinnert man sich an all die witzigen Geschichten, die falschen Aussprachen von Wörtern oder an kuriose Missverständnisse über die Welt. Eine der witzigsten Kindergeschichten, über die wir noch Jahre später gelacht hatten, betraf Jesus: Joshua kannte das Jesuskind in der Krippe. Einmal, auf einer Urlaubsreise, als wir einen Dom besichtigten, begriff er plötzlich, dass dieses Kind auch der Mann am Kreuz ist. Mit anderen Touristen standen wir vor dem lebensgroßen gekreuzigten Jesus, die Tritte hallten von überall wider und alle flüsterten nur in dieser getragenen Stille. Joshua sah mit großen Augen zum Kreuz hinauf, dann deutete er auf einmal auf das Tuch um die Lenden und fragte uns in normaler Lautstärke: »Hat der immer noch Pampers an? Ich brauch ja keine mehr.«

Die Leute um uns rum konnten nicht anders, als loszulachen. Eine junge Frau grunzte richtig aus sich heraus. Auch wir konnten uns kaum zusammenreißen. Helmut nahm ihn zur Seite und erklärte ihm grinsend, aber ernst, dass das ein Tuch sei, damit er etwas anhabe. Der Mann sei ja schon erwachsen. Joshua hatte ernst genickt und immer wieder hoch zu dem Kreuz gesehen.

Wenn wir später auf Reisen waren und uns Kirchen ansahen, hatten Helmut und ich uns gegenseitig oft leise zugeflüstert: »Ob da wieder der Mann mit den Pampers ist?«

Als ich wieder vom Keller nach oben ging, musste ich durchatmen. Mir war doch ein bisschen wehmütig und schwer ums Herz. Aber Joshua wirkte so engagiert und so entschieden, dass ärmere Kinder sein altes Spielzeug bekommen sollten. Er ließ sich am nächsten Tag nicht davon abbringen, einen Teil der Spielsachen zur Caritas zu bringen und den anderen Teil wegzuwerfen.

Das Feuerwehrauto und den Bären fand ich dann später als Einziges an der Stelle im Kellerregal, wo zuvor die Kartons gestanden hatten. Sie waren ein Geschenk an mich, da bin ich heute ganz sicher.

**Wir** hatten uns ein paar Internet-Seiten von Musikbands angesehen, schalteten dann aber den Computer aus. Weil wir beide Hunger hatten, wollten wir rüber in seine Küche gehen, um etwas zu essen, und als wir aufstanden und der Computer runterfuhr, sah Pille zum Bildschirm gebeugt durchs Fenster und deutete plötzlich mit dem Kopf nach draußen.

Ich sah raus, verstand aber nicht. »Was?«

»Das Vogelhäuschen – das war damals der Anfang.«

Ich nickte, ich wusste von Biggi, dass er darin eine versteckte Kamera und ein Richtmikrofon gesehen haben wollte, aber bisher hatte er weder ihr noch Bene oder mir die Geschichte erzählt. Wir gingen hinüber und setzten uns mit Brot und Käse an den Tisch. Ich sah auf zu ihm.

»Ich sag dir«, begann er, »der Tag damals war die absolute Hölle – ihr könnt euch das ja gar nicht vorstellen. Obwohl es im Grunde schon am Tag zuvor begonnen hatte, aber das ist mir erst später wieder eingefallen. Wir saßen bei Frank im Keller, Benedikt war dabei, und hatten Musik gemacht. Wir spielten uns die Aufnahmen vor und plötzlich hörte ich Stimmen auf dem Band. Ich sagte es, aber die beiden hörten nichts. Dann setzte ich den Kopfhörer auf und war völlig davon überzeugt, dass sich Stimmen auf dem Band befanden, die nicht unsere waren.

Trotzdem: Wir redeten nicht weiter davon. Ich kam mir blöd vor, aber mysteriös fand ich es dennoch. Als ich in der Nacht nach Hause kam, sah ich einen fremden Wagen auf der anderen Straßenseite – und darin saß jemand. Er blickte zu mir, als ich in den Laternenschein kam, sah aber sofort wieder weg. Wer konnte das sein? Ich schaltete im Haus kein Licht an, stieg runter in mein Zimmer und beobachtete den Wagen durch eines der Fenster, bis jemand, den ich ebenfalls nicht kannte, aus dem Nachbarhaus kam und einstieg. Der Wagen fuhr weg.

Ich war zwar beunruhigt, schlief aber doch irgendwann ein. Vielleicht weil mein Körper einfach fertig war.

Aber am nächsten Tag begann alles von Neuem und viel schlimmer.

Ich war allein zu Hause. Biggi war von der Schule aus nicht mit zu mir gegangen, sondern wollte später kommen. Es war

*mysteriös*
*geheimnisvoll*

ein Freitag. Ich warf was ein und rauchte gleichzeitig einen Joint, um mich runterzudämpfen, denn ich wollte nicht so hoch drauf sein.

In der Küche hatte ich mir zuvor eine Stulle gemacht, die ich auch halb gegessen hatte, und stand jetzt unten in meinem Zimmer und trank etwas Orangensaft. Ich ging dabei hin und her, blieb an dem rechten Fenster stehen und sah hinüber zum Nachbargarten. Ich beobachtete eine Amsel im Rasen und versuchte ihre Bewegungen in einem Rhythmus zu sehen. Es war so eine Idee und ich dachte mir, dass ich diesen Rhythmus später in die Musik bringen würde. Die Amsel flog schließlich auf und zu dem Vogelhäuschen unseres Nachbarn. Und da … da sah ich es.

Ich erkannte es nicht sofort, aber mit einem Schlag wurde es mir klar: In dem kleinen Giebel des Häuschens war etwas angebracht worden: eine Minikamera, die auf meine Fenster gerichtet war.

Ich duckte mich, riss alle Vorhänge zu und verdunkelte die Fenster seitlich mit Wolldecken und Handtüchern. Mein Herzschlag schoss in die Höhe und ich hielt mich nur noch unterhalb der Fensterbretter auf.

Es dauerte eine Ewigkeit, bis Biggi klingelte. Die ganze Zeit war ich geduckt in meinem Zimmer geblieben. Ich robbte zur Tür, lief die Treppe hinauf und kroch dann weiter über den Boden bis zur Haustür. Ich öffnete sie, ohne mich zu zeigen, und zwang Biggi sich auch hinzulegen und schnell in den Keller runterzukriechen. So robbten wir zurück in mein Zimmer und saßen schließlich mit den Rücken an der Wand auf dem Fußboden.

›Was ist denn los, verdammt?‹, wollte sie wissen.

›Ich werde beobachtet. Vom Nachbargrundstück aus. Sie haben eine Minikamera in das Vogelhäuschen eingebaut.‹

›Was? Wer?‹

›Das weiß ich noch nicht. Möglicherweise gibt es auch ein Richtmikrofon. Und heute Nacht stand stundenlang ein fremdes Auto vor unserem Haus mit einem Mann darin.‹

›Bist du sicher?‹

›Absolut. Sogar Franks Studio haben sie gestern abgehört, aber wir haben die Stimmen auf dem Band entdeckt, das wir aufgenommen hatten.‹

›Wer soll denn das sein?‹

›Keine Ahnung. Bullen. Dealer. Irgendwer hat mich auf dem Kieker. Das steht fest. Sie wollen mich fertigmachen.‹

So redete ich auf sie ein, ohne Unterbrechung. Irgendwann bekam sie es mit der Angst, ich konnte es in ihrem Gesicht sehen. ›Komm, wir hauen einfach ab‹, schlug sie vor.

Aber mit einer Grimasse von Gesicht und voller Angst starrte ich sie an, völlig bewegungslos, ich starrte einfach nur. Dann hielt sie es nicht mehr aus. ›Ich hole die anderen‹, rief sie, rannte aus dem Haus und war weg.

Irgendwann verließ ich ebenfalls das Haus, und zwar durch ein Kellerfenster auf der anderen Seite, und wollte auf mehreren Umwegen zu Frank gehen. Aber dann wurde mir klar, dass ich bei ihm völlig hilflos war. Sein Studio war ja längst überwacht. Überhaupt: Meine Aufenthaltsorte und meine Wege waren für sie durchsichtig. Ich konnte nichts verheimlichen. Alle Orte, an denen ich mich aufhielt, waren ihnen auf der Stelle bekannt. Vermutlich wurde ich seit Monaten beschattet.

Mehrere Stunden lief ich durch verschiedene Stadtviertel. Ich musste meinen Radius erweitern, dann würden mich meine Verfolger früher oder später verlieren. Aber dann ... dann hörte ich auf einmal wieder ihre Stimmen. Diesmal waren sie in meinem Kopf. Ich hatte sie unterschätzt. Aufgrund von Wellen waren sie längst in der Lage, auf meine Frequenz zu gehen und meine Gehirnströme aufzufangen. Ich konnte sie hören, wie sie über mich sprachen. Und einer sagte: *Wir wissen alles, was er denkt.*

Der Schweiß lief mir an den Schläfen herunter. Jede Straßenecke beobachtete ich, bevor ich weiterging. Später entschied ich mich, mit verschiedenen Bussen zurückzufahren. Ich kombinierte sie ohne System, bis ich zufällig auf die Linie in unsere Siedlung stieß. Viermal fuhr ich mit dem Bus an unserer Straße vorbei, dann war ich mir sicher, dass das Haus nicht überwacht wurde.

Ich rannte nach Hause, stürzte ins Haus und sperrte mich hier im hinteren Zimmer ein. Ich saß dort in der Ecke«, zeigte er, »biss mit den Zähnen aufeinander und presste die Fingerkuppen in meine Kopfhaut.

Plötzlich verstand ich einen Satz der Stimmen: Sie konnten alles aufzeichnen, was ich dachte, und zwar noch im selben Moment. Ich konnte sie also nur abhängen, wenn ich an einem Ort war, den ich selbst nicht kannte. Ich durfte nicht wissen, wo ich war.

So brach ich zum Bahnhof auf und kaufte eine Fahrkarte nach Unna. Um meinen Verfolgern über mein Gehirn möglichst keine Informationen zu übermitteln, sah ich während der Zugfahrt nur auf den Boden. An irgendeinem kleinen Bahnhof stieg ich aus und sah dabei die ganze Zeit nur nach unten. Außer Beinen und Schuhen sah ich nichts. Ich durfte ja nicht das Ortsschild sehen, dann wäre ich sofort erledigt gewesen.

Es war etwas mühsam und zweimal hupten Autos um mich rum, aber dann stand ich an einem Busbahnhof. Ich steuerte einen der wartenden Busse an und stieg ein, ohne das Fahrziel zu sehen. Ich kaufte einfach eine Fahrkarte bis zur Endstation. Immer noch sah ich nur auf den Boden. Auch den Fahrer habe ich nicht angesehen. Ich setzte mich an die hintere Tür.

Der Bus fuhr raus aus der Stadt und über Landstraßen, das erkannte ich aus den Augenwinkeln. An einer Haltestelle, an der irgendjemand ausstieg, sprang ich plötzlich mit einem riesigen Satz, gerade bevor die Tür wieder schloss, nach draußen.

Ich wandte mich in einen Feldweg und ging los, irgendwohin. Doch nach ein paar Kilometern wurde mir klar, dass ich jederzeit auf etwas stoßen konnte, das meinen Aufenthaltsort verriet. Also biss und zerrte ich an meinem Hemd, bis ich einen Streifen herausreißen und mir damit die Augen verbinden konnte.

So ging ich weiter: blind, mit verbundenen Augen, egal was kam. Ich stapfte in Rapsfelder, rannte in mehrere Stacheldrahtzäune, fiel einmal in irgendeine tiefe Mulde, wobei ich mir stark auf die Zunge biss und lange im Mund blutete, und schließlich stand ich mit den Füßen in Wasser. An der Strömung spürte ich, dass es kein stehendes Gewässer war, und so schwamm ich los, immer noch mit verbundenen Augen, einfach drauflos. Ich wusste nicht im Mindesten, wo das alles enden würde.

Trotzdem: Ich stieß schließlich auf ein Ufer. Ich war so völlig fertig von dem langen Weg und dem Schwimmen in der nassen Kleidung, dass ich einfach nur liegen blieb in dem Dreck einer kleinen Böschung. Wahrscheinlich habe ich sogar geschlafen.

Ich hatte nichts mehr gegessen und nichts getrunken. Völlig am Ende stapfte ich weiter. Irgendwo hörte ich ein Auto fahren und orientierte mich in diese Richtung. Zwischendurch stolperte ich aber über etwas und verstauchte mir das rechte Handgelenk, das ich jetzt festhielt, weil es so wehtat, und das dann auch anschwoll, ich konnte es mit der Hand fühlen. Noch einmal stürzte ich in etwas, aber beim Raufkrabbeln merkte ich, dass es wohl nur ein trockener Straßengraben war, denn ich spürte plötzlich einen Streifen Schotter und dann warmen Asphalt.

Im Schneidersitz setzte ich mich an die Straße und unternahm einfach nichts mehr, gar nichts, saß einfach nur da. Immer noch hatte ich mein Tuch um die Augen nicht abgenommen. Meine Klamotten waren noch patschnass und verschmiert vom Lehm und Dreck. Ich war völlig fertig.

Wie lange es dauerte, weiß ich nicht, aber plötzlich hielt ein Auto: Ein Mann sprach mich an: ›Sagen Sie, können wir Ihnen helfen? Ist etwas passiert?‹

Aber ich antwortete nur: ›Biggi wird mich holen, sie kommt gleich.‹

Das Auto fuhr wieder ab. Nicht viel später hielt erneut ein Wagen. Zwei Türen wurden geöffnet. Dann eine Stimme: ›Junger Mann, was ist mit Ihnen passiert?‹

›Biggi wird mich holen, sie kommt gleich.‹

›Können Sie mal das Tuch abnehmen, bitte? Hier ist die Polizei.‹

›Biggi wird mich holen, sie kommt gleich.‹

›Ist Ihnen etwas zugestoßen?‹

Ich schüttelte den Kopf.

Dann machten sie einen Funkspruch und riefen den Krankenwagen.«


**Eigentlich** hatte ich mir nur einen Roman ausleihen wollen, aber dann fand ich noch zwei coole Bildbände: einen über Flamenco und einen über Tango. Die nahm ich auch mit und blätterte noch auf dem Treppenabsatz vor der Stadtbibliothek darin herum. Besonders die Flamenco-Bilder gefielen mir sehr. Als ich den Kopf hob, um die Stufen hinunterzugehen, kam Josh zwischen den Autos über die große Kreuzung, direkt auf die Treppe zu. Er kam aus Richtung Stadtpark. Ich blieb oben stehen und grinste. Josh ließ noch zwei Wagen vorbeifahren, dann rannte er auf den Gehsteig. Er blickte hoch zum Eingang des Gebäudes und ich lächelte und wollte schon etwas sagen, aber er reagierte gar nicht und ging einfach vorbei, die Hände in den Jackentaschen. Ich wartete und sah ihm nach, vermutlich drehte er sich jeden Moment um und grinste mir zu, mit irgendeinem Spruch auf den Lippen …

Doch er verschwand um die Gebäudeecke.

Jetzt trat ich die Stufen hinunter. Eigentlich musste ich in die andere Richtung gehen, aber ich folgte ihm. Es hätte mich nicht überrascht, wenn er hinter der Ecke wartete, um mich zu erschrecken. Ich trat herum, aber er war fort. Auch auf dem Marktplatz sah ich ihn nicht mehr.

Er hatte mich sicher einfach nicht registriert, so etwas gibt es ja. Man sieht, völlig in Gedanken, irgendwohin und erkennt die beste Freundin nicht.

Am anderen Tag kam er zu spät in die Schule, sodass ich ihm von unserer Begegnung erst in der Pause erzählen konnte. Es war ihm peinlich, irgendwie, aber dann lachte er und nahm mich in den Arm. »'tschuldigung, wahrscheinlich bin ich total in Gedanken gewesen.«

»Du bist doch wohl nicht einer anderen nachgelaufen …«, frotzelte Bene.

»Ich? Das würde ich nie tun.« Er sah mich an und strich mir durchs Haar.

Ein bisschen hatte ich Angst gehabt, dass er sauer auf mich war und mich nicht mehr grüßen wollte außerhalb der Schule. Aber das war Blödsinn.

Ab diesem Tag fiel mir öfter auf, dass er in den Pausen etwas unbeteiligt bei uns stand. Er lachte zwar mit, wenn jemand etwas Witziges sagte, aber er selbst redete weniger als sonst. Wenn wir Probleme mit den Lehrern oder mit Mitschülern besprachen, sagte er kaum mal etwas. Er nickte, lächelte, schüttelte den Kopf. Manchmal sagte er auch: »Leute, ich muss mich ein bisschen bewegen«, dann ging er den Schulhof auf und ab, oft bis zum Pausenende und ohne dass einer von uns mitging. Hin und wieder schloss ich mich ihm in den letzten Minuten an, dann quatschten wir und verabredeten uns für den Nachmittag oder Abend.

Wir beide hatten immer noch kein klärendes Gespräch darüber geführt, was nun mit uns war. Ich hatte sogar richtig Angst davor. Ich wusste weiterhin nicht, was ich wollte: Konnten wir nicht auch einfach nur gute Freunde bleiben? Da ich oft beim Tanzen war, hatte ich auch gar nicht so viel freie Zeit – und von der brachte ich dann mehr mit Bene zu als mit Josh, außer wenn wir sowieso zu mehreren unterwegs waren.

Nach der Schule verschwand er nach einem Kuss meistens schnurstracks nach Hause. Nur manchmal stand er noch mit an der Bushaltestelle vor der Schule, wo Bene und ich mit ein paar anderen quatschten, bevor auch wir nach Hause gingen. Er rauchte dann noch eine. Ich rauchte inzwischen kaum noch. Beim Tanzen merkt man einfach jede Zigarette. Außerdem: Es sieht eigentlich ziemlich blöd aus, irgendwie, wenn man mal Menschen beobachtet, die einfach nur dastehen und rauchen. Total blöd.

Am Freitag vor den Osterferien standen wir zu sechst oder siebt dort zusammen. Ich erinnere mich genau, weil ich kleine Handzettel verteilte. Am Ostersonntag nahmen wir mit der Tanzgruppe an einer großen Veranstaltung in der Stadthalle teil. Natürlich lästerten ein paar:

»In kurzen Röcken?«, fragte der Erste.

»Oh Gott, und das mit ihren krummen Beinen!«

»Vielleicht erlauben sie ihr, im langen Nachthemd mitzutanzen …«

»Ach was«, meinte schließlich einer, »ist doch eine Tanzveranstaltung für die Kriegsblinden.« Da grölten alle los.

»Ihr seid doch einer doofer als der andere«, antwortete ich nur, aber sie geierten noch immer alle laut und schlugen sich gegen die Oberarme.

Ich weiß nicht, worüber wir noch redeten, jedenfalls sah ich mich irgendwann nach Josh um, doch er war nicht mehr da. Weder hatte ich gehört, dass er sich verabschiedete, noch hatte ich ihn weggehen sehen. Das war schon merkwürdig.

»Ist Josh schon gegangen?«, fragte ich in die Runde.

»Ja«, antwortete eine Mitschülerin, »vor ein paar Minuten schon, er hat auch Ciao gesagt.«

»Hab ich gar nicht gehört.«

»Ich hab mich schon gewundert, wieso du überhaupt nicht reagierst.«

»Oh, Scheiße, was wird er jetzt denken? Ich hab's wirklich überhaupt nicht mitbekommen.«

Er war einfach gegangen – und ich hatte nichts bemerkt. Wir hatten uns nicht einmal für den Nachmittag verabredet. Immerhin begannen jetzt die Osterferien. Ich nahm mir vor, ihn später oder am nächsten Morgen anzurufen – aber das fiel mir so richtig erst in der Nacht von Gründonnerstag auf Karfreitag wieder ein.

**In** der ersten Ferienwoche war mordsviel los. Wir probten jeden Abend für unseren großen Auftritt, meistens bis tief in die Nacht. Auch auf einen Bandnamen hatten wir uns inzwischen geeinigt: *The High Knees*. Natürlich träumten wir jeden Abend noch eine Stunde lang herum, dass wir entdeckt und Stars würden. Oder wir überboten uns im Erzählen von Horrorgeschichten, was uns alles missglücken konnte. Von der Autopanne bis zum Herzinfarkt war alles dabei. Jedenfalls sollten wir eine Dreiviertelstunde lang einheizen. Wir mussten gut sein, das stand fest. Und mächtig aufgeregt würden wir sein, das stand auch fest.

Erst in der vorherigen Woche hatten wir uns in den Kopf gesetzt, das neue Stück von Sven, der alle unsere Lieder schrieb, als Schlussstück zu spielen. Als Finale. Es hatte viel Power und enthielt ein tierisches Drumsolo. Die letzten neunzig Sekunden würden wir alle gleichzeitig losfetzen, in einem irre schnellen Rhythmus. Das Problem war nur, dass Pepe, unser Drummer, an einer Stelle sehr schnell den Rhythmus wechseln musste und dass das nur ungefähr jedes zweite Mal gut ging. Eine so hohe Fehlerquote konnten wir uns natürlich nicht leisten. Also übten wir und übten wir. Wir wollten es bis zum Donnerstag drinhaben, und zwar absolut.

Manchmal mussten wir die Proben abbrechen oder länger unterbrechen, weil Pepe völlig entnervt war. Und ein paarmal setzten wir anderen uns eine halbe Stunde lang draußen auf eine Bank, damit er die Stelle zuerst noch mal langsam und allein üben konnte.

Am Montag war es irre spät geworden beim Proben, obwohl ich eigentlich früh ins Bett gewollt hatte, denn ich war noch etwas erledigt vom Samstag. Biggi und ich waren im *Sky* gewesen, wenn auch nicht bis zum frühen Morgen. Am Dienstag dann entstand noch einmal die totale Panik. Wir machten den Fehler, zuerst die wackeligen Stellen noch einmal zu spielen – und, klar, es klappte gar nichts. Dann kam Sven auf die glorreiche Idee: »Wir machen das jetzt anders. Wir spielen das Programm durch, wir spielen einfach durch, egal welche Fehler wir machen.«

Wir legten also los, ohne irgendwo zu unterbrechen. Hin und wieder nickten wir uns zu oder lächelten zufrieden, dann wieder sahen wir konzentriert gar nicht auf von unseren Instrumenten. Klar, es gab ziemlich viele Stellen, an denen es holperte, da ging es nur so lala, es war eher ein Stolpern als ein Fließen, aber am Ende, nach dreiundvierzig Minuten, da waren wir doch irgendwie stolz. Wir lächelten uns an und klatschten uns gegenseitig in die Hände, wobei Pepe fast in sein Schlagzeug gefallen wäre. Dann legten wir die Instrumente weg, wischten uns den Schweiß aus den Gesichtern und öffneten uns die vier Flaschen Bier, die wir mitgebracht hatten.

»Wir hören für heute auf«, meinte Sven. »Es war okay. Wenn wir übermorgen nur die Fehler machen, die wir heute gemacht haben, dann nimmt uns das niemand übel. Immerhin ist es unser erster Auftritt. Ich bin jedenfalls zufrieden.« Er nahm einen tiefen Schluck.

Wir nickten stumm. Ich wusste, dass er es nicht ernst meinte, aber es war schön, wie er es sagte. Wir wurden plötzlich wieder lockerer. Oli rülpste.

»Ah!«, machte Pepe, nachdem auch er einen langen Zug aus der Flasche genommen hatte. Er sah uns an: »Ich bräuchte noch zwei Wochen, dann hätte ich's drin.«

»Ach«, meinte Sven, »man braucht immer noch zwei Wochen ...«

Oli nickte und schlug Pepe gegen die Schulter. »Mach ruhig Fehler, dann fallen meine nicht so auf«, sagte er und geierte mit seiner dreckigen Lache auch schon los.

»Morgen Abend spielen wir nur ein, zwei Stunden die schwierigen Stücke noch mal«, sagte Sven. »Es bleibt bei diesem Finale. Wir riskieren es! Scheiß was drauf! Wenn es nicht so gut läuft: Na und?«

Wieder nickten wir stumm. Mir war klar, dass der nächste Abend noch mal eine echte Strapaze werden würde. Sven würde uns die Stellen immer und immer wieder spielen lassen. Zwischen ihm und Oli würden die Spannungen zunehmen. Pepe würde versuchen die beiden zu beruhigen, ohne dass sie es merkten. Und ich würde einfach meine Klappe halten.

Ich habe noch nie Berufsmusiker werden wollen. Trotzdem: Mit anderen zusammen coole Musik zu machen, das ist schon ein geiles Gefühl. Auch wenn es nur Hobby ist.

Am Dienstag trennten wir uns früh und gingen nach Hause. Ich kam auf die Idee, Pille anzurufen. Ich wollte unbedingt, dass er mit zu dem Konzert käme, und wollte ihm vorschlagen, schon mit uns hinzufahren und uns beim Aufbau zu helfen. Ich weiß nicht, ich stellte es mir einfach gut vor, wenn er dabei wäre. Zuletzt hatte er sich ein bisschen abgesondert.

Ich probierte es an dem Abend zwei Mal, aber er schien sein Handy nicht anzuhaben. Bei seinen Eltern oben wollte ich nicht anrufen, also ließ ich es dann.

Am Mittwoch würde ich Bewerbungsunterlagen schreiben, schön ausdrucken und zusammenstellen. Ich wollte mich bei einer Bank bewerben und noch bei zwei anderen Firmen. Zwischendurch konnte ich noch mal versuchen ihn zu erreichen.


**Als** es an der Tür klingelte, beachtete ich es zuerst nicht, denn für mich konnte es gar nicht sein. Ich hatte gerade erst in der Küche gegessen und war für den Abend auch mit niemandem verabredet. Es war der Mittwoch vor Ostern, ich weiß es genau. Doch dann klopfte mein Bruder an die Tür: »Ramona?« Er öffnete vorsichtig. »Da ist Joshua.«

»Joshua?«

»Ja.«

Ich ging zur Wohnungstür: Da stand er, lächelte ein bisschen verlegen und streckte mir die Hand entgegen.

»Hey, was verschafft mir die Ehre?«, fragte ich und gab ihm die Hand.

»Ich wollte einfach mal bei dir vorbeisehen, wie es dir geht, nur so.«

»Tja ...« Ich wusste gar nicht so recht, was ich sagen sollte. Er war seit damals nie wieder bei mir gewesen. Es war mir inzwischen ganz fremd, ihn vor unserer Wohnungstür stehen zu sehen.

»Komme ich ungelegen?«

»Och, na ja ... Ich bin gerade erst von der Arbeit zurück. Aufgeräumt ist es bei mir nicht gerade.«

»Ja, ich bin genau gekommen, um das zu überprüfen«, sagte er mit einem ernsten Gesicht, bis er leicht zu grinsen anfing.

Ich musste lachen. Ja, so war er, »mein« Joshua. Auch damals hatte er immer schon einen so witzigen Gesichtsausdruck gehabt, wenn er langsam von einer scheinbaren Besorgtheit zum Grinsen wechselte. »Also, komm rein!«, sagte ich.

Als er an mir vorbeitrat, blieb er kurz stehen und nahm mich in die Arme. Ich bekam ein bisschen Herzklopfen. Wir drückten uns kurz und gingen dann in mein Zimmer.

»Wie geht's dir?«, fragte er.

»Gut.«

»Übernehmen sie dich?«

»Steht noch nicht fest. Aber wahrscheinlich schon.«

»Und dann nimmst du dir endlich eine eigene Wohnung?«

»Nee, nicht sofort. Erst nächstes Jahr. Nicki und ich haben beschlossen, im Herbst vier Wochen Urlaub im sonnigen Süden zu machen. Irgendwo. Wir haben noch nicht entschieden, wo. Erst mal muss ich noch etwas sparen. Außerdem haben wir überlegt, ob wir zusammenziehen. Aber vorher wollen wir Urlaub machen, auch zur Probe, um zu sehen, ob wir das miteinander können, so eng aufeinanderzuglucken.« Ich sprudelte einfach so drauflos und erzählte und erzählte, vermutlich weil ich etwas aufgeregt war.

Er nickte stumm und sah mich die ganze Zeit aufmerksam an. Ich war unsicher, ob er mir überhaupt zuhörte oder mich nur einfach ansah. Dann sagte er mit einem Mal: »Du siehst toll aus.«

Ich wurde rot. Das war komisch, denn so verlegen war ich schon länger nicht mehr geworden. »Danke«, ich kämmte mit den Fingern durch mein Haar.

»Du hast es richtig gemacht, damals.«

»Was?«

»Na, mit der ganzen Drogenscheiße aufzuhören.«

Ich nickte und sah auf den Boden. Was wollte er?

»Ich hab's einfach nicht begriffen. War noch zu jung. Ein Jahr kann 'ne Menge ausmachen. Heute sehe ich das auch alles anders. Ehrlich! Aber ...«

»Bist du noch clean?«

Er nickte. »Das ist eigentlich gar nicht das Problem. Die Frage ist doch vielmehr: Wo ist die Perspektive? Wofür lebt man? Weißt du, wofür du lebst?«

*clean sein*
keine Drogen
mehr nehmen

»Ich? Na ja ... hm. Also, ich will einen Beruf und ich möchte schöne Dinge erleben. Und ich will nette Leute als Freunde haben. Menschen, auf die ich mich verlassen kann und die sich genauso auf mich verlassen können. So wie Doreen und Pascal, Menschen, die da sind, wenn es einem schlecht geht, aber auch, wenn es einem gut geht.« Ich spürte beim Sprechen, dass ich ihm jetzt etwas sagte, was ich damals hätte sagen wollen. Mir war klar, dass er wusste, warum ich es sagte. Aber er schwieg und ging nicht darauf ein. Er nickte einfach nur. »Die schönsten Dinge im Leben sind die, die man mit anderen zusammen macht, mit ihnen teilt. Und alles Schreckliche im Leben ist nur halb so schlimm, wenn Menschen da sind, die zu einem stehen. Vor ein paar Wochen ist mir das mal so klar geworden. Da waren wir zu viert bei einem Konzert gewesen. Doreen und Pascal und noch ein Typ, den kennst du nicht. Auf der Rückfahrt platzte uns ein Reifen und wir standen mitten in der Nacht in einem leichten Nieselregen auf der Autobahn und mussten das Rad wechseln. Das war ziemlich beschissen: da neben der Bahn zu stehen und die anderen rasen mit hundertfünfzig an dir vorbei. Zuerst bekamen Pascal und der andere die Muttern nicht locker und dann wussten wir nicht, wo man bei dem Wagen den Wagenheber richtig ansetzt. Es war ja auch dunkel. Na ja, klingt albern, aber es war so. Es hat ewig gedauert und es war so kalt und feucht. Wäre mir so etwas allein passiert, dann wäre es für mich ein Albtraum gewesen. Ich hätte mich irgendwann ins Auto gesetzt und nur noch losgeheult. Ich hätte mich einsam und verlassen und hilflos gefühlt. Aber wir vier haben uns einfach nicht gestresst. Und als das neue Rad schließlich drauf war, weißt du, was wir dann gemacht haben: Wir sind an unserer Autobahnabfahrt vorbeigesaust, sind bis zur nächsten Raststätte, haben Kaffee und Bier getrunken, sind dann wieder ins Auto, haben an der nächsten Abfahrt gedreht und sind erst dann nach Hause. Als ich im Bett lag, war es vier Uhr morgens. Plötzlich war es eine Geschichte, die uns verband. Es war alles gar nicht so schlimm gewesen, eigentlich.«

Er nickte. Kurz schwiegen wir beide. Dann sagte er:
»Dein Freund?«
»Wer?«
»Der andere, der dabei war.«
»Nee! Er ist ganz nett, aber er macht mich nicht an, also ich meine so körperlich. Er ist aber öfter mit uns zusammen. Na ja, vielleicht gehe ich auch mal mit ihm ins Bett, kann schon sein.«

Er schmunzelte. Dann sah er sich plötzlich im Zimmer um.

»Hat sich gar nicht so viel verändert hier.« Sein Blick blieb an einem Kleid hängen, das auf einem Bügel an der Schranktür hing. »Das Kleid ist toll.«

»Ja, meine neueste Errungenschaft. Hab's erst ein Mal getragen.«

Danach sprachen wir nur noch über Kleinigkeiten, dies und das. Und auf einmal wollte er wieder gehen. Wie aus heiterem Himmel. Dabei hatte ich kurz vorher noch gedacht, dass wir ja vielleicht doch zusammen irgendwo etwas trinken gehen könnten. Es war eigenartig. Plötzlich steht er auf und will gehen. Ich war in Gedanken noch ganz in unserem Gespräch.

An der Wohnungstür nahm er mich wieder in die Arme und drückte mich ganz fest an sich. Und auf einmal sagte er, während er mir in die Augen sah: »Alles Gute weiterhin. Klingt alles gut, was du erzählst.« Er schloss dabei kurz die Augen und nickte ganz leicht.

Ich wusste gar nicht, was ich darauf antworten sollte. Es war so komisch. Er schaltete das Licht im Hausflur an und wandte sich bereits zur Treppe. Jetzt war ich es, die nur noch stumm nickte.

»Also, ciao!«, sagte er leise, hob die Hand und ging die Stufen hinunter.

»Ciao!«

Weg war er, so plötzlich, wie er gekommen war. Für den Rest des Abends saß ich eigenartig berührt in meinem Zimmer. Verstanden habe ich seinen Besuch damals nicht.

**Ich** hatte den gesamten Tag bei Andy und Doris geholfen, weil es noch eine ganze Reihe von Kleinigkeiten in der Wohnung gab, die gemacht werden mussten und die natürlich bis zum Samstag fertig sein sollten. Dann nämlich stieg endlich ihre Einweihungsparty in der neuen Wohnung. Wir hatten noch Fußleisten angebracht, die Fensterrahmen von Farbspritzern gereinigt, eine Tür lackiert und einen Fensterrahmen von außen ganz neu gekittet. Es war ziemlich spät geworden und eigentlich war ich hundemüde. Geduscht hatte ich zwar bei Andy und auch gegessen, trotzdem fuhr ich noch nach Hause und brachte meine dreckigen Arbeitsklamotten weg, bevor ich zu Futures Jubiläumsparty fahren wollte. Wir alle waren sowieso erst später dort verabredet, denn Biggi hatte Generalprobe für die Aufführung am Sonntag und Benedikt und die Band hatten ihren Auftritt. Zuerst hatte ich mit zum Konzert fahren wollen, aber als mich Andy fragte, ob ich ihm helfen könnte, entschied ich mich gegen das Konzert. Ich wollte ihn nicht hängen lassen. Für die Party sollte ich auch ein paar Dinge mitorganisieren, und weil ich beim Renovieren so viel mitgemacht hatte, war es auch ein bisschen meine Party. Außerdem gefällt mir die Musik gar nicht so besonders gut, die die machen.

Als ich in die Wohnung kam und meine schmutzige Wäsche in die Wäschetonne geworfen hatte, stand meine Mutter plötzlich vor mir: »Hat dich die Mutter von Joshua angerufen?«

»Nö, wieso?«

»Sie hat heute Nachmittag angerufen, ob Joshua hier bei dir ist. Sie wollte ihn sprechen. Ich hab gesagt, dass du zum Helfen bei Andy bist. Ich hab ihr auch seine Nummer gegeben.«

»Nö, sie hat nicht angerufen.« Ich nahm mein Handy aus der Jackentasche, es war kein Anruf eingegangen.

»Ich konnte mir auch nicht vorstellen, dass Josh mithilft.«

»Nö, weiß nicht, wo er steckt. Vielleicht ist er mit zum Konzert gefahren, keine Ahnung.«

»Ruf sie mal an.«

»Wieso?«

»Ruf sie an, hab ich gesagt. Ich glaub, sie hat sich Sorgen gemacht. Sag ihr wenigstens, dass Joshua nicht bei dir war.«

»Das hat sich bestimmt längst erledigt.«

»Ruf sie an!«

»Ja.«

»Los!«

Ich suchte die Nummer und ging, während das Handy wählte, durch den Flur zu meinem Zimmer, das ich seit Andys Auszug für mich allein hatte. Die Zwillinge spielten in der Küche. Susie saß im Wohnzimmer vor dem Fernseher.

»Ja, hier ist Rainer. Meine Mutter hat gesagt, dass Sie bei uns angerufen haben.«

–

»Nein. Vielleicht ist er mit zu dem Konzert von Benedikts Gruppe gefahren. Benedikt wollte ihn fragen, ob er mitfährt.«

–

»Ich glaube, um vier. Außerdem feiert Future heute Fünfjähriges. Vielleicht ist er schon hingegangen. Obwohl: Wir wollen uns erst später dort treffen. Also, ich gehe da gleich auch noch hin; wenn ich ihn sehe, sag ich ihm Bescheid, dass er anrufen soll.«

–

»Nein, Biggi hat Probe gehabt heute. Die kommt auch erst später in 'n *Park*.«

–

»Hm, komisch.«

–

»Nee, keine Ahnung.«

–

»Also, ich würde mir erst mal keine Sorgen machen. Ich

meine, eigentlich kann er doch einfach zu irgendjemandem hingegangen sein, ohne Ihnen etwas zu sagen.«

—

»Ach so.«

—

»Also …«

—

»Ja.« Ich drückte auf den roten Knopf und sah runter auf mein ungemachtes Bett. »Regt die sich jetzt künstlich auf?«, murmelte ich vor mich hin. Ich schickte Biggi eine SMS, verließ wieder mein Zimmer, rief »Bin wieder weg!« in Richtung Küche und zog die Wohnungstür schon hinter mir zu, als ich meine Mutter noch fragen hörte: »Was war denn jetzt los?«

**Wir** hatten in voller Montur getanzt. Ich war richtig ausgepowert, als wir in der Garderobe saßen, aber trotzdem freute ich mich jetzt auf die Party bei Future. Eher so aus Reflex zog ich mein Handy aus der Tasche und sah flüchtig aufs Display. Da war da diese SMS von Rainer:

*Könnte was mit Pille sein. Ist verschwunden. Fahre in den Stadtpark. Fahr du sofort zum Park. Vielleicht ist er da. Wir treffen uns.*

»Scheiße«, sagte ich und Maggi, die neben mir saß, sah mich erschrocken an. Verschwunden? Und mit »Park« meinte er ja sicher Future. Ich antwortete ihm:

*Fahre zuerst zu Future. Komme von dort zum Stadtpark, Nordausgang.*

Ich knöpfte bereits mein Kostüm auf und sah zu Maggi: »Kannst du mein Kostüm mitnehmen? Ich kann es nicht gebrauchen. Muss sofort los und fahre nicht zu Hause vorbei.«

»Klar. Ist was passiert?«

*Reflex*
unwillkürlich ausgeführte Handlung

»Könnte sein. Erzähle ich dir Sonntag. Vergiss bloß mein Kostüm nicht.«

»Keine Sorge.«

Ohne die Stiefel auszuziehen, zog ich mich um und warf Kleid und Kopfschmuck neben Maggi auf die Bank. »Also, danke, tschüss!« Ich sah auf und sagte laut zu den anderen: »Tschüss, ihr Süßen, bis Sonntag!« Meine Tritte hallten in dem Gang zum Künstlerausgang wider. Mit beiden Händen stieß ich die schwere Tür auf.

Draußen atmete ich zuerst ein paarmal die kühle Luft ein. Ausgeschwitzt hatte sich mein Körper noch nicht. An meinem Fahrrad stehend wählte ich Rainers Nummer, aber es schaltete sich die Mailbox ein. Wo mochte er jetzt stecken und was war eigentlich los? Eigenartig! Ich schwang mich aufs Fahrrad und sauste auch schon davon. Vielleicht war es doch sinnvoller, zuerst zum Stadtpark zu fahren. Es musste ja schließlich einen Grund geben, warum Rainer ausgerechnet dahin wollte. Ich war unentschlossen, aber die nächsten zehn Minuten brauchte ich es nicht zu entscheiden, der Weg war derselbe.

Mein Herz klopfte wieder fast so stark wie zuvor beim Tanzen. Nichts hatte geklappt. Eins der Mädchen hatte sogar begonnen loszuheulen, als sie zum x-ten Mal korrigiert wurde, und hatte dann die ganze Zeit über diese verheulten roten Augen gehabt, dass sie einem leidtun konnte. Als unsere Lehrerin und die Choreografin schließlich völlig entnervt aufhörten, taten sie es mit den Worten: »Eine missglückte Generalprobe ist der beste Garant für die Premiere.« Na ja, so ganz hatte uns das nicht getröstet.

Was war mit Josh los? Was hieß denn bloß »verschwunden«? Wohin sollte er denn verschwunden sein? Wer von uns hatte ihn überhaupt zuletzt gesehen? Vermutlich Rainer. Bene hatte ihn wegen des Konzerts nicht erreicht. Und ich? Ich hatte ihn nicht ein einziges Mal versucht anzurufen, obwohl ich es mir so vorgenommen hatte.

Ich entschied mich schließlich, doch zuerst zu Future zu fahren. Erstens konnte Josh dort sein, zweitens war Rainer vielleicht längst auch da und drittens hatte ich auch Angst, allein am Nordausgang des Stadtparks zu stehen. Irgendjemand von den Drogis hing da immer rum.

Schon von Weitem sah ich die Girlanden und die zusätzliche Beleuchtung an der Fassade vom *Park*. *Angel* von »Massive Attack« lief, ich konnte es bereits hören. Da es für diese Abendzeit noch recht mild war, standen viele Leute sogar draußen vor der Tür, die Getränke in der Hand oder auf den Fenstersimsen abgestellt. Die Musik dröhnte. Ich stellte mein Fahrrad schnell irgendwo ab, legte das Schloss herum und ging durch die Leute zum Eingang.

Drinnen schlugen mir der Lärm, der dicke Zigarettenqualm und all die Stimmen und Rufe und das Gelächter und von irgendwo ein Gruß »Hallo, Biggi!« entgegen. Es war brechend voll. Überall standen Leute. Es war ein einziges Rempeln und Gerempeltwerden. Ich musste mich durchquetschen und immer wieder Leute zur Seite schieben und mir auf die Füße treten lassen. Einem Mann stieß ich sogar versehentlich gegen den Arm und ein Schwall Bier landete auf dem Oberschenkel seines Freundes. Er sah mich an, noch unentschlossen, ob er sauer sein oder lachen sollte. »Entschuldigung, tut mir leid, aber ich muss dringend jemanden suchen«, sagte ich schnell.

»Aber du suchst doch sicher mich?« Der Typ grinste.

»Nee, vielleicht morgen wieder.«

Ich schob mich weiter durch die Leute. Einige kannte ich, grüßte aber nicht. Josh sah ich nicht. Ebenso wenig Rainer. Ich drehte mich und sah mich weiter um. Future hantierte im Akkord hinter dem Tresen, drei Mädels arbeiteten ebenfalls

*Massive Attack* britische Band, besonders erfolgreich Mitte der 90er-Jahre

eilig und ganz in der Ecke saß der Mixer, der gerade eine Pause eingelegt hatte und rauchte. Mühsam kämpfte ich mich zum Tresen vor. Als ich es endlich geschafft hatte, rief ich: »Future!« Er hörte mich nicht, es war zu laut. »Future!!« Jetzt sah er auf und lächelte mich an und nickte mir zu. »Hast du Josh heute schon gesehen?!«

Er schob den Unterkiefer vor und schüttelte den Kopf. Dann beugte er sich zu Anke hinüber und fragte sie, aber auch sie schüttelte den Kopf. Future wandte sich wieder mir zu, aber ich hatte schon verstanden. So schob ich mich zurück zur Tür. Auf dem Weg sprachen mich ein paar aus unserer Schule an, aber ich antwortete nur: »Komm gleich wieder, muss mal raus.«

»Aber hier drinnen gibt's doch auch ein Klo!«, sagte einer und alle grölten.

Endlich hatte ich es geschafft. Schweiß lag auf meinem Gesicht. Langsam ging ich zur Kreuzung vor, von links musste Rainer kommen, wenn er erst jetzt vom Stadtpark kam. Ich wartete ein paar Minuten, dann wählte ich noch mal seine Nummer. Diesmal nahm er ab. »Wo steckst du, soll ich noch kommen?«, fragte ich.

–

»Bin bei Future, stehe vorne an der Straße. Wie lange brauchst du noch?«

–

»Nee, er ist nicht hier.«

–

»Nee. Das hätte Bene gesagt.«

–

»Beeil dich.«

Kurz darauf sah ich ihn angefahren kommen. Direkt vor mir bremste er, dass das Hinterrad herumrutschte, stieg ab und klappte den Ständer vom Fahrrad heraus.

»Ich will jetzt nicht da rein«, sagte ich und so setzten wir uns auf die Stufen vor einem Laden. »Erzähl endlich!«

»Also, er ist heute Morgen nicht zum Frühstück gekommen und Pia hat ihn auch sonst den ganzen Tag über nicht gesehen. Als ihre Mutter von der Arbeit kam, sind sie zusammen runter in den Keller und Pille war nicht da. Das Bett war ganz ordentlich gemacht. Und überhaupt war alles aufgeräumter als sonst. Dann hat sie bei euch und bei Benes Eltern angerufen, aber niemanden erreicht. Als ich von meinem Bruder nach Hause kam, sagte meine Mutter, dass sie angerufen hätte, sie würden ihn suchen. Ich hab dann zurückgerufen. Sie macht sich total Sorgen. Vielleicht ist alles völlig umsonst. Wer weiß, mit wem er unterwegs ist, aber sie sagt, es sei so eigenartig aufgeräumt in seinem Zimmer.«

»Das ist alles?«, fragte ich etwas fassungslos. »Deshalb macht sie so einen Aufstand? Weil alles aufgeräumt ist? Spinnt die?«

»Tja.«

»Ich meine, stell dir vor, er ist mit irgendjemandem irgendwo hingefahren, dann ist er natürlich weder zu Hause noch hier noch was weiß ich wo. Ich meine, das ist doch alles ganz normal.«

»Vielleicht.«

»Hör auf, das ist doch nicht dein Ernst!«

»Du hättest hören sollen, wie sie gesprochen hat.«

»Du kennst sie doch, sie ist ein bisschen hysterisch.«

»Ich weiß nicht …«

Wir schwiegen kurz, sahen vor uns hin und hörten von um die Ecke die Musik und die lauten Stimmen. Jetzt lief *Made Me Madman* von den »Backyard Babies«. Vor der Tür ging ein Glas zu Bruch.

»Weißt du, woran ich gleich denken musste?«

»Hm?«

»Er hat zuletzt wieder so viel mit Robbydasarschloch zu tun gehabt.«

Ich starrte auf die Gehsteigplatten: »Ich weiß.«

»Deshalb bin ich sofort zum Stadtpark. Hab aber niemanden gesehen. Nur einmal hab ich 'ne Stimme gehört, hab mich aber nicht reingetraut ins Dunkel. War auch nicht seine Stimme.«

»Sollen wir noch mal hinfahren?« Ich blickte ihn an.

Er nickte. »Okay.« Wir standen beide gleichzeitig auf.

»Soll ich mal Future fragen, ob er 'ne Taschenlampe hat?«

»Wow, das ist eine gute Idee. Dann trauen wir uns auch reinzugehen!«

Rainer nickte. Angst hatten wir trotzdem.

**Es** war der Bär los. Schon um siebzehn Uhr war der *Park* brechend voll gewesen. Ich hätte nicht sagen können, wer alles da war. Nur die, die am Tresen bestellten, habe ich registriert, Jürgen und Mo zum Beispiel. Mir hatte jemand erzählt, sie seien nicht mehr zusammen, aber sie waren gemeinsam gekommen und auch wieder gegangen. Nur kurz hatten wir miteinander gesprochen. Ansonsten war ich bis nachts um kurz vor drei durchgängig beschäftigt gewesen. Volldampf. Ein paar Runden der Cocktails hatte ich selbst verteilt und hier und da etwas gequatscht, aber nie lange. Einige sprachen mich auf mein neues T-Shirt an. Es war vollständig golden laminiert und ich hatte in tiefem Schwarz den Spruch draufdrucken lassen: *Nicht alles, was glänzt, ist Kohle.* Zigmal musste ich runter in den Keller, um ein neues Fass anzustechen oder um die Flaschengetränke nachzuholen: Urbock, Weißbier und vor allem die Säfte für die Cocktails.

Nein, mit Sicherheit konnte ich diese Fragen nicht beantworten, ob schon der oder der da gewesen sei. So gegen halb sieben war ein Mädchen reingekommen, das ich nicht kannte und das nach Josh fragte. Sie war direkt wieder gegangen. Dann später kam Biggi und fragte nach ihm, aber wir hatten ihn immer noch nicht gesehen.

Tage später erzählte dann einer, der zwar öfter in den *Park* kam, den ich aber nicht näher kannte, er hätte ihn an dem Abend allein draußen stehen sehen, nur kurz allerdings, er habe etwas verloren gewirkt und sei nicht reingegangen.

Ich hatte eine Ausnahmekonzession bis drei Uhr bekommen und es stand fest, dass ich die brav einhalten wollte, um es mir weder mit den Nachbarn noch mit dem Ordnungsamt zu verscherzen. Wer weiß, ob ich sonst je wieder eine Verlängerung genehmigt bekommen würde. Und das Zehnjährige will ich schließlich auch noch feiern.

Um drei Uhr war also Schluss. Um zehn nach drei schloss ich die Tür ab. Da waren noch der Mixer, die Mädchen und drei alte Freunde von mir drinnen. Ich ließ nur noch die Tresenbeleuchtung an, machte die Musik aus und so quatschten wir einfach noch eine Weile, während ich ein paar leckere Getränke für uns hinstellte.

Als Erster ging der Mixer, das muss so um Viertel vor vier gewesen sein. Kurz darauf verschwanden auch die Mädels, denen ich jeweils noch eine Flasche Sekt als Dankeschön in die Hände drückte. Irgendwann nach vier gingen auch meine Freunde. Ich blieb noch ein paar Minuten allein, ich brauchte das jetzt: Ich wollte dasitzen in all dem Chaos, allein mit mir und meinen Gedanken, noch einen doppelten *Jack Daniel's* trinken und diesen tollen Abend einfach noch mal vor meinem inneren Auge vorbeiziehen lassen. Es war einfach klasse gewesen. Fünf Jahre – ich hatte es geschafft. Viele Leute und Cliquen hatten mir kleine witzige Geschenke mitgebracht. Zum Glück war viel los gewesen und ich hatte für all die lieben Worte kaum Zeit gehabt, sonst wären mir wohl ein paarmal die Tränen in die Augen geschossen. Es war einfach ein toller Tag gewesen und dieses Gefühl musste ich jetzt noch eine Weile für mich allein genießen, jetzt auf der anderen Seite des Tresens auf einem Hocker sitzend. Ich nahm einen tiefen Schluck aus einer Mineralwasserflasche. Dann genehmigte ich mir noch einen Whiskey.

Irgendwann fiel mir ein, dass ich draußen noch fegen musste. Das hatte ich ganz vergessen. Also erhob ich mich vom Hocker und holte den Besen und das Kehrblech, die immer hinter der Kellertür auf den Stufen liegen, und fegte all die Scherben, Bierdeckel, Zigarettenschachteln und was sonst noch dort auf dem Gehsteig lag auf. Über der Kreuzung schwankte die Lampe leicht hin und her. Niemand war mehr auf der Straße, auch alle Fenster waren dunkel. Ich drehte mich wieder zur Tür und sah, dass immer noch dicker Qualm aus dem Inneren raus in die Nacht drang. Als ich fertig war, ging ich wieder rein und holte meine Jacke und meinen Rucksack, nahm aber noch mal den Fotoapparat aus dem Regal hinter dem Tresen, um ein letztes Bild von dem Chaos zu machen. In der Tür stehend löste ich zweimal aus, verstaute den Apparat im Rucksack, löschte das Licht und schloss die Tür ab, wobei ich mich zur Seite wandte, weil ich auf der Straße ein Geräusch hörte, das ich nicht einordnen konnte und das mich erschreckte. Es war eine rote Plastiktüte, die von dem leichten Nachtwind über den Asphalt getrieben wurde. Ich schwang mir den Rucksack auf den Rücken. Mit dem Blick folgte ich weiter dieser roten Tüte, während ich soeben Richtung Kreuzung losgehen wollte, diese verdammte rote Tüte, die mit einem Mal in den Rosenbusch auf der anderen Straßenseite vor dieser Minikapelle vom ehemaligen Kloster getrieben wurde, sich in den Dornen verfing und aufgespießt wurde, und ich, noch einmal hinübersehend, ich, ausgerechnet ich nach so einem Tag, ich sehe plötzlich das Gesicht über dem Strauch, ganz weiß in der Nacht, zu mir rübergewandt, dieses Gesicht und dieser Ausdruck darin mit den geschlossenen Augen. Diese verdammte rote Tüte. Warum denn ich? Nach so einem Tag? Ich. Wie oft habe ich dieses Bild, sein Gesicht, blass über dem Strauch mit der aufgespießten roten Tüte in den Dornenzweigen, in meinen Albträumen vor mir gesehen? So ein Gesicht vergisst man nicht mehr, nie mehr. Diese verdammte rote Tüte!

**Wir** waren doch einfach nur im siebten Himmel! Als wir hinter den Vorhängen gestanden hatten und angesagt wurden, da hatte ich zwar voll die weichen Knie, klar, und wäre am liebsten weggelaufen, aber es war alles so grandios! Das Publikum unten, die hell erleuchtete Bühne, die farbigen Strahler, die Instrumente in unseren Händen …

Zwar waren wir dann über zwei Stellen doch ein bisschen drübergestolpert, aber in so einer Live-Atmosphäre bemerkt das kaum jemand und es ist auch gar nicht wichtig. Wir hatten jedenfalls eine tolle Stimmung gemacht, hatten alles gegeben und unser letztes Stück kam echt total gut an. Danach waren wir ins Publikum gegangen, um mitzutanzen und von dort aus den *Medaillons* zuzusehen, und nach dem Konzert gingen wir wieder backstage. Wir halfen ihnen beim Abbau und dann saßen wir alle in einer der Garderoben zusammen und quatschten und quatschten und tranken Bier aus einem Kasten, den sie mitgebracht hatten. Nur Sven trank nichts. Er musste den Wagen fahren.

Sie gaben uns noch ein paar Tipps und meinten, als sie unser letztes Stück gehört hätten hinter der Bühne, hätten sie schon befürchtet, dass das Publikum ihre ersten Stücke für langweilig halten könnte. Das war natürlich ein tolles Lob.

Es war schon nach halb drei, als wir endlich unser Zeug im Auto hatten und losfuhren. Oli und ich saßen hinten, etwas besoffen, aber selig. Was für ein tolles erstes Konzert! Und Sven vorne war so stolz auf sich wegen des letzten Stücks. »Jungs«, tönte er schließlich, »und wenn wir erst mal eigene Konzerte geben, dann machen wir uns an eine CD. Die Kohle treibe ich schon auf.« Daraufhin grölten und pfiffen wir auf den Fingern, so laut, dass es in den Ohren wehtat.

Als wir schließlich von der Autobahn abfuhren und rein in die Stadt, wurde im Radio Hendrix gespielt, und Oli und ich grölten von hinten den anderen vorne in die Ohren: »Excuse me while I kiss the sky!«

Am Krankenhaus vorbei fuhren wir Richtung Innenstadt. Der Weg führte automatisch am *Park* vorbei, wo ich unbedingt sehen wollte, ob bei Future vielleicht doch noch was los war und die anderen auf mich warteten. Dann sahen wir, dass sich von irgendwo blinkendes Blaulicht in den Fenstern spiegelte. Kurz darauf erkannten wir, dass in der Seitenstraße vom *Park* ein Krankenwagen stand. Die Klapptüren hinten waren geöffnet. Langsam fuhren wir an der Abbiegung vorbei. Jetzt sahen wir hinter dem Krankenwagen auch einen Polizeiwagen. Die Tür bei Future stand offen.

»Au Scheiße, da hat's Stress gegeben.«

»Halt an«, sagte ich zu Sven und er fuhr auf den Parkstreifen.

Kaum stand der Wagen, als wir alle vier die Türen aufstießen und den Weg zur Seitenstraße zurückgingen. An der Ecke blieben wir zunächst stehen. Alles war ganz ruhig. Nur im Krankenwagen wurde gesprochen und hantiert. Die Lampe über der Kreuzung schaukelte leicht. Auf der anderen Seite der Kreuzung, jetzt in unserem Rücken, lehnten sich zwei Personen aus den Fenstern und sprachen miteinander.

Ich ging an der Hauswand entlang auf die offene Tür vom *Park* zu. Vorsichtig trat ich heran und sah hinein. Da saß Future am Treseneck und neben ihm standen eine Polizistin und ein Polizist. Der Mann sagte etwas, das wie eine Antwort klang, dann schwiegen alle. Als die anderen hinter mich traten, sah mich Future plötzlich: »Mensch, Bene, wo kommst du denn her?«

Wir machten ein paar vorsichtige Schritte ins Innere. »Wir hatten doch ein Konzert und kommen gerade zurück. Was ist denn passiert?«

»Wenn ich das wüsste.« Er blickte mich an: »Weißt du, wer da draußen im Wagen liegt?«

»Hm?« Mein Herz begann zu klopfen.

»Josh.«

»Was?!« Ich wandte mich nach draußen.

»Bleiben Sie bitte hier«, sagte die Polizistin.

Ich ging zu Future. »Was war denn?«

»Ich habe keine Ahnung. Gar nichts war.« Er schob das Telefonbuch, das vor ihm auf dem Treseneck lag, ein paar Zentimeter von sich. »Ich habe ihn den ganzen Abend nicht mal hier drinnen gesehen. Er war gar nicht hier, verstehste? Gut, vielleicht war er draußen auf dem Gehsteig, da standen bis eins auch immer Leute. Aber er wäre doch wenigstens einmal reingekommen, um Hallo zu sagen. Das gibt's doch nicht. Es hat hier auch überhaupt keinen Ärger gegeben. Nichts, es war nichts! Hier war eine total gute Stimmung den ganzen Abend. Ich hatte schon abgeschlossen, als ich plötzlich auf der Bank drüben ein Gesicht sehe. Liegt da eine Gestalt im Dunkeln – und dann ist es auch noch Josh.« Future war völlig fassungslos und sprach etwas hektisch. Er war ein wenig angetrunken.

Draußen fuhr der Wagen ab.

»Und was hat er?« Ich sah den Polizisten an.

Der zuckte mit den Schultern. »Das ließ sich noch nicht sagen. Aber der Zustand ist sehr, sehr schlecht. Das Herz arbeitet kaum noch. Vermutlich Drogen.«

»Nie im Leben!«

Er sah mich überrascht an: »Was macht Sie so sicher?«

»Mensch, der ist im Sommer aus dem Entzug gekommen und war die ganze Zeit über clean. Der hat nichts mehr genommen, keine Pillen, nichts. Der hat ja nicht mal Alkohol getrunken.«

Der Mann zuckte mit den Augenbrauen. »Morgen wissen wir mehr.«

»Ich würde mir gerne Ihre Adresse aufschreiben«, sagte die Polizistin.

Ich gab sie ihr und sah wieder Future an: »War denn Biggi da? Und Rainer?«

»Ja, Biggi hat auch nach ihm gefragt. Sie haben ihn gesucht. Später hat sich Rainer eine Taschenlampe bei mir geliehen, weil sie ihn im Stadtpark suchen wollten. Am frühen Abend war schon mal ein Mädchen da gewesen und fragte nach ihm. Keine Ahnung, wer das war. Sie ist einfach wieder gegangen. Die war noch nie hier, da bin ich ganz sicher.«

»Scheiße!«, murmelte ich und sah zu den anderen dreien, die hinter mir am Tresen lehnten. »Da war doch was. Das gibt's doch nicht!«

»Können Sie mir auch die Adressen von dieser Biggi und dem Rainer sagen?«

»Klar.«

»Und Sie alle kennen sich gut?«

»Ja, wir machen viel zusammen. Also, zuletzt nicht mehr so viel, aber trotzdem, wir kennen uns alle total gut.«

»Wer könnte das Mädchen gewesen sein?«

»Keine Ahnung.« Ich stützte die Armgelenke auf den Tresen und legte die Stirn auf die Handballen. »Keine Ahnung. Das gibt's doch nicht. Das gibt's doch einfach nicht.«

**Ich** hatte kein Auge zugetan, war auch als Letzte zu Bett gegangen. Helmut hielt mich für hysterisch, er ging irgendwann schlafen. »Du steigerst dich da in was rein. Du tust gerade so, als sei er zum ersten Mal ohne deine Erlaubnis über Nacht weg. Er wird sich mit irgendjemandem rumtreiben. Natürlich hoffe auch ich, dass es nicht die Falschen sind.«

Noch mehr als eine Stunde lang saß ich in meinem Sessel neben der Ecklampe. Ich weiß gar nicht, ob ich wartete, ich saß einfach nur da. Mit so einem dumpfen Gefühl, wie betäubt.

So gegen zwei bin ich dann zu Bett gegangen. Geschlafen habe ich nicht, höchstens döste ich mal für eine Weile ein. Immer wieder aber schreckte ich mit Herzklopfen auf.

Als das Telefon klingelte, raste mein Herz in Sekundenschnelle wie wahnsinnig. »Helmut!«, schrie ich. Er schrak auf, brauchte kurz, um sich zu orientieren, und schwang dann die Beine aus dem Bett. Ich konnte nicht aufstehen. Ich konnte einfach nicht. Ich war völlig gelähmt. Ich wusste es sofort. Ich wusste, er würde jetzt nicht einfach anrufen, um uns noch zu sagen, dass er woanders schliefe, nein, jetzt nicht mehr. Ich wusste: Es war etwas geschehen. Ich wusste es einfach. Im Grunde hatte ich die ganze Nacht nur darauf gewartet, dass das Telefon nicht klingelte.

Als Helmut die Tür öffnete und im Flur das Licht anknipste, konnte ich nicht anders, als ihm nachzurufen: »Beeil dich doch!« Er sagte kein Wort.

Es war, als hätte ich auf ein Urteil gewartet, mein Herzschlag hämmerte in meinem Hals. Ich hörte Helmuts Stimme von unten, aber zu verstehen war oben im Schlafzimmer nichts. Das Gespräch war kurz. Er legte auf und kam zwei Stufen auf einmal nehmend die Treppe wieder hoch. Ich schnellte nach vorne und sah zur Tür. »Was ist denn?!«

Helmut schaltete die Deckenlampe an: »Zieh dich an, schnell, Joshua ist ins Krankenhaus eingeliefert worden. Er ist nicht bei Bewusstsein. Was er hat, wissen sie noch nicht.«

Ich sprang auf.

In einer irrsinnigen Geschwindigkeit zogen wir unsere Kleider an. Ich zog nicht mal mein Nachthemd unter dem Pullover und der Hose aus. Mit den Socken in der Hand ging Helmut rüber zu Pias Zimmer. Sie war offenbar längst wach, denn er sprach sofort los: »Joshua ist im Krankenhaus, Mama und ich fahren jetzt hin. Es ist sicher besser, wenn du hierbleibst, ja? Mach dir keine Sorgen. Wenn es länger dauert, rufen wir an. Hol dir das Telefon hoch.«

Dann stürzten wir beide die Treppen hinunter.

Im Auto fragte ich: »Was ist denn passiert? Jetzt erzähl schon!«

»Das wussten sie nicht. Ein Krankenwagen hat ihn ins Krankenhaus gefahren.«

»Sonst haben sie nichts gesagt?«

»Nein.«

»Wussten sie nicht mehr oder wollten sie nicht mehr sagen?«

»Verdammt noch mal, ich weiß es nicht. Ich habe nicht nachgefragt. Ist das jetzt für irgendwas wichtig?«

Ich schwieg. Wir fuhren durch die Straßen, kein Mensch war unterwegs. Nur ein einziges Auto begegnete uns. Darin saß ein Mann, der rauchte; ich sah ihn kurz beim Abbiegen im Scheinwerferlicht. Eine Hand lag oben auf dem Lenkrad und die Zigarette zwischen den Fingern qualmte.

Es war zwar noch dunkel, als wir auf den Parkplatz des Krankenhauses fuhren, aber bald schon würde es hell werden. Die ersten Vögel zwitscherten bereits. Ich zitterte am ganzen Körper, fühlte mich verquollen und hatte einen scheußlichen Geschmack im Mund.

Helmut stieß die schwere Eingangstür des Krankenhauses auf und schoss auf die Information zu.

Ein alter Mann kam durch die Halle und ging Richtung Ausgang. Er sah erschöpft aus, sein Gesichtsausdruck wirkte leer. Eine Krankenschwester verschwand in einer Tür mit der Aufschrift *Nur für Personal.*

»Komm, er ist noch in der Notaufnahme«, sagte Helmut, als er wieder auf mich zukam, und wandte sich bereits in die Halle.

Wir hasteten den Flur entlang, bis uns eine Krankenschwester aufhielt. »Kann ich etwas für Sie tun?«

»Sie haben vorhin einen Jugendlichen bekommen, der ohne Bewusstsein ist.«

»Ja, bitte warten Sie hier. Ich sage Ihnen gleich Bescheid. Gerade haben wir ihm den Magen ausgepumpt.«

»Was? Warum?«

»Wir vermuten Drogen oder Medikamente.«

In diesem Augenblick riss ich die Hände vors Gesicht. Das konnte nicht wahr sein. Drogen? Was denn für Drogen?

»Schwester …«, fragte Helmut ganz leise, »wie geht es ihm?« Es klang ernst, sachlich – verzweifelt.

Ich hörte nur, wie sie antwortete: »Ich will ehrlich sein: schlecht. Aber wir tun alles, was in unserer Macht steht. Zuerst haben wir ihm den Magen ausgepumpt. Jetzt sehen wir weiter.« Es entstand eine Pause, dann hörte ich: »Bitte setzen Sie sich dorthin. Sie können im Moment nichts tun. Sie erfahren sofort, wenn wir mehr wissen.«

Plötzlich verlor ich das Gleichgewicht, riss die Augen auf und ruderte mit den Armen, bis mich Helmut hielt und mich zu einem der Stühle brachte. »Ich habe es gewusst«, das war alles, was ich noch sagen konnte. »Ich habe es gewusst.«

**Pia** saß auf den untersten Stufen der Treppe, die nach oben zu den Schlafzimmern führt. Ich konnte sie durch die offene Tür im Dunkeln sehen, sie hatte immer noch die Hände vor dem Gesicht. Barbara saß, ein Bein nach oben gezogen, in ihrem Sessel und starrte zur Seite an die Wand. Hinter ihr brannte nach wie vor die Lampe, obwohl es inzwischen später Vormittag war, die Sonne hoch am Himmel stand und ein strahlendes Blau vom Himmel fiel. Es würde ein wunderschöner Frühlingstag werden.

Das gemeinsame Schweigen war so erdrückend!

Ich stand kurz auf und zog einen der Vorhänge weiter vors Fenster, weil mich das Sonnenlicht blendete. Mir taten die Augen weh, sie brannten. Ich sank wieder auf die Couch und schüttelte nur den Kopf.

Plötzlich erhob sich Barbara. »Er ist unten im Keller und schläft in seinem Bett. Unten im Keller ist er. Wir haben ihn nicht kommen hören.« Das sagte sie, ohne mich anzusehen, ging auf die Tür zu und verschwand die Treppe hinunter, auch ohne Pia im Vorbeigehen angesehen zu haben. Ich sah ihr nach und glaubte zunächst, nicht richtig verstanden zu haben. Dann amüsierte mich sogar kurz die Vorstellung, dass er schlicht zu einem Zeitpunkt in sein Zimmer gegangen war, als wir ihn nicht bemerkt hatten, dass also alles nur ein Missverständnis sei.

Aber diese Chance gab es nicht mehr, nein, diese Möglichkeit gab es nicht mehr. Müde und leer horchte ich auf Barbaras Schritte nach unten.

Pia blickte zu mir herüber, zog die Brauen zusammen und schüttelte den Kopf. Ich zuckte mit den Schultern, stand auf und folgte Barbara. Als ich im Keller ankam, klopfte sie soeben an die Tür und schob sie vorsichtig auf.

»Barbara ...«, sprach ich.

Ich trat hinter ihr ins Zimmer. Sie schlug die Decke zurück

und heulte mit einem Mal ein »Jo-shu-a!« und ließ sich mit ausgestreckten Armen auf das Bett fallen. Ihr lautes Klagen wurde im Kissen erstickt, aber sie weinte und weinte, ihr ganzer Körper zitterte und bebte.

Ein Schaudern durchfuhr meinen Körper.

Vorsichtig setzte ich mich auf den Bettrand und legte ihr eine Hand auf die Schulter. Sagen konnte ich nichts. Was gab es schon zu sagen? Das Bett war leer.

Barbara weinte und weinte, immer noch von lauten Klagetönen begleitet. Auch mir liefen wieder die Tränen über die Wangen. Ich schloss die Augen. Warum? Warum nur?

Irgendwann beruhigte sich Barbaras Körper und lag still. Und nach einer weiteren Weile spürte ich, wie ihr linker Arm leicht zuckte. Sie war völlig erschöpft eingeschlafen, bis plötzlich ein Ruck durch ihren Körper ging und sie das Gesicht seitlich zu mir wandte. Ihre Gesichtszüge waren völlig verzerrt. »Komm«, sagte ich, »ich bring dich hoch ins Bett. Schlaf ein paar Stunden.«

Sie reagierte überhaupt nicht.

»Ich hab's gewusst. Ich kenne ihn doch.«

»Barbara, komm mit hoch.« Ich fasste sie am Oberarm und sie erhob sich. Wir standen beide vor Joshuas Bett, dann fiel sie mir in die Arme und begann erneut laut zu weinen. »Wir haben alles falsch gemacht. Alles.«

Beide weinten wir jetzt minutenlang, uns in den Armen haltend, vom Weinen geschüttelt. Meine Knie waren nah daran, nachzugeben.

»Wir haben alles falsch gemacht. Wir wollten doch nur eine ganz normale Familie sein, aber wir haben alles falsch gemacht.«

Ich konnte mich nicht zusammenreißen und heulte und schluchzte. Erst als wir uns erholt hatten und tief durchatmeten, führte ich sie vorsichtig zur Tür. »Komm, wir gehen hoch.« Ich schob sie hinaus und schloss die Tür. Es war das allerletzte Mal, dass ich diese Tür geschlossen habe. Ich war seither nicht wieder unten.

Ich brachte Barbara an Pia vorbei, die uns erschrocken anblickte, nach oben ins Schlafzimmer. Sie hatte das Nachthemd unter den anderen Kleidern an. »Schlaf ein bisschen.«

Sie sank auf den Bettrand und sah hoch zu mir. »Helmut, was haben wir falsch gemacht?«

Ich zuckte mit den Schultern, während ich die Decke anhob. »Ich weiß es nicht.« Sie sank aufs Kissen und ich deckte sie zu. Erneut begann sie zu schluchzen, aber ich verließ das Schlafzimmer, ich konnte nicht mehr.

Pia saß noch immer auf der Treppe, jetzt das Kinn auf die Fäuste gestützt und vor sich hin starrend. Als ich an ihr vorbeiging, griff ich ihr ans Schultergelenk und drückte leicht. »Kannst du schlafen?«, flüsterte ich.

»Ich weiß nicht.«

»Versuch's.« Vor ihr stehend sagte ich: »Pia, mein Schatz, in den nächsten Tagen werden wir viel Kraft brauchen. Geh schlafen, tu es mir zuliebe.«

Sie erhob sich und wir nahmen uns in die Arme. Wieder liefen mir die Tränen über die Wangen, auch Pia weinte. Schließlich küsste ich sie auf die Stirn: »Geh jetzt schlafen. Der Tag wird anstrengend genug.«

Sie nickte und tappte nach oben und verschwand in ihrem Zimmer.

Ich ging ins Wohnzimmer, schaltete die Lampe in der Ecke aus und blieb am Fenster stehen. Die Nachbarn kamen aus der Kirche. Gegenüber flogen zwei Spatzen in die Hecke, die das Grundstück umgab. Ich drehte mich um und ging ins Gästezimmer.

**Zuerst** hatte ich nur im Augenwinkel registriert, dass mehrere Leute reinkamen, dann sah ich, dass es BeBi und Rainer waren. Die drei setzten sich gleich an der Tür ans kurze Tresenstück. Ich stellte eine Orangensaftflasche ab und machte hinter dem Tresen drei Schritte auf sie zu und zog dabei meinen Hocker mit.

»Er ist gestorben«, sagte Biggi sofort und ihr Kinn begann zu zucken und die Tränen stiegen ihr in die Augen; ihre Lider schlugen ein paarmal und blieben kurz geschlossen. Die Wimpernhärchen wurden feucht. Dann sah sie wieder auf.

»So eine verdammte Scheiße!« Ich sank auf den Hocker und griff mit den Händen hinter den Kopf. »So eine verdammte Scheiße! Das gibt's doch nicht!«

»Drei Pils, ein Radler, zwei Cola, ein dunkles Weizen.«

*Radler*
**Mischgetränk aus Bier und Limonade**

Ich drehte mich zu Sabine. »Mach's mal bitte selbst. Ich kann gerade nicht.«

Sie trat hinter mich. »Was ist denn?«

»Er ist gestorben.«

»Au, Mann.«

Biggi begann zu schluchzen, sie konnte gar nicht aufhören. Sabine beugte sich über mich und strich ihr kurz über die Hand. Benedikt legte den Arm um Biggis Schulter und sie lehnte ihren Kopf an. Wir schwiegen. Sie zog die Nase hoch und meinte schließlich: »Ist doch alles totale Scheiße. – Er hat doch gar nichts mehr genommen. – Warum ...« Benedikt drückte sie fester an sich und schluckte.

»Hätte ich ihn bloß eher gefunden! Wenn ich mir gleich um drei den Besen geschnappt und gefegt hätte, dann wäre es vielleicht noch rechtzeitig gewesen. Vielleicht hätt's dann noch gereicht.« Ich sah runter auf die Ersatzaschenbecher unter der Tresenablage. »Ich war der Einzige, der ihn hätte retten können.« Ich sah auf zu ihnen.

Im Schluchzen sagte Biggi: »Ach, wir hätten uns viel mehr

um ihn kümmern müssen. Aber wir waren zu egoistisch, wir haben nur an uns gedacht.«

Auch Benedikts Augen glänzten jetzt. Rainer kratzte sich in den Haaren und spielte mit einem Bierdeckel.

»Diese Fünf-Jahres-Feier werde ich nie vergessen ...« Ich sah Biggi an: »Warum macht er das drüben auf der Bank? Hier, gegenüber meiner Tür? Warum? Mit dem Gesicht in diese Richtung. Ich verstehe das nicht!«

Biggi zuckte mit den Schultern.

»Ich hab ja ein paarmal versucht ihn anzurufen«, sagte Benedikt. »Ich wollte, dass er mit zum Konzert fährt. Aber sein Handy war immer aus.«

»Und was hast du dir dann gedacht?«

»Mensch, nichts, nichts hab ich mir gedacht. Sollte ich etwa an so was denken?«

Ich schnaufte tief aus. »Klar. An so was denkt man nie.«

»Wir hätten mit ihm auch klarer ausmachen sollen«, meinte Biggi, »dass wir uns hier alle auf deiner Party treffen. Aber wir haben gedacht, es ist sowieso klar, dass wir hier sind. Wir haben ihn alle die letzten Tage gar nicht mehr gesehen.«

Ich nickte leicht, dann sah ich von einem zum anderen: »Was wollt ihr trinken?«

Ich machte uns Getränke und zapfte schnell ein paar Pils an, die Sabine brauchte, dann stellte ich mich wieder zu den dreien.

»Hinterher steht man wie blöd da und fragt sich: Warum? Warum? Warum? Und dann deutet man alles anders, sieht alles neu, was einem hätte auffallen müssen. Aber dann ist es zu spät. Ich weiß auch nicht ... Ich glaube, es gibt Menschen, die sind ganz schön einsam, und wir merken es nicht einmal.«

Benedikt nickte, Rainer zog wieder leicht die Brauen hoch.

»Steht schon fest, wann die Beerdigung ist?«

»Gleich Dienstag. Oh Gott, ich darf gar nicht dran denken.«

»Wann?«
»Fünfzehn Uhr.«
Ich nickte stumm.

Es wurde jetzt voller und ich musste wieder Sabine unterstützen. Als die drei später gingen, griffen wir uns über den Tresen in die Hände und nickten uns stumm zu. Während des Abends beschloss ich, dass Dienstagnachmittag bis zwanzig Uhr geschlossen sein würde und dass ich am Abend auch keine Musik spielen würde. An dem Tag sollten alle merken, dass einer fehlte. Am nächsten Morgen schrieb ich auf meinem PC ein Schild:

*Wegen Trauerfall in der Familie bis 20 Uhr geschlossen.*
*Die Beerdigung von Joshua ist um 15 Uhr.*

Als ich das Schild Montagnacht an die Scheibe der Tür klebte, schrieb ich noch mit einem Filzstift darunter:

**Ich will Euch alle auf dem Friedhof sehen.**

Auch in dieser Nacht musste ich rüber zur Bank sehen. Die rote Tüte hing nicht mehr im Dornenbusch.


**Die** ganze Zeit in der Kapelle habe ich wie wahnsinnig gezittert. Ich konnte nicht aufhören damit. Links saß Benedikt, der meine Hand hielt. Rechts saß Rainer. Bei Kirchenliedern muss ich nicht heulen, aber bei der Predigt habe ich geheult, und wie! Benedikt liefen auch die Tränen. Rainer nicht, aber ich habe gesehen, wie er sich die ganze Zeit mit dem Daumen in den Zeigefinger kniff. Als dann noch ein paar Lieder kamen, die wir drei nicht mitsingen konnten, konnte ich wieder ein bisschen durchatmen. Mein ganzer Körper war verspannt.

Dann kamen die Träger, nahmen den Sarg und trugen ihn raus auf den Wagen. Ich wollte nicht so weit hinten gehen, deshalb stand ich schon bald auf und zog Benedikt mit. Rainer blieb zurück. Er ging mit den anderen aus der Klasse und mit Frau Schneider, die draußen alle um sich sammelte. Aber ich wollte nicht mit der Klasse gehen.

Benedikt und ich blieben dann hinter all den Verwandten. Joshuas Mutter, Vater und auch Pia hatte ich in der Kapelle nicht richtig sehen können, weil wir zu weit hinten saßen, aber als sie hinter dem Sarg die Kapelle verließen, hatte ich das Gefühl, dass seine Mutter sich kaum auf den Beinen halten konnte. Pia sah auch voll fertig aus. Sein Vater war sehr angespannt im Gesicht.

Ich hatte zwar ein schwarzes Kleid an und schwarze Strümpfe, aber ich hatte auch das bunte Seidentuch um, das mir Josh mal geschenkt hat. Meine Mutter fand das zwar unmöglich, aber Josh war einer, der immer ein buntes Leben haben wollte, kein tristes. Und ich finde, dass man so etwas Persönliches auf einer Beerdigung ausdrücken muss. Außerdem wusste ich, was ich mit dem Tuch machen würde.

Auf dem Weg zum Grab sah ich hin und wieder Leute, mit denen ich nie gerechnet hatte. Die Jungs, denen Josh vorletztes Jahr am Synthesizer Musik gemixt hatte, waren alle da. Einige aus der Parallelklasse sah ich. Ganz viele, die wir aus dem *Park* kannten. Und natürlich war Future da. Wir sahen uns, als Benedikt und ich aus der Kapelle kamen, und nickten uns kurz zu. Sicher ging er jetzt ganz hinten. Es waren viele Menschen gekommen. Irgendwie freute mich das. Auch, dass die Sonne schien und der Himmel so blau war.

Am Grab sprach der Pfarrer noch ein paar Worte, dann traten nach und nach alle ans Grab. Beileidsbekundungen am

Grab wollten seine Eltern nicht. So nahmen die meisten Frauen von den Blumen, falls sie nicht selbst welche mitgebracht hatten, und warfen sie auf den Sarg, und die Männer stießen einmal mit der kleinen Schaufel in den Erdhaufen und warfen etwas davon hinunter.

Immer näher kamen Benedikt und ich dem Grab. Plötzlich war mir nicht mehr zum Heulen, sondern ich wurde aufgeregt. Vielleicht fand die Familie das mit dem Tuch ja blöd. Aber wenn schon: Ich hatte mich entschlossen und jetzt wollte ich es auch tun. Nachher würde ich mich nur über meine Feigheit ärgern.

Ich ließ Benedikt vor mir allein ans Grab treten. Er nahm von den Blumen. Als er sich umdrehte und an mir vorbei wieder wegging, trat ich vor, stellte mich ans Grab, starrte runter auf den Sarg, löste das Halstuch, und während ich leise »Es tut mir leid« sagte, ließ ich das Tuch ins Grab fallen. Es fiel so langsam. Plötzlich musste ich so weinen, dass ich die Hände vors Gesicht riss und im Umdrehen gar nicht richtig sah, wohin ich trat. Sein Vater kam eilig zu mir und berührte mich an der Schulter: »Vorsicht, Birgit.« Er ging ein paar Schritte an meiner Seite, bevor Benedikt wieder bei mir war. Dann sagte er ganz leise nah an meinem Ohr: »Danke«, und ging wieder zurück. Ich weiß nicht, was er meinte.

Ich hab dann erst mal nur noch auf den Boden gesehen und ganz langsam gingen wir die Friedhofswege zurück. Irgendwann war auch Rainer wieder bei uns.

Zum Kaffee wollten wir nicht mitgehen, irgendwie. Das war doch eher für die Familie. Obwohl ich kurz dachte, dass wir mit Future und ein paar anderen einen Tisch bilden könnten. Rainer wollte aber nach Hause.

Benedikt und ich saßen noch eine Weile auf einer Bank an der alten Stadtmauerruine. Dort trennten auch wir uns. Abends wollten wir drei uns bei Future wieder treffen.

Im *Park* hatten wir dann auch diese Idee ... also, eigentlich war es Rainers Idee. Ich habe das alles zuerst gar nicht ernst genommen. Aber wir steigerten uns da rein und dann ... na ja, dann haben wir es eben durchgezogen.

**Als** die Träger den Sarg nach unten ließen, hatte ich ein Gefühl, als hätte ich ihn umgebracht. Wie oft hatte ich mir gewünscht, dass Papa ihm eine eigene Wohnung bezahlte? Ab jetzt war er nicht mehr da. Ab jetzt fehlte er in unserer Familie. Aber waren wir nun überhaupt noch eine Familie?

Mama brach völlig in sich zusammen, als der Sarg Stück für Stück nach unten ruckte. Sie hielt sich an Papas Arm fest; er griff über den Rücken an ihre Schulter. Sie hatte in diesen Tagen sehr stark abgenommen, sie sah völlig fertig aus. Papa war totenblass und total angespannt.

Nach ihnen nahm ich zuerst einen Strauß Blumen und warf ihn hinunter, danach noch etwas Erde mit der kleinen Schaufel. Sie schlug schwer auf den Sarg und machte ein dumpfes Geräusch. Wieder heulte ich los und stellte mich hinter Papa. Ich wollte jetzt all die Menschen um uns herum nicht mehr sehen.

Da unten lag er jetzt. So nah und doch so weit weg. Und gleichzeitig gar nicht vorstellbar, dass da unten in dieser Kiste ein Mensch lag. Nein, nicht ein Mensch: er. Mein Bruder Joshua, der immer schon in meinem Leben da gewesen war. Von Anfang an. Die glücklichste Zeit miteinander hatten wir, bevor er in die Schule gekommen war. Aber richtig erinnern konnte ich mich daran nicht.

Wir drei traten zurück und ließen all die anderen Leute an die Gruft treten. Meine Onkels und Tanten und natürlich meine Oma im Rollstuhl. Sie blieben dann in unserer Nähe stehen, während die anderen Menschen alle wieder den Weg zurückgingen. Es dauerte endlos lange. Mir fiel das Stehen schwer. Mein ganzer Körper war verkrampft, hin und wieder durchfuhren mich leichte Zitteranfälle. Viel geschlafen hatten wir alle in den letzten Nächten nicht. Da ich schräg hinter Papa stand, nahm ich irgendwann seine freie Hand und legte die Stirn an seine Schulter. Er drückte zweimal kräftig meine kalten Finger. Das war, nachdem Biggi losgeweint hatte.

Als endlich die Reihe zu Ende war, nickten wir uns zu und gingen langsam zurück. Mama wollte zwar noch stehen bleiben, aber Papa fasste ihr an den Arm. »Barbara, bitte, wir gehen jetzt, komm.« Sie schluchzte wieder los, ging aber mit.

Vor uns schob Onkel Hajo Großmutter.

Im Saal der Gaststätte herrschte eine große Unruhe, als wir kamen. Viele standen noch in Grüppchen zusammen und sprachen miteinander, all jene, die sich länger nicht gesehen hatten. Hier und da wurde sogar schon gelacht. Es war eigenartig, es passte nicht zu unserer Stimmung. Vielleicht war es aber trotzdem gut, denn Trauer kostet so viel Kraft, und ich glaube, wir hatten alle drei keine Kraft mehr.

Für die Familie gab es einen großen Tisch. Mama ließ ihre getönte Brille auf und saß bereits auf ihrem Platz, froh vermutlich, dass niemand sie ansprach, obwohl sie Papa dann hin und wieder etwas zurief, was er tun sollte. Die Stühle links und rechts von ihr blieben noch frei. Papa organisierte noch das eine und andere und sorgte dafür, dass bestimmte Leute zusammensaßen. Zweimal sprach er kurz mit dem Wirt. Für Oma musste ein Platz frei gemacht werden. Sie stand noch mitten im Raum.

Ich fand es schade, dass keiner von Joshuas Freunden mitgekommen war. Biggi kam nicht, überhaupt niemand aus der Klasse, auch Joshuas Klassenlehrerin nicht. Leider war auch dieser Future nicht da. Auf dem Friedhof hatte ich ihn gesehen. Aber klar, sie trauten sich alle nicht hierher. Dabei hatte meine Mutter mich gebeten, ihr Future vorzustellen, wenn er käme. Sie wollte ihn gerne kennenlernen und sprechen.

So allmählich saßen alle. Noch öfter wurde jetzt gelacht. Auch Papa lachte einmal laut, als jemand etwas zu ihm sagte, dabei berührte Papa ihn an der Schulter und nickte vertraut, während er wegging.

Ich stand noch einmal auf, um zur Toilette zu gehen. Da ich an Oma vorbeikam, blieb ich stehen, drückte ihr die Hand und sagte heruntergebeugt: »Oma, für dich wird gleich da vorne Platz gemacht.«

»Ja, ja, ich warte so lange hier«, antwortete sie.

Ich nickte ernst.

Sie sah mich an: »Sag mal, kommt Joshua nicht, ich habe ihn überhaupt noch nicht gesehen.«

»Nein, Oma, Joshua ist am Donnerstag gestorben.«

Erschrocken sah sie auf zu mir und legte ihre faltige, fleckige, knochige Hand auf den Mund: »Ja, um Himmels willen.«

Ich ging schnell Richtung Toilette.


**BeBi** saßen schon an einem der hinteren Tische. Ich nickte beim Reinkommen Future zu, »Pils«, bestellte ich und ging zu den beiden. Es war eine eigenartige Atmosphäre so ohne Musik. Future hatte immer noch eine schwarze Hose und ein schwarzes T-Shirt an – den Rest der Woche trug er nur schwarze Klamotten. Auf dem T-Shirt stand: Zett.

»Hi!«, sagte ich, als ich an den Tisch kam.

Die beiden nickten stumm.

Ich setzte mich und rückte etwas vom Tisch ab, um in den Raum sehen zu können. Offenbar hatten BeBi gerade über etwas gesprochen, bei dem ich unpassend kam, jedenfalls schwiegen sie jetzt. Future hatte ein Schild geschrieben, auf dem er erklärte, warum keine Musik lief. Es klebte am Regal hinter dem Tresen. Es waren nicht viele Leute da. Dann kam Future und brachte mir das Pils; er setzte sich auf den vierten Stuhl.

»Wisst ihr, was ich denke: Das war kein Zufall, dass er sich drüben auf der Bank umgebracht hat. Er wollte dabei sein, bei der Party. Er wollte dabei sein.«

Wir drei nickten.

»Ich begreif zwar nicht, warum er nicht einfach reingekommen ist und mitgefeiert hat, er hätte ja auch richtig dazugehören können, und eigentlich bin ich auch sauer auf ihn, dass er es nicht gemacht hat, aber andererseits denke ich, er hat's hier getan, bei uns. Er hat sich hier seinen Platz zum Sterben gesucht.«

Wieder nickten wir, ich trank vom Glas. Alle vier bekamen wir jetzt etwas wässerige Augen, wir waren immer noch in so einer Heulstimmung.

»Hätte ich bloß eher ans Fegen gedacht ...« Future schüttelte den Kopf. »Erst vor einiger Zeit hat er mir angeboten, hier die Kneipe bunt anzustreichen, wenn ich sie mal wieder streichen wolle. Das hätten wir bestimmt gemacht im nächsten Jahr oder im übernächsten.« Er schmunzelte, blickte dann aber zum Tresen, wo eine Frau stand, die eine Münze zwischen den Fingern hielt und damit leicht auf das Tresenbrett tippte. Future stand auf und ging hinüber.

»Hab ich euch eigentlich erzählt«, begann Biggi, »dass es nicht die Tabletten waren, die er von seinem Arzt bekommen hat?«

»Was?«, sagte Bene.

»Nein. Es waren andere, sie haben das leere Röhrchen in seinem Zimmer gefunden. Unten im Bett hatte er noch ein paar davon.«

Ich nickte. »Ich weiß, er hat sich den Scheiß von Robbydasarschloch besorgt. Als er diesem Archie seine Beruhigungstabletten gegeben hatte für den Entzug, hat er sich schnell was Neues von Robby besorgen lassen, weil er plötzlich Angst hatte, so ganz ohne dazustehen. Der Arzt wollte ihm keine neuen verschreiben, weil er schon so viele bekommen hatte. Der hat gedacht, Pille verkauft das Zeug.«

»Woher weißt du das?«, fragte Bene.

»Er hat's mir erzählt.«

»Dieser beschissene Robby«, fauchte Biggi.

»Zieht die Kohle ab, und wenn's einen erwischt, hat er nichts damit zu tun.«

»Klar, was meinst du, warum der immer Handschuhe trägt?«

»Hoffentlich krepiert der irgendwann mal an seinem eigenen Zeug.«

»Wir können ihm ja mal die Bremszüge ansägen ...« Bene zog eine Grimasse.

Wir steigerten uns da so richtig rein. Robbydasarschloch war einfach eine miese Drecksau. Aber den schnappten sie nie. Jeder wusste, was er trieb. Mindestens fünfzig Leute hätten gegen den aussagen können, aber das tat keiner. Alle hatten Angst.

Selbst diejenigen, die er schon mal reingelegt hatte, verkrochen sich lieber und hielten die Schnauze. Mit den Großdealern legt sich doch keiner an. Die gehen über Leichen. Hier ist schon mal jemand draufgegangen, wo dann einige sagten, der Dealer hätte ihm eine Überdosis untergejubelt. Auch Robbydasarschloch hat schon öfter ziemlichen Scheiß verkauft – und die Leute mussten zum Magenauspumpen oder sonst was.

Nach dem zweiten Pils ging ich zur Toilette. Während ich so runter auf meinen Schniedel sah, kam mir plötzlich die Idee. Klar, dachte ich, so könnten wir's machen. Wir lassen noch ein bisschen Zeit vergehen, damit keiner mehr von Pilles Tod spricht, beobachten alles ganz genau und dann schlagen wir zu … eiskalt.

**Mit** den beiden Fachlehrern hatte ich vor Unterrichtsbeginn im Lehrerzimmer noch gesprochen, falls die Schüler sie ansprechen würden, aber ich war mir sicher, dass sie es nicht taten, sondern auf die dritte und vierte Stunde bei mir warteten. Da ohnehin nicht alle zur Beerdigung hatten kommen können, saßen wir jetzt nach den Ferien zum ersten Mal zusammen, um darüber zu sprechen.

Auch ich war angespannt, auch ich war zum ersten Mal mit so etwas konfrontiert. Wie soll man solche Stunden vorbereiten, planen? Ich wollte nicht vor der Klasse weinen, aber ich wollte doch eine angemessene Stimmung erzeugen, in der jeder Einzelne und wir alle als Klasse innerlich Abschied nehmen konnten. Schwer einzuschätzen war für mich, wie Birgit reagieren würde. Sollte sie zu weinen beginnen, so hatte ich beschlossen, würde ich mich neben sie setzen.

Als ich nach der Pause ins Klassenzimmer kam, hätte man eine Nadel fallen hören können. Niemand sagte auch nur ein Wort. Ich kramte eine Kerze aus meiner Tasche, nahm ein Papiertuch heraus, ging durch den Raum zu Joshuas Platz und zündete dort die Kerze an. Immer noch war alles ganz still. Meine Absätze klangen ungeheuer laut auf dem Fußboden, sodass ich froh war, als ich wieder hinter meinem Tisch saß.

Biggi sah auf die Tischplatte hinunter. Benedikt spielte mit einem Schreiber zwischen den Fingern. Und Rainer saß zurückgelehnt da und wippte auf den Stuhlbeinen, die Arme vor der Brust verschränkt.

Meine ersten Sätze hatte ich mir zurechtgelegt: »Sterben Menschen durch eine plötzliche Erkrankung oder durch einen Unfall, dann sind wir fassungslos und können es zuerst gar nicht in seiner Tragweite begreifen, dass da nun jemand in unserer Mitte nicht mehr da sein soll. Jemand vielleicht, den wir tagtäglich gesehen haben. Scheidet jemand aber freiwillig aus dem Leben, dann kommt zu alldem noch etwas hinzu. Wir fragen uns dann: Warum? Vielleicht haben wir auch Schuldgefühle: Haben wir nicht genug dafür getan, dass er das Leben für lebenswert hielt? Haben wir uns nicht gut genug um ihn gekümmert? Vielleicht sind wir aber sogar auch verärgert über ihn. Nicht nur, dass er uns zurücklässt mit all unserer Trauer. Vielleicht fragen wir uns auch: Waren wir ihm nicht wert genug zu bleiben?«

Ich musste kurz unterbrechen, um zu schlucken und Luft zu holen. Birgit presste die Handballen auf die Augen. Benedikt hatte den Kopf in den Nacken geworfen und sah zur Decke. Rainer wippte immer noch.

»Wir alle wissen, dass Joshua Probleme gehabt hat. Das mit den Drogen schien er allerdings im Griff zu haben, was mich persönlich sehr zuversichtlich machte, dass er dieses Schuljahr bestehen würde. Dass er im letzten Jahr die Nachprüfung bestanden hatte, war ja schon eine tolle Leistung. Als sein Vater mich letzte Woche anrief und mir sagte, dass Joshua sich das Leben genommen habe, da war ich völlig fassungslos. Warum?, habe ich mich gefragt. Hätte man es verhindern können? Ich weiß es nicht. Schon möglich. Vielleicht hat Joshua aber auch immer zu wenig an sich selbst geglaubt.«

»Das stimmt«, unterbrach mich Yasmine ganz plötzlich und schob ihre schwarzen Haare hinters Ohr. »Er konnte so toll malen. Er war in Kunst immer so gut. Und ich finde, er hat immer so viel gewusst. Also, ich meine, viel mehr als ich zum Beispiel.«

»Er hat auch immer über vieles nachgedacht«, fügte Tanja hinzu.

»Vielleicht war er der Klügste von uns allen«, sagte Rainer und sah zu mir herüber.

Ich nickte leicht. »Überlegt mal«, fragte ich, »sagt ihr euch das eigentlich untereinander? Ich meine, wenn jemand etwas ganz toll kann. Habt ihr ihm so etwas je gesagt? Oder wenn einer eine Eigenschaft hat, die ihr auch für euch selbst für erstrebenswert haltet: Sagt ihr euch das?«

Gleich mehrere Antworten kamen kurz hintereinander: »Nicht so richtig, eigentlich«, »Vielleicht sollten wir alle das viel öfter tun«, »Aber hält man dadurch einen Menschen davon ab, Selbstmord zu machen?«

»Nein«, antwortete ich, »wenn jemand an dem Punkt ist, dass er sich umbringen will, dann reicht das vermutlich nicht mehr aus. Aber wenn uns das Leben vorher lebenswerter erscheint, wenn wir uns wohlfühlen und andere uns sagen, wie wichtig wir für sie sind oder dass wir etwas besonders gut können, dann kommt man vielleicht gar nicht erst an den Punkt, dass man sich das Leben nehmen will.«

Wir sprachen noch über sehr vieles. Ich hatte mir Informationen aus dem Internet über Jugendsuizidalität besorgt. Aber auch über Joshua unterhielten wir uns noch lange. Es entstand wieder diese Traurigkeit. Dann meldete sich Florian: »Also, es klingt jetzt vielleicht blöd oder so, aber ich weiß eigentlich gar nicht, warum ich über einen Menschen weinen soll, der sich selbst umgebracht hat.« Ein Raunen ging durch die Klasse. »Nein, jetzt lasst mich doch mal ausreden: Ich meine, er hat das doch selbst entschieden, es war seine Entscheidung. Er hat es so gewollt.«

Einige entgegneten gleich etwas. Schließlich sagte Birgit: »Ja, toll, wenn einer voll hoffnungslos ist, dann hat er das doch nicht selbst entschieden.«

*Suizid*
Selbstmord
*Suizidalität*
Hang, an Selbstmord zu denken oder Selbstmordversuche zu unternehmen

**Sein** Suizid hat mich sehr schockiert und beschäftigt in den Wochen danach. Da ist ein junger Mensch nach einer tiefen Krise schon wieder auf dem aufsteigenden Ast, so stellt es sich jedenfalls von außen dar, und dann bringt er sich plötzlich um. Also war er innerlich eher auf einem absteigenden Ast. Zumindest fühlte er selbst es so. Er hatte den Halt verloren. Letztlich hatte er seinen Platz auf dieser Welt nicht gefunden und war darüber verzweifelt. Vermutlich ist er nie wirklich auf der Erde angekommen. Aber man könnte auch sagen, dass wir Menschen ihm nie einen Platz angeboten haben. Nie hat er das Gefühl gehabt, dass wir ihm sagen: Hier, hier ist dein Platz, setz dich, wir wollen, dass du unter uns bist. Ja, jemand, der sich selbst umbringt, der hält uns einen Spiegel hin, ganz klar und ungetrübt: Wir haben versagt. Wir haben als Mit-Menschen versagt. So habe ich es auch auf der Beerdigung ausgedrückt. Da gibt es einen, den haben wir nicht in unsere Mitte gelassen, der hat sich bei uns nicht wohlgefühlt, sondern sich immer als draußen empfunden, ausgeschlossen, unverstanden, ungewollt, letztlich für alle eher störend, im Weg, hinderlich sogar.

Oft frage ich mich, warum es uns nicht gelingt, allen Menschen zu zeigen, allen auf der Erde, dass sie dazugehören. Täglich sterben Menschen in Kriegen, es werden Morde begangen, Tausende verhungern und andere töten sich selbst. Es sind die, die wir nicht unter uns haben wollen. Wir machen uns schuldig an ihnen.

An denen, die freiwillig aus dem Leben scheiden, sind wir gescheitert, wir alle, die Gemeinschaft der Menschen. Zu oberflächlich waren wir, zu wenig offen für das Leid des anderen, zu nachlässig, zu rücksichtslos; so als gingen wir unsere Wege allein, so schauen wir nicht zurück zu denen, die vielleicht langsamer gehen, wir hasten nach vorne, dabei können wir doch keinen einzigen Weg allein gehen, kein Mensch kann allein gehen. Aber in unserem Egoismus und in unserem Glauben, unsere Ziele allein erreichen zu müssen und keine Abstriche hinnehmen zu dürfen, lassen wir Menschen auf der Strecke, nein, vielleicht bringen wir sie sogar zur Strecke.

Als die Menschen zunehmend Gott verloren, da verloren sie auch sich selbst. Das sehen wir heute nur allzu deutlich. Die Hast nach Geld und Luxus führt auf eine Klippe zu. Der Sinn im Leben geht verloren. Menschen wie Joshua suchen diesen Sinn. Sie wissen zwar nicht, was sie suchen, aber sie stoßen urplötzlich auf diese Lücke, die so schwer zu benennen ist. Und dann gibt es kein Halten mehr. Sie finden nicht und sie verlieren auch sich, sich selbst. Doch auch das sind Gottes Wege, die für uns Menschen oft so unergründlich sind.

Auch ich schäme mich für Joshuas Tod. Ich hätte mehr tun müssen, als ihm nur diesen Zettel mit meiner Telefonnummer zu geben. Ich hätte ihn besuchen müssen, ihn anrufen. Auch ich habe sein wahres Leid nicht erkannt.

Ich war kurze Zeit nach der Beerdigung schon mal bei der Familie gewesen, alle steckten noch sehr in der Trauer. Die Mutter weinte mehrmals bei unserem Gespräch. Dann hatte ich über eine Nachbarin, die sich in unserer Gemeinde engagierte, erfahren, dass sich Joshuas Eltern angeblich scheiden lassen wollten. So entschloss ich mich irgendwann, noch einmal zu ihnen zu gehen. Da ich in der Nähe oft einen alten Mann besuche, der gelähmt im Rollstuhl sitzt und die Messe im Radio hört, machte ich einen Abstecher. Ich wollte auch mal mit Joshuas Schwester sprechen.

Als ich in die Straße einbog, sah ich einen blauen Lkw einer Möbelspedition vor dem Haus stehen. Joshuas Vater, Arbeitshandschuhe in der einen Hand haltend, und einer der Männer standen beieinander und unterhielten sich. Zwei weitere Männer trugen etwas in den Wagen und zurrten dann Gurte fest. Kurz darauf kam Joshuas Mutter und gab einen Karton ins Innere des Wagens, der noch irgendwo reingezwängt wurde. Vater und Mutter waren schwarz gekleidet. Die Schwester war nicht dabei.

Ich blieb stehen, unsicher, ob ich nicht doch ungelegen kam. Unbewegt stand ich auf dem Gehsteig, eine Hand in die Hosentasche geschoben.

Die Mutter verschwand wieder im Haus.

Die beiden Männer, die im Wagen gewesen waren, sprangen heraus. Der dritte verabschiedete sich von Joshuas Vater, indem er ihm die Hand gab, und ging herum zur Fahrerseite. Die Mutter kam zurück und eilte mit einer Tasche in der Hand an allen vorbei und stieg in den Pkw, der auf dem Parkstreifen der Straße stand. Sie startete ihn und ließ ihn langsam anrollen. Die beiden anderen Männer stiegen auf der Beifahrerseite in den Lkw, dann folgte der Möbelwagen dem Pkw. Joshuas Vater verschwand, ohne den Wagen nachzusehen, ins Haus und schloss die Tür. Während der Pkw an mir vorbeifuhr, sah mich die Mutter und nickte mir mit einem kurzen Lächeln zu.

**Die** drei Männer kamen zum letzten Mal hoch in die Wohnung. Zwei trugen den Sessel, der andere trug zwei Kartons in die Wohnung.

»Stellen Sie den Sessel bitte gleich dort neben das Fenster. – Ja, so, danke. – Die Kartons können Sie zu den anderen stellen. Oje, bis ich das alles ausgepackt habe …«

»Ach«, sagte der Fahrer, »lassen Sie sich Zeit. Alles schön nach und nach. Und die Küche ist ja schon komplett, verhungern werden Sie nicht.«

»Wäre ja auch schade drum«, bemerkte der Kleine mit den riesigen Händen.

Ich lächelte. »Haben Sie es eilig oder möchten Sie noch etwas essen? Ich habe Schnittchen vorbereitet und Kaffee läuft auch schon durch. Oder möchten Sie zuerst ein Radler?«

Die drei sahen sich an. Sie wiegten die Köpfe. »Also los, so viel Zeit haben wir«, sagte der Fahrer schließlich.

»Setzen Sie sich schon, ich hole alles.«

Sie begannen ein paar Möbel und Kartons zur Seite zu schieben und setzten sich um den Wohnzimmertisch. Ich verschwand in der Küche und trug das Tablett mit den Schnittchen und Gurken und den Käsespießchen hinüber. Dann holte ich die Getränke. Die Kaffeemaschine knatterte noch. Mit den Flaschen auf dem Arm kam ich zurück. »Bitte, mischen Sie sich selbst.« Sie begannen zu essen und sich die Radler zu mischen.

»Das ist eine schöne Wohnung für eine einzelne Person«, meinte der Fahrer.

Ich nickte. »Ja, sie hat mir von Anfang an gefallen, obwohl es für mich schon eine riesige Umstellung wird von dem großen Haus zu einer so kleinen Wohnung.«

Die drei nickten und sahen sich um.

»Wer schließt Ihnen denn die Lampen an?«, fragte der Kleine.

»Mein Schwager, er kommt später noch.«

Er nickte. »Ich hätte es Ihnen sonst auch gemacht.«

Ich lächelte: »Danke!«

So saßen wir eine halbe Stunde zusammen, dann verabschiedeten sie sich und ich stand zum ersten Mal allein in meiner Wohnung, in diesem Chaos um mich herum. Die Umzugsvorbereitungen hatten mich zuletzt meinen Schmerz vergessen lassen, aber vor der ersten Nacht hier, so ganz allein, hatte ich eine panische Angst. Ich hatte mir von meinem Arzt Schlaftabletten verschreiben lassen. Zum Glück konnte ich morgen ausschlafen. Es war völlig egal, ob ich überhaupt aufstehen oder den ganzen Tag im Bett liegen würde. Montag hatte ich auch noch Urlaub.

Ich ging die Räume ab und sah mich in jedem um. Überall Kartons und deplatzierte Möbel. Am schlimmsten war es im Schlafzimmer, dort standen an den Wänden entlang die Kartons mit all jenen Dingen, für die ich vorläufig keinen Platz hatte. Zum Glück hatten mir die Männer das Bett aufgebaut – nicht ohne eine anzügliche Bemerkung des Kleinen.

Im Wohnzimmer schenkte ich mir den restlichen Kaffee ein und trat mit der Tasse in der Hand ans Fenster. Ich sah zur anderen Straße hinüber, wo eine Frau ins Haus ging. Ich wollte mir die Gesichter der Nachbarn schnell merken, um sie auf der Straße zu erkennen und grüßen zu können. Ein Wagen parkte auf den lizenzierten Plätzen vor dem Haus. Ein Mann mit grauen Schläfen und einer Hakennase stieg aus und kam auf unsere Haustür zu.

*lizenziert mit einer Erlaubnis für bestimmte Nutzer versehen*

Ich nippte an der Tasse und stellte sie auf das Fensterbrett.

Auf dem Gehsteig kam eine alte Frau langsam in den Fensterausschnitt. Sie ging nach vorn gebeugt, nur hin und wieder aufschauend; in beiden Händen hielt sie schwere Plastiktüten. Ich konnte beinahe in meinen eigenen Handflächen spüren, wie die Griffe in die Haut schnitten. Die Frau trug weiße Gesundheitsschuhe und eine graue Hose mit Bügelfalte. Das Gehen machte ihr große Mühe.

Ich nahm die Tasse, mich dabei in den Raum wendend, trank sie aus und räumte dann den Tisch ab. Es war Viertel nach vier. Gegen fünf wollte Klaus kommen, um die Lampen anzuschließen. Bis dahin konnte ich im Bad noch all den Kleinkram auspacken und einräumen. Doch dann fiel mir plötzlich wieder mein Fund aus dem Kellerregal ein. Ich suchte meine Tasche, öffnete sie und sah hinein. Ich nahm die beiden Teile heraus und setzte mich in meinen Sessel. Heimlich hatte ich sie kurz vor der Abfahrt aus dem Keller geholt und in die Tasche gestopft.

Ein letztes Geschenk an mich. Er hat sie als Geschenke an mich, als Nachricht wieder ins Regal gelegt. Trotzdem: Wie konnte er mir so etwas antun? »Danke, Joshua, für dieses Zeichen. Ich habe verstanden, was du mir sagen willst. Danke!« Wieder brach es aus mir heraus und ich weinte vor mich hin. Ich musste das Feuerwehrauto und den Bären aus den Händen legen.

**Es** war ein Tag, der es in sich hatte. Als ich aus der Schule kam und an den Hausaufgaben saß, klingelte das Telefon und *PC Giant* war dran. Sie hätten sich für mich entschieden und fragten, ob ich die Stelle wolle. Natürlich wollte ich. Und wie ich wollte! Bis zum Büroschluss sollte ich kommen, damit sie den Ausbildungsvertrag fertig machen könnten.

»Klar«, versprach ich. Mein Herz schlug wie wild. Sie sagten mir, bei wem ich mich melden solle, dann legte ich auf. Zuerst einmal rief ich meine Mutter im Büro an und erzählte es ihr. Ich hatte eine Lehrstelle! Jetzt stand fest: Ich würde IT-Systemelektroniker. Ich freute mich irrsinnig, war aber auch ziemlich aufgeregt.

An die Hausaufgaben war nun nicht mehr zu denken. Ich konnte mich auf nichts mehr konzentrieren. Meine erste Arbeitsstelle, mein erstes eigenes Geld! Wow! Ich ging in der Wohnung von einem Raum in den anderen. Dann nahm ich mir ein Glas Cola und kehrte in mein Zimmer zurück. Die Hefte und Bücher klappte ich zu und steckte sie in die Schultasche. Ich würde den Lehrern morgen einfach sagen, ich hätte plötzlich zu meiner zukünftigen Lehrstelle gemusst. Sie würden mir vor der Klasse gratulieren und gar nicht weiter nachfragen.

Viel zu früh schwang ich mich dann aufs Fahrrad und fuhr los. Und weil ich fünfzehn Minuten vor dem Termin schon dort war, fuhr ich noch ein bisschen durch die Straßen, um mir dort alles anzusehen. Hier draußen war ich nicht oft gewesen. Beim Vorstellungsgespräch hatte ich mir das alles gar nicht so genau angesehen. Früher hatte das ganze Gelände zu einem riesigen Komplex von Kasernen und einem kleinen Militärflughafen gehört. Jetzt wurden hier Firmen angesiedelt und um das ganze Gelände war ein Erdwall angelegt und bepflanzt worden. Hier würde ich zukünftig jeden Tag sein. Ich stellte das Fahrrad ab und stieg auf den Wall, auf dessen Rücken ein Spazierweg verlief und wo ich im Sommer meine Mittagspausen verbringen konnte. Viele der angepflanzten Bäume standen noch an Stützpfählen mit Gittern drum herum. Von hier oben sah man auf das leicht abfallende Gelände und die neuen Firmenbauten hinunter.

Schließlich fuhr ich zum Eingang von *PC Giant*. Ich sollte mich bei Frau Lippert melden. Sie hatte bereits das Vorstellungsgespräch geleitet und war wohl die Bürochefin. Den eigentlichen Boss der Firma hatte ich noch gar nicht kennengelernt.

Ich fragte mich zu ihr durch. In den einzelnen Büros saßen immer drei oder vier Leute. Alle waren noch ziemlich jung. Man begrüßte sich mit »Hallo« und alle duzten sich. Als ich ins Büro von Frau Lippert kam, waren dort noch zwei junge Männer. Der eine saß auf einer Schreibtischecke, der andere lehnte zwar in seinem Stuhl, hatte allerdings die Füße auf dem Tisch. Sie redeten sehr ernst, sahen dann aber zur offenen Tür, als ich an den Rahmen klopfte.

»Ah, unser neuer Kollege«, sagte Frau Lippert und erhob sich. Sie gab mir die Hand. »Hallo, Benedikt, na, und du willst wirklich bei uns anfangen? Hast du dir das auch gut überlegt? Hier arbeiten nur Verrückte. Da sind zwei davon: Das ist Harald und das Patrick. Harald ist unser Netzwerkexperte und koordiniert mit seinen Teams die Betreuung der großen Firmen.« Sie machte eine kurze Pause und drehte das Gesicht zu dem anderen: »Patrick ... Patrick, was ist eigentlich deine Aufgabe hier?«

Wir lachten alle.

Patrick nahm die Füße vom Tisch und gab mir die Hand. »Also, ich bin hier der Wichtigste, sonst eigentlich nichts.«

Wieder lachten wir.

»Na, wenn die hier sogar so einen bezahlen können, dann bin ich genau richtig«, sagte ich.

Die anderen grunzten.

»Da habt ihr ja den Richtigen ausgesucht«, meinte Harald grinsend, indem er sich auf die Tür zu bewegte, »der passt zu uns.«

Harald und Patrick verließen den Raum.

Frau Lippert gab mir die Hand: »Ich heiße Roswitha.« Wir besprachen ein paar Dinge für den Ausbildungsvertrag. Ich war sehr aufgeregt und verstand eigentlich vieles von dem, wovon Roswitha sprach, gar nicht so richtig. Sie beschrieb mir noch grob, wie meine ersten Monate vermutlich aussehen würden. »Ich zeige dir dann am ersten Arbeitstag alles genauer. Die anderen lernst du schnell kennen. Und den Chef kennst du ja schon.«

»Nö, wer ist denn das?«

»Na, Patrick.«

»Ach so«, murmelte ich und vermutlich wurde ich ganz schön rot im Gesicht.

»Also, schick uns die Verträge nächste Woche wieder zu oder bring sie vorbei, ja?«

»Okay.«

»Übrigens, lass dich nicht täuschen von der lockeren Atmosphäre: Hier herrscht manchmal auch ein ziemlicher Stress ...«

Ich nickte.

Dann konnte ich auch schon wieder fahren. Irgendwie waren die ja alle ganz nett. Aber musste ich Idiot mich auch noch gleich über den Chef lustig machen? Wie konnte mir das bloß passieren? Hoffentlich war der jetzt nicht sauer auf mich. Ich nahm mein Handy und rief Biggi an: »Hi, weißt du was? Ich hab 'ne Stelle.«

–

»*PC Giant*. Bin gerade hier und fahre jetzt wieder nach Hause. Wir haben den Vertrag vorhin besprochen.«

–

»Ja, bin ich auch. Au, Mann, ich hab 'ne Stelle!«

–

»Kommst du zu mir?«

–

»Von mir aus sofort.«

–

»Was wollte er?«

–

»Puh, ich weiß ja nicht. Also, Schiss hab ich nicht, klar, aber ... Ruf ihn doch an, er soll auch kommen.«

–

»Okay, bis später.«

Ich schwang mich aufs Rad. Rainer machte jetzt Ernst.

Schon kurz nachdem ich zu Hause war, klingelten Biggi und Rainer knapp nacheinander an der Tür. Es war Donnerstag, da kamen meine Eltern immer später. Wir setzten uns in mein Zimmer und schlossen die Tür. Zuerst musste ich lang und breit von meinem Termin erzählen. Während ich sprach, wurde ich wieder ganz aufgeregt. Schließlich sah ich Biggi an:

»Mensch, jetzt wäre es cool, wenn es bei dir nächste Woche auch klappen würde.« Sie hatte ein Vorstellungsgespräch für eine Bürostelle in einem Autohaus. »Dann hätten wir alle drei was.« Rainer hatte bereits eine Stelle bei einem Zimmermann. »Die glorreichen Drei!«, lachte ich.

Rainer nickte und grinste. »Na ja, wir hätten da vorher noch eine Heldentat zu vollbringen …«

Ich wiegte den Kopf und verzog das Gesicht.

»Wie stellst du dir das denn genau vor?«, fragte Biggi.

»Also«, antwortete Rainer, »zu dritt müsste es eigentlich gut klappen.« Er holte eine etwas eigenartige Skizze auf einem zerknautschten Zettel heraus. »Wenn hier einer von uns steht, da einer und der Dritte an der Straße, dann kann eigentlich nichts schiefgehen. Die zwei hier haben Blickkontakt«, tippte er auf zwei Strichmännchen. »Na ja, und der da«, er sah auf zu uns, »der wird schon sehen, wenn's abgeht. Der auf der Straße bin ich.«


**Nicki** und ich hatten uns freigenommen für den Tag. Mittags waren wir beim Reisebüro verabredet. Wir wollten uns verschiedene Reisen berechnen und all das Organisatorische erklären lassen. Eine solche Reise hatten wir beide noch nie unternommen. Den ganzen Vormittag über war ich schon aufgeregt und konnte über nichts anderes reden. Meiner Mutter war nicht wohl bei unseren Plänen. Sie konnte sich nicht vorstellen, dass zwei so junge Frauen für längere Zeit allein in einem fernen Land unterwegs sind. Sie hatte Angst davor, dass wir vergewaltigt werden könnten oder so was, aber sie sprach es nie aus.

Als ich mit dem Bus in die Stadt fuhr, schossen mir schon tausend Fragen durch den Kopf.

Nicki stand natürlich bereits vor dem Reisebüro und wartete, als ich ankam. »Ramona, wo bleibst du denn?«, lachte sie. Sie war nicht weniger aufgeregt als ich. Wir umarmten uns und gaben uns einen Kuss auf die Wange.

Die Frau, die uns beriet, war ziemlich fit mit all dem Zeug. Sie erklärte und erklärte. Es war möglich, bereits Fähren mitzubuchen, man konnte Autos vormieten, organisierte Tagesausflüge und zusätzliche Hotelangebote waren ebenfalls im Programm. Das alles war so aufregend! Wir verließen das Reisebüro mit einem riesigen Stapel Prospekte, suchten uns ein Café und blätterten dort von vorne nach hinten und von hinten nach vorne alles durch. Anschließend, wir hatten bereits unser zweites Getränk ausgetrunken, waren wir völlig verwirrt und Nicki lachte plötzlich laut los und sah mich an: »Weißt du was, jetzt weiß ich gar nichts mehr.«

Ich lehnte mich im Stuhl zurück. »Ich auch nicht. Irgendwie ist das alles so spannend. Aber eins steht jetzt doch fest: Wir machen's, oder?«

»Klar, machen wir es. Auf in die große, weite Welt.«

Wir strahlten uns an.

Der Kellner kam und wir bestellten uns jetzt auch noch ein Stück Torte und dazu Orangensaft. Es war ein Tag, als wären wir schon im Urlaub. Irgendwie waren wir ein bisschen verrückt drauf.

Als es auf drei Uhr zuging, wurden wir noch einmal aufgeregt. Wir hatten nämlich einen Termin, und zwar bei einer Arbeitskollegin von Nicki. Die zog in ein paar Monaten mit ihrem Freund zusammen und wir überlegten, ob wir zwei die Wohnung mieten sollten. Nicki hatte mit ihr einen Besichtigungstermin ausgemacht.

Ich war zuerst etwas unsicher, als sich die Tür öffnete und wir in die Wohnung traten. Es ist komisch, in der Wohnung anderer Leute rumzulatschen und sie zu »besichtigen«. Es war auch gar nicht besonders aufgeräumt. Auf dem ungemachten Bett lagen sogar Strümpfe und ein weinroter BH herum.

Nickis Kollegin Petra war aber sehr nett. Sie zeigte uns alles und hatte in der Küche sogar schon Kaffee und aufgeschäumte Milch vorbereitet. »Okay«, lachte Nicki, »trinken wir eben noch mal Kaffee!« Wir lachten alle drei.

So saßen wir in der Küche und Petra erzählte vom Vermieter, von den Nachbarn und was in der Wohnung nicht so perfekt war. »Aber ich glaube«, sagte sie schließlich, »man kann gut zu zweit hier wohnen. Die Zimmer sind zwar klein, aber man hat ein gemeinsames drittes Zimmer und die Küche ist auch nicht ganz so winzig. Ich habe mal ein paar Wochen lang eine Freundin hier mitwohnen lassen. Wir saßen oft stundenlang in der Küche und haben gequatscht und gequatscht.« Sie lächelte uns an: »So seid ihr zwei bestimmt auch.«

Nicki und ich mussten lachen.

»Und ihr solltet versuchen, dass der Vermieter mal das Bad renovieren lässt. Da gibt es so einiges zu machen. So etwas kann man am besten erreichen, bevor man einzieht, dann sind Vermieter etwas gesprächiger. Es ist ihnen nämlich ein bisschen peinlich, wenn etwas heruntergekommen aussieht. Wohnt man erst mal drin, dann passiert oft nicht mehr viel. Und man selbst ist dann auch zu faul und Ärger will man auch keinen.«

Wir nickten.

Als ich am Abend wieder in meinem Zimmer saß, nachdem ich alles meinen Eltern erzählt und wie ein Wasserfall gesprochen hatte, war ich zwar irgendwie geschafft, aber in einer Stimmung, die ich gar nicht richtig beschreiben kann. Ich hatte das Gefühl, als würde das Leben plötzlich viel intensiver. Es war alles so spannend. Das Leben bot so vieles: eine Reise in ein fremdes Land mit einer ganz anderen Kultur; vorher einen Kurs bei der VHS, um die Sprache ein bisschen zu lernen; alles zusammenstellen, was man für eine solche Reise braucht; die erste eigene Wohnung, in die man mit einem anderen Menschen zieht; Möbel organisieren und alles schön einrichten; und dann die erste Party in der eigenen Wohnung …

*VHS* \
Volkshochschule

Auch auf die freute ich mich jetzt schon!

Ich hatte den Eindruck, als würde ich plötzlich tiefer atmen.

Ohne nachzudenken, nahm ich eine ältere Musikkassette und schob sie in den Rekorder. Josh hatte sie mir damals aufgenommen. Lang war das jetzt schon her, aber es war immer noch eine meiner Lieblingskassetten und sie passte jetzt zu meiner Stimmung. Ich hatte sie auch länger nicht gehört. Es war eine reine Instrumentalkassette. Hauptsächlich »psychedelic trance«. Gesinge wollte ich jetzt nicht, auch keine Gitarren. Ich wollte einfach nur auf meinem Bett sitzen und das Leben spüren.

Doch dann kamen mir die Bilder von Joshs Besuch in den Kopf. Natürlich war es ein Abschiedsbesuch gewesen. Das weiß ich heute. Wie er dagesessen hatte in dem Sessel … meine Gefühle für ihn waren wieder da gewesen. Eigentlich war er ein so lieber Mensch. Er gefiel mir auch immer noch, obwohl er ja etwas zugenommen hatte und irgendwie anders aussah als früher. Und er war doch auch erwachsener geworden. Aber …

Ich weiß nicht, was ich geantwortet hätte, wenn er mich gefragt hätte, ob wir es nicht noch mal versuchen wollten.

**Vor** dem Vorstellungsgespräch war ich voll aufgeregt. Ich saß auf dem Flur und musste noch etwas warten, weil sich eine Besprechung des Personalchefs verzögerte. Zweimal schon war seine Sekretärin herausgekommen zu mir. Schließlich fragte sie mich, ob ich einen Kaffee wolle; ich sollte mich mit in ihr Büro setzen. Ihr war das wohl ein bisschen peinlich. Aber ich lehnte ab. Man soll beim Vorstellungsgespräch nichts sehr Kaltes oder Warmes trinken, weil man vielleicht zu schwitzen anfängt. Ich blieb also draußen sitzen und zupfte immer wieder an meinen Haaren herum und zog an den Manschetten meiner Bluse und strich über den Rock. Außer beim Tanzen hatte ich schon lange keinen Rock mehr getragen. Mein Herz pochte.

Dann ging die Tür auf und zwei Frauen und ein Mann verließen das Büro des Personalchefs. Die Tür schloss sich wieder. Ich war unsicher: Sollte ich jetzt einfach anklopfen und reingehen oder würde ich gerufen? Wenn ich nur dumm auf dem Flur wartete, würden sie mich vielleicht für ein unsicheres Mäuschen halten, das sich nichts traut. Aber ich wollte mich auch nicht falsch benehmen.

Dann erschien die Sekretärin in ihrer Bürotür. »Also, jetzt aber«, lächelte sie. »Kommen Sie.«

Ich trat ein und ging durch eine Tür ins nächste Zimmer. »Frau Weidenbach«, sagte die Sekretärin in Richtung ihres Chefs.

»Danke!« Er stand auf. »Es tut mir leid, dass Sie so lange warten mussten, ich bin nicht immer so unhöflich, aber manchmal passieren Dinge, die müssen entschieden werden.« Er reichte mir die Hand. »Setzen Sie sich an den Tisch. Ich nehme mir nur noch schnell Ihre Bewerbungsunterlagen.«

Ich sank auf einen Stuhl an einem kleinen Tisch. Er blieb hinter seinem riesigen Schreibtisch sitzen.

Er blätterte, dann sprach er vor sich hin: »Die Jugend hat

heutzutage einen ziemlich schlechten Ruf, finden Sie das berechtigt ...«, er sah auf zu mir, »oder finden Sie das ungerecht?«; er blickte wieder auf die Unterlagen vor sich auf dem Tisch.

»Ähm ...« Ich wusste zuerst gar nicht, was ich sagen sollte, ich hatte erwartet, dass er mich fragte, warum ich in Mathe so schlecht sei, was mich an dem Beruf interessiere oder ob ich mal Kinder möchte und wann, aber mit so einer Frage hatte ich nicht gerechnet. Er sah wieder zu mir. Jetzt wurde ich ganz aufgeregt, wie in einer Prüfung. Dann sagte ich, fast ohne nachzudenken: »Nein. Ich finde, die meisten sind gut drauf. Natürlich gibt's Idioten, die gibt es überall. Aber man muss uns auch eine Chance geben.«

Er schwieg, nickte leicht mit dem Kopf und sah starr geradeaus. »Worauf können wir uns verlassen, wenn wir Sie einstellen?«

Mein Herz raste wie verrückt. »Ich bin pünktlich und interessiere mich wirklich für die Arbeit.« Keine Ahnung, wie ich auf die Antwort kam.

»Was wissen Sie über die Arbeit, die Sie hier erwartet?« Ich musste ein bisschen lachen. »Na ja«, gab ich zu, »eigentlich nicht so viel. Ich stelle es mir halt vor wie in einem Büro sonst auch.«

»Und was erwarten Sie von uns und den Leuten hier?«

»Hm ... vielleicht, dass alle fair miteinander umgehen.«

»›Vielleicht‹ oder erwarten Sie es?«

»Es wäre schön.«

»Was machen Sie in Ihrer Freizeit?«

»Ich tanze.«

»So richtig?«

»In einer Tanzschule und in einer Gruppe, die auch manchmal auftritt.«

»Ist das anstrengend?«

»Ja. Man muss sich konzentrieren, man muss auf die anderen achten und meistens bin ich danach ziemlich fertig.«

»Wie oft machen Sie das?«

»Ein- oder zweimal die Woche. Vor Auftritten öfter, dann proben wir manchmal auch an den Wochenenden.«

»Alle Achtung. Toll! Warum machen Sie so etwas?«

»Tanzen macht einfach Spaß. Und wenn dann bei Aufführungen alles geklappt hat und die Leute klatschen … also, das ist schon ein schönes Gefühl.«

»Ist Ihnen Applaus wichtig?«

»Hm … Na ja, ich meine, es ist doch schön, wenn andere einem zeigen, dass man was gut gemacht hat.«

Er nickte stumm.

Es war ein komisches Gespräch. Wir hatten in der Schule öfter über Vorstellungsgespräche geredet, aber dieses war ganz anders gewesen. Trotzdem fiel mir auf dem Heimweg auf, dass er jetzt vieles von mir wusste. Allerdings konnte ich überhaupt nicht einschätzen, wie er mich gefunden hatte. Sie hätten noch andere Bewerber eingeladen, eine Benachrichtigung würde sicher noch zwei Wochen auf sich warten lassen, hatte er bei der Verabschiedung gemeint.

Am späten Abend fuhr ich zu der Schule, wo Benes Band probte. Ich wollte ihm unbedingt erzählen, wie es gewesen war. Man musste um die Turnhalle herumgehen und an eines der Kellerfenster klopfen. Sie spielten gerade das neue Stück *While I kiss the sky*. Zum ersten Mal hatten Sven und Bene ein Stück gemeinsam geschrieben und es klappte schon ganz gut. Sie hörten mein Klopfen nicht, weil es zu laut unten war, und so saß ich dort im Dunkeln und wartete auf eine Pause. Bene war ziemlich stolz auf seine Idee zu dem Stück, obwohl er sich nicht sicher war, ob er überhaupt weiter in der Band spielen wollte, wenn die Ausbildung begann.

Ich weiß nicht, warum, aber plötzlich fiel mir Josh ein,

irgendwie. Ich dachte an sein Lächeln und wie lieb er gewesen war, als wir zum ersten Mal miteinander geschlafen hatten. Das passiert mir immer noch öfter, dass ich ganz plötzlich an ihn denken muss.

Das Lied war zu Ende und ich klopfte schnell laut an die Scheibe und ging im Dunkeln um das Gebäude herum vorne zur Tür. Bene und ich gaben uns einen Kuss.

Sie spielten nicht mehr lange und dann brachte mich Bene nach Hause. Ich erzählte von dem Vorstellungsgespräch. Bene hatte am Nachmittag Rainer getroffen. Die beiden hatten alles durchgesprochen.

Natürlich war es eine total bescheuerte Idee. Er hatte ihn schließlich nicht umgebracht und Joshua hätte sich das Zeug letztlich auch bei jedem anderen besorgen können. Trotzdem: Robbydasarschloch war einfach ein mieses Schwein. Letztlich war er es eben doch gewesen …

Die Aktion war natürlich viel gefährlicher, als wir uns eingestanden. Wir hätten Fremde gefährden können, außerdem hätte Rainer selbst dabei draufgehen können. Das alles machten wir uns aber gar nicht klar. Es stand einfach plötzlich fest, dass wir es tun würden.


**Im** Baum neben der Terrasse hatten Amseln ein Nest gebaut. Vier winzige nackte Junge lagen darin, ich konnte sie von meinem Fenster aus sehen. Tag und Nacht beschützte ich das Nest vor der Katze des Nachbarn, immer einen Besen neben mir an die Wand gelehnt. Ich aß auf der Fensterbank, machte dort meine Hausaufgaben und lief immer nur schnell hin und her, wenn ich zur Toilette musste oder mir etwas zu essen aus der Küche holen wollte oder sonst etwas zu tun war. Das Telefon lag neben mir. Die Haustür öffnete ich nicht. Ich schlief kaum noch, und wenn, dann auf der Fensterbank sitzend und mit geöffnetem Fenster, damit ich die Amseleltern hören konnte, falls sich die Katze näherte.

Dann aber war ich doch eingeschlafen. Erst vom aufgeregten Schimpfen der Vögel wurde ich wieder aufgeweckt und sah auch schon die schwarze Katze im Baum hochsteigen. Sofort griff ich nach dem Besen, beugte mich weit raus aus dem Fenster und schlug nach ihr, mit einer Hand am Fensterrahmen. Aber die Katze war geschickt: Sie hatte genau bemerkt, wie weit ich mit dem Besen kam, und verharrte nun mit genügend Abstand in einer Astgabel, mich zwar in den Augen behaltend, aber seelenruhig.

Ich versuchte, aufmerksam zu bleiben, aber immer wieder fielen mir die Augen zu. Drei Tage und drei Nächte hatte ich kaum geschlafen, die Müdigkeit überfiel mich immer öfter. Ich konnte nicht mehr.

Und die Katze wartete.

Schließlich war meine Kraft am Ende. Ich schlief ein, eine innere Gleichgültigkeit schlich wie ein fremdes Wesen in mein Inneres. Ich wurde machtlos und brachte keine Gegenwehr mehr auf.

Erst als mit einem Mal die Amseleltern von oben in der Baumkrone ein irrsinniges Geschrei veranstalteten, schreckte ich erneut auf. Mein Herz raste. Die Katze war nur noch einen halben Meter vom Nest entfernt und balancierte über einen Ast darauf zu. Ich griff mit einer einzigen Bewegung zum Besen und schwang ihn aus dem offenen Fenster und beugte mich, schnell ausholend und Richtung Katze schlagend, vor – dabei berührte ich leicht den Rand des Nestes. Die Katze sprang auf den nächstweiteren Ast und ich war erleichtert, aber dann sah ich es auch schon: Ich hatte eines der Jungen beim Schlagen über den Nestrand gestoßen; es klatschte nackt auf die Platten der Terrasse und lag tot am Fuß des Baumes.

Als ich erneut hinsah zum Nest, war plötzlich nur noch ein einziges Junges im Nest. Ich weinte los und hielt mir die Hände vors Gesicht. »Nein, nein, das hab ich nicht gewollt«, jammerte ich, als wollte ich die Amseleltern um Entschuldigung bitten, aber auch sie waren auf einmal nicht mehr da.

»Aber Pia«, sprach plötzlich hinter mir meine Mutter, »du bist als Mädchen wirklich so ungeschickt und grob. Jetzt hast du das Junge in den Tod gestoßen.«

»Hau ab!«, schrie ich … dann schreckte ich auf: Ich atmete tief aus, mein Herz pochte, hastig schaltete ich das Licht auf dem Nachttisch an. Ich war nass geschwitzt. Die Uhr zeigte null Uhr achtzehn.

Als ich mich wieder einigermaßen entspannt hatte, stand ich auf und ging aus dem Zimmer. Überall in der Wohnung machte ich Licht. Ins Schlafzimmer traute ich mich nicht, um nachzusehen, ob Papa schon da war. Er hatte ein Geschäftsessen, das länger dauern sollte. Aber vielleicht würde er mich hören, falls er schon im Bett lag.

Ich ging runter in die Küche und trank etwas. Im Wohnzimmer machte ich alle Lampen an, nahm die Wolldecke, weil ich fror, und setzte mich an den Rand der Couch, die Decke um mich geschlungen. Und wenn Papa nun etwas passiert war? Plötzlich wuchs die Angst in meinem Brustkorb, ich fühlte sie wie ein Geschwür wachsen, dann raste ich los durchs Wohnzimmer zur Treppe, die Stufen hinauf und stieß geradeaus die Tür zum Schlafzimmer auf – aber Papa war noch nicht da. Verdammt, ihm war doch nichts passiert! Was … Ich …

Ich kroch unter die zweite Decke auf seinem Bett, noch immer am ganzen Körper zitternd. Durch die offene Tür fiel Licht aus dem Flur herein. Ich starrte zur Decke. Er würde gleich kommen, gleich. Nicht später als ein Uhr, das hatte er versprochen. Ich musste an Mama denken.

Langsam wurde ich warm unter der Decke, dann schlief ich ein.

Von Geräuschen irgendwo im Haus wurde ich aufgeweckt. »Pia! Pia!«, hörte ich es. Wieder bekam ich Herzklopfen, aber es war Papa, der nach oben gerannt kam.

»Ich bin im Schlafzimmer!«, rief ich.

Er kam hereingestürzt und machte Licht, sodass ich mit den Augen blinzeln musste. »Was ist denn?«, fragte er und setzte sich an den Bettrand.

»Ach, nichts, ich hab auf dich gewartet.«

»Und dafür lässt du im ganzen Haus das Licht brennen?«

»Hab's vergessen auszumachen. Bin eingeschlafen.« Ich drehte mich wieder auf die Seite. »Ich möchte heute hier schlafen.«

»Ja.« Er drückte mir kurz die Hand. »Schlechte Träume?«

»Ja. Ich bin so erschöpft.«

»Schlaf schon. Ich komme gleich.«

»Ja, gute Nacht.«

»Gute Nacht, mein Schatz!«


**Zweimal** hatten wir uns im Stadtpark ins Gebüsch gesetzt und alles beobachtet. Sehen sollte er uns nie. Es lief eigentlich immer nach demselben Schema ab: Er fuhr mit seinem Motorrad vor, band den Helm mit einem Schloss am Sitz fest und schlenderte wie ein Spaziergänger eine kleine Runde durch den Park. Vom Teich aus kam er wieder zurück, ging zum Motorrad, klappte den Sitz hoch, nahm eine Plastiktüte heraus, ging zurück und bog in den ersten Weg nach rechts. Gleich links kam eine grün gestrichene Bank. Dort setzte er sich und ließ die Tüte in den Abfalleimer links von sich fallen. Jetzt saß er einfach da und wartete, manchmal mit einer Zeitschrift in den Händen.

Nach und nach kamen dann die Leute, die bei ihm kauften. Die meisten kannten wir gar nicht, ein paar nur vom Sehen und natürlich Frank, der auch im *Park* seine Kontakte machte.

Die Treffen liefen immer ähnlich: Die anderen setzten sich neben ihn auf die Bank, sie quatschten ein paar Minuten, dann nahm er die Tüte aus dem Abfalleimer, gab den Leuten, was sie wollten, steckte die Kohle ein, ließ die Tüte erneut im Abfall verschwinden und saß wieder allein da, als wäre nichts gewesen. Kamen zufällig zwei kurz hintereinander, wartete der Zweite an der Abbiegung, bis die zwei auf der Bank alles abgewickelt hatten und der Erste wieder verschwand, meist zur anderen Seite – Diskretion wie an einem Bankschalter. Sie kannten sich natürlich alle, hatten aber ihre Reviere und ihre Kneipen in der Stadt klar abgesteckt.

Beim ersten Mal hockten Rainer und ich im Gebüsch, Biggi war nicht dabei. Beim zweiten Mal ging ich ins Gebüsch links vom Weg. Das würde bei der Aktion mein Platz sein. Von hier konnte ich den Eingang, das Motorrad und die anderen Wege einsehen. Und von hier würde ich das Glas werfen. Rainer war jetzt mit Biggi auf der anderen Seite. Von dort sollte Biggi die Bank im Auge behalten und in Sichtkontakt mit Rainer auf der Straße bleiben. Sie war es auch, die das Startzeichen geben sollte, genau wenn er mit einem der Typen auf der Bank dabei war, die Drogen und das Geld zu tauschen. Das war der Moment der größten Ablenkung und Verunsicherung.

Die beiden Beobachtungsnachmittage waren etwas nervig, weil wir schon sehr früh an unseren Plätzen hockten und erst wieder wegkonnten, wenn er verschwunden war. Aber wir waren beruhigt, Komplikationen sahen wir keine. In den Tagen davor besprachen wir noch ein paar mögliche Zwischenfälle. Für den Fall, dass es zum idealen Zeitpunkt schon dunkel wäre, besorgten wir uns winzige Taschenlampen. Von einem alten Faschingskostüm hatte Rainer einen Schnäuzer, den er bei der Aktion über die Oberlippe kleben wollte. Außerdem besaß er eine Jacke, die man von zwei Seiten tragen konnte.

Die Buchstaben für die Nachricht hatten wir schon am Samstag zuvor aus unserer örtlichen Tageszeitung ausgeschnitten:

### beim näChsten mAl biSt du dRAn

Sie kam ins Glas, das wir wegen der Fingerabdrücke sorgfältig abwuschen.

Dann besprachen wir die Fluchtwege und wo wir uns anschließend wieder treffen wollten.

An dem Freitag, den wir ausgewählt hatten, wurde ich morgens schon wach, bevor mich meine Mutter wecken kam. Völlig überrascht blickte sie mich an, als sie mich ins Badezimmer gehen sah. »Wieso bist du denn schon auf?«

»Keine Ahnung. War einfach schon wach.« Ich war bereits jetzt so aufgeregt, dass ich nicht mal mehr ruhig sitzen konnte. Was würde mit meiner Lehrstelle, wenn sie uns erwischten? Diese Frage schoss mir mit einem Mal durch den Kopf, als ich mein Gesicht im Spiegel sah.

In den Pausen hätten wir drei bestimmt über nichts anderes mehr gesprochen, aber immer waren ein paar andere in unserer Nähe. Nur am Ende der großen Pause hatten wir ein paar Minuten für uns, als sich alle schon wieder auf den Eingang zu bewegten. Wir waren völlig aufgedreht und mussten lachen, als wir feststellten, dass wir im Unterricht kaum noch zuhörten. Biggi war in der Stunde zuvor eine ganz einfache Frage gestellt worden, aber sie hatte sie nicht beantworten können. Wir zogen sie jetzt auf, wie dumm sie sein müsse.

»Halb vier«, mahnte Rainer noch einmal. »Ein paar Minuten später komme ich auf der Straße entlangspaziert. Dann seht ihr mich erst wieder, wenn einer zu ihm geht und die Luft rein ist.«

»Und wenn sie uns erwischen?«, warf ich noch einmal in die Runde. Es war wohl ein zaghafter Versuch, doch noch alles abzublasen.

»Dann packen wir aus.«

Biggi sah mich an: »Jetzt ziehen wir es durch.«

Auch in den folgenden Schulstunden konnte ich mich auf nichts mehr konzentrieren. Lauter verrückte Zwischenfälle kamen mir in den Sinn, die dafür sorgen konnten, dass man uns schnappte. Auch zu Hause konnte ich an nichts anderes mehr denken und trank einen Liter Cola. Kurz bevor ich schließlich aufbrach, stellte ich meinen Radiowecker auf sechzehn Uhr dreißig ein, dann marschierte ich los. Rainer und Biggi wollten zu Hause sagen, dass sie bei mir seien. Ich dachte, es könne nicht schaden, wenn bei uns tatsächlich Musik lief.

Biggi und ich kamen auf getrennten Wegen in den Park. Sie sollte über den Osteingang hineingehen, ich über den Westeingang. Sehen konnten wir zwei uns nicht. Erst wenn Rainer auf der Straße erscheinen würde, war alles klar. Sein Nicken signalisierte, dass es losgehen konnte.

So hockte ich um kurz nach halb hinter meinem Gebüsch. Das Glas mit dem Zettel war in meiner Jackentasche. Ich zog die Handschuhe über. Dann spürte ich, dass ich tierisch pinkeln musste. Oh nein!, schoss es mir durch den Kopf. Auf gar keinen Fall wollte ich mich noch mal aufstellen, also pinkelte ich im Knien. Bald darauf sah ich Rainer oben auf der Straße. Er blickte beiläufig in meine Richtung, verschwand aus meinem Blickfeld, kehrte von der anderen Seite zurück, nickte und verschwand erneut …

Jetzt gab es kein Zurück mehr.

**Normalerweise** kam er immer zwischen sechzehn Uhr und sechzehn Uhr dreißig. Diesmal war es fast fünf, als er angefahren kam. Ich hatte schon überlegt, ob ich alles abblasen und die beiden dort aus ihren Verstecken im Gebüsch holen sollte, denn schon jetzt hockten sie seit anderthalb Stunden hinter den Sträuchern. Ich selbst spazierte durch die umliegenden Straßen, um nicht aufzufallen. Gerade saß ich in einer Seitenstraße auf einem Stromkasten, als ich schon von ferne das Geräusch eines schweren Motorrads hörte. Sofort wusste ich, dass er es war.

Ich blieb ruhig sitzen und sah ihn oben auf der Straße vorbeifahren. Nun würde er wenden und von der anderen Seite wieder heranfahren. Ab jetzt dauerte alles ungefähr zwanzig Minuten. Mein Herzschlag nahm zu. Ich musste an Bene und Biggi in ihren Verstecken denken.

Ich zündete mir eine Zigarette an, noch hatte ich Zeit. Der Benzingeruch stieg wieder in meine Nase. Gegenüber kam ein Paar mit zwei Kindern aus dem Haus, sie stiegen in ihr Auto und fuhren davon. Hoffentlich war ich ihnen nicht aufgefallen.

Mit der Tüte in der Hand ging ich hoch zur Parkstraße und tatsächlich kam gerade einer der Dealer. Ich wandte mich zur Seite und ging ein paar Schritte in die andere Richtung, bis er im Park verschwunden war. Dann wollte ich auf die andere Straßenseite wechseln, als aus dem Park ein altes Paar spaziert kam. Mist! Das hatte keinen Sinn. Ich musste auf den Nächsten warten.

Ich ging die Straße weiter hinunter, drehte irgendwann und näherte mich erneut dem Parkeingang. Aus der anderen Richtung kamen zwei Personen. Ich blieb auf meiner Straßenseite und wartete ab. Ich wollte niemandem unmittelbar begegnen. Hoffentlich verrutschte mein Schnäuzer nicht, denn ich schwitzte jetzt etwas vor Aufregung.

So schlenderte ich ein paar Schritte in die Seitenstraße, sah dann aber, dass die erste Person in ein Haus ging. Im Näherkommen erkannte ich, dass die zweite Person Frank war. Sofort verdrückte ich mich mit großen Schritten in die Seitenstraße. Wenn er mich mit dem Schnurrbart sah, war alles aus. Er würde mich auf jeden Fall erkennen. Von einer Bushaltestelle aus beobachtete ich den Eingang, bis Frank im Park verschwunden war. Eine neue Chance. Ausgerechnet Frank. Jetzt konnten uns Kleinigkeiten verraten. Jetzt mussten wir erst recht ohne jede Silbe auskommen. Und sehen durfte er keinen von uns.

Ich ging erneut auf die Parkstraße. Nirgendwo war jemand zu sehen. Ich wechselte die Straßenseite und ging mit langsamen Schritten und der Tüte in der Hand an der Einzäunung entlang, bis ich Biggi sah. Sie hob beide Hände. Alles in Ordnung also, aber noch nicht der richtige Zeitpunkt. Hin und wieder sah sie zu mir, gab aber kein Zeichen. Ich kontrollierte rechts und links die Straße und die Häuser. Die Minuten schienen mir ewig zu dauern. Dann bekam ich es mit der Angst. Die ganze Aktion würde doch viel zu lange dauern. Bis ich den Kanister vollständig ausgeschüttet haben würde, dann die Streichhölzer ... Ich blickte zu Biggi, aber ihr Gesicht war in Richtung Park gewandt. Was bequatschten die beiden da drinnen denn so lang?

Ich konnte nicht mehr: Ohne lange nachzudenken, griff

ich in die Tüte, schraubte den Kanister auf und machte die paar Schritte auf das Motorrad zu. So unauffällig wie möglich ließ ich Benzin aufs Motorrad laufen. Ich musste aufpassen, dass ich selbst nichts abbekam.

Da das Motorrad zu weit links stand, konnte ich Biggi nicht mehr richtig sehen. Ich hörte auf zu gießen und stellte mich wieder so, dass ich sie sah. Ärgerlich oder irritiert runzelte sie die Stirn und schüttelte leicht den Kopf. Ich zog die Brauen hoch und nickte, aber sie schüttelte den Kopf. Sofort sah sie wieder rüber zur Bank.

Plötzlich, ich war kurz etwas abgelenkt gewesen, riss sie den Kopf herum und nickte einmal heftig in meine Richtung. Mein Herz raste so sehr, dass ich kaum Luft bekam. Ganz weit vorne in der Straße kam jemand, aber der war noch weit weg. Ich öffnete den Kanister erneut und schüttete das Benzin über das Motorrad. Es gluckerte in kleinen Schwällen aus der Öffnung. Es dauerte eine Ewigkeit. Noch einmal sah ich rechts und links die Straße hinunter. Ich konnte nicht länger warten. Außerdem schienen meine Knie nachzugeben. Ich begann zu zittern.

Ich stellte den Kanister mit dem Rest darin unter das Motorrad, warf meine Handschuhe dazu und griff nach den langen Kamin-Streichhölzern in meiner Jackentasche. Ich nahm gleich zwei, strich sie über die Reibefläche und hielt sie dann kurz still, damit das Holz anbrannte. Au Scheiße!, ging es kurz durch meinen Kopf. Und jetzt!

Ich machte zwei Schritte zurück, warf die Streichhölzer Richtung Motorrad und rannte auch schon über die Straße weg. Kurze Zeit wusste ich gar nicht, ob es überhaupt geklappt hatte. Dann hörte ich dieses Fauchen und über die Schulter nach hinten gewandt sah ich, wie sich die Flammen ausweiteten. Jetzt rannte ich nur noch und rannte, bis ich am Bahndamm in der Bepflanzung verschwand.

**Als** ich die Flammen sah, stockte mir der Atem. Einen Moment lang wusste ich gar nicht, ob ich überhaupt laufen und mich auf den Beinen halten konnte. Doch als ich sah, dass Robbydasarschloch und Frank auf das Feuer aufmerksam wurden, war mir klar, dass ich nun um mein Leben laufen und in die Trillerpfeife blasen musste, damit Bene das Glas in seine Richtung werfen und ebenfalls weglaufen konnte.

Während ich lospurtete, blies ich, so fest ich konnte, bis mir die Luft ausblieb. Ich griff nach der Pfeife und hastete durch die Büsche und Sträucher zum Ostausgang. Ich hoffte nur, dass keiner der beiden auf die Idee kam, mich zu verfolgen. Ich rannte und stolperte und rannte, ohne mich ein einziges Mal umzusehen. Entfernt hörte ich Stimmen. Wer es war, konnte ich nicht ausmachen, jedenfalls schien niemand hinter mir zu sein. Ich rannte weiter hastig durch das Gestrüpp, da auf einmal hörte ich diese gigantische Explosion. Mir lief ein Schauer über den Rücken. Oh, mein Gott, es war so laut! Ich hörte Blechteile irgendwo aufschlagen.

Kurz bevor ich auf den Weg stieß, der zum Ostausgang führte, blieb ich stehen und horchte und schnappte nach Luft. Ich musste aufpassen, wenn ich jetzt aus dem Baum- und Sträucherstreifen auf den Parkweg hinaustrat. Weder durfte ich auffällig wirken noch durfte ich Robby oder Frank in die Arme laufen. Vorsichtig trat ich hinter einen hohen Busch mit großen Blütenknospen. Eine Frau mit einem kleinen Kind an der Hand ging vorbei. Sie sah auf die Erde, müde oder nachdenklich. Das Kind plapperte irgendetwas.

Dann sah ich niemanden mehr. Ich trat aus den Sträuchern hinaus und ging langsam, immer noch schwer atmend, Richtung Ausgang. Was mochte auf der anderen Seite jetzt los sein? Hoffentlich hatte Bene es geschafft. Und Rainer erst. Hoffentlich war er auch nicht beobachtet worden. Ob er uns verraten würde, wenn sie ihn erwischten?

Mein Fahrrad hatte ich an einem Ständer vor einem Bäckerladen abgestellt. Ich schloss es auf und schwang mich auf den Sattel. Wir hatten festgelegt, dass ich durch die Innenstadt zu unserem Treffpunkt fuhr. Ich hatte den weitesten Weg dorthin und kam so aus einer anderen Richtung.

Der Fahrtwind kühlte mein Gesicht und allmählich schwitzte ich nicht mehr. Alles schien so, als habe es geklappt. Aber das konnte ich natürlich gar nicht wissen. Es war nur ein Gefühl. Jedenfalls lag die Aktion hinter uns. Ich radelte langsam durch die Stadt. Mein Herz pochte immer noch stark. Wer wollte mir jetzt noch etwas nachweisen. Aber dann bekam ich auch Angst. Die Explosion war so laut gewesen, musste so heftig gewesen sein ... hoffentlich war niemand verletzt oder sogar ... Oh nein, nur das nicht. Womöglich irgendein Kind, das gerade vom Spielen kam. Waren wir eigentlich wahnsinnig, so etwas zu riskieren?

Ich trat jetzt schneller in die Pedale. Ich wollte zu den beiden, ich wollte sie sehen, ich wollte wissen, wie es bei ihnen gelaufen war.

Ich fuhr über den Bahnübergang und weiter stadtauswärts. Vor der Tankstelle bog ich nach links, dann nach rechts ins Sportzentrum. Wir wollten uns an den Fahrradständern vor dem Hallenbad treffen.

Wie eine Irre raste ich jetzt die Straße hinunter. Und dann ... dann sah ich sie, beide, sie hockten auf einem Bordstein und blickten in meine Richtung. Rainer hatte seine Jacke andersherum angezogen. Ich bremste und stieg ab. Die beiden sahen ernst aus.

Bene erhob sich und nahm mich in die Arme: »Alles in Ordnung?«

»Mich hat keiner gesehen, glaub ich. Habt ihr die Explosion gehört?«

Rainer nickte und deutete mit dem Arm an mir vorbei. Ich

drehte mich: Da stieg schwarzer Rauch in den Himmel. »Vorhin war es noch schlimmer, die Reifen sind wohl schon verbrannt.«

»Habt ihr was gesehen? War jemand in der Nähe?«

»Nee, nur ein Mann, aber der war ganz weit weg.«

»Und wie war es bei dir?«, fragte ich Bene.

»Ich hätte ihm das Glas fast an die Birne geworfen. Es kam ein paar Meter vor ihm auf, obwohl ich wegen der Sträucher ja gar nicht richtig zielen konnte. Der hat zwar gemerkt, dass irgendetwas nicht stimmte, aber dass es sein Motorrad war, das da brannte, das hat er zunächst gar nicht kapiert. Sie standen beide zuerst wie angewurzelt. Frank ist dann Richtung Teich abgehauen. Der hatte einfach nur Schiss. Mehr habe ich auch nicht gesehen.«

»Ist Robbydasarschloch nicht hinter dir her?«

»Ach was! Erst dein Gepfeife, dann das Feuer – der hat doch gar nicht geblickt, was abging, der war völlig durcheinander.« Rainer nickte und sah uns an: »Abgefackelt! Hoffentlich war noch viel von seinem Stoff unterm Sitz.«

»Ich hab plötzlich so 'ne Angst bekommen ...«

»Und ich erst«, meinte Rainer, »noch zwei Minuten länger und mir wären die Knie weggesackt. Pudding, total.«

Ein paar Minuten saßen wir zu dritt auf dem Bordstein, standen aber wieder auf, weil wir viel zu aufgeregt waren, um sitzen zu können. Tausend Eindrücke hatten wir, die wir jetzt loswerden mussten. Der Rauch am Himmel wurde schwächer.

»Und nun?«, fragte Rainer.

»Ich schlage vor«, antwortete Bene, »Biggi und ich gehen jetzt zu mir. Aber du gehst erst mal nach Hause und duschst und wechselst die Klamotten. Du stinkst nämlich tierisch nach Benzin. Dann kommst du nach.«

Rainer nickte. »Puh«, machte er, als würde er erst jetzt wieder zu Bewusstsein kommen, »war 'ne höllische Aktion, eigentlich ganz schön gefährlich.«

»Ich glaube, dass das ziemlich wahnsinnig war, so einen Scheiß zu machen«, fügte ich hinzu.

Bene sah uns ernst an: »Wenn sie uns kriegen, sind unsere Lehrstellen weg.«

**Ich** kümmere mich jetzt wieder mehr um unsere Mutter. Das entlastet meine ältere Schwester, der es seit einiger Zeit nicht besonders gut geht. Auch sie wird älter. Für Mutter ist es meist die einzige Abwechslung am Tag, wenn eine von uns kommt. Direkt von der Arbeit fahre ich zu ihr.

Das Altenpflegeheim hat nach hinten eine größere Grünanlage. Leider ist das ganze Projekt noch ziemlich neu, deshalb wirkt die Bepflanzung erst recht spärlich. Die zarten Bäumchen wachsen zum Schutz noch in Drahtgeflechten. Immerhin sind schon ein paar bunte Blumenbeete angelegt. Stiefmütterchen in allen Farben. Aber ansonsten führen die Wege nur kreuz und quer durch Rasenflächen. Hier und da Sitzbänke. Auf einer Seite grenzt eine Kuhweide daran und manchmal lässt der Bauer seine beiden einzigen Kühe zum Grasen raus.

So schiebe ich sie über die Wege. Meistens plappere ich einfach vor mich hin, denn sie erzählt kaum mal etwas. Ich weiß auch gar nicht, ob sie mir immer zuhört. Manchmal merke ich an ihren Kopfbewegungen, dass sie eingeschlafen ist. Auch in Ordnung, denke ich dann.

Neulich drehte sie plötzlich den Kopf leicht zur Seite und sagte nach hinten: »Junge Frau, wohin wollen Sie mich denn eigentlich bringen? Hier waren wir doch schon mal.«

»Ich bin's: Barbara.«

»Barbara?«

»Deine Tochter.«

»Ach, Kind, jetzt habe ich dich nicht erkannt. So aus den Augenwinkeln sehe ich nicht mehr so gut.«

»Das macht doch nichts.«

Sie schwieg.

»Möchtest du nicht mehr draußen sein?«, fragte ich.

»Doch, doch, es ist doch sehr schön hier. Sie haben das alles sehr liebevoll gemacht.«

»Ja, obwohl sie ja noch etwas mehr bepflanzen könnten.«

»Immer mit der Ruhe. Die Leute hier tun auch nur ihre Pflicht.«

»Ja, sie geben sich viel Mühe.«

»Mühe alleine reicht nicht.«

»Das stimmt auch wieder.« Ich schob den Rollstuhl um eine Kurve. »Schau mal, da hinten sind die Kühe.«

»Also, junge Frau, ich möchte nicht, dass Sie mich duzen.«

Ich bemühe mich, ihr noch so viele Annehmlichkeiten wie möglich zu machen. Immerhin kann sie jeden Tag sterben. Hätte sie nicht so ein starkes Herz, wäre sie sicher längst gestorben. Ich will, dass es ihr gut geht. Ängste hat sie, glaub ich, nicht. Manchmal spricht sie von einem Mann, der immer so herumschleiche. Ich weiß nicht, was es damit auf sich hat. Bestimmt irgendein Erlebnis aus ihrer Jugend, nach dem Krieg.

Sie riecht sehr gerne den Duft von Maiglöckchen, also habe ich ihr Maiglöckchen-Parfum mitgebracht. Darüber hat sie sich sehr gefreut. Und wenn wir sie baden – manchmal helfe ich dabei –, dann nehmen wir Maiglöckchen-Schaumbad. Im nächsten Jahr werde ich ihr ein kleines Töpfchen mit Maiglöckchen für die Fensterbank bepflanzen. Es gibt eigentlich viele solcher Kleinigkeiten, mit denen man ihr etwas Angenehmes tun kann.

Wenn ich abends nach Hause komme, bin ich ziemlich erledigt und unternehme nur noch selten etwas. Manchmal gehe ich zu Ballettaufführungen, aber die sind in unserer kleinen Stadt sehr selten. Das Theaterabo habe ich Helmut und Pia überlassen.

Pia kommt manchmal vorbei. Neulich hat sie mir einen Kopfsalat gebracht, aus dem Garten. Sie kümmert sich um das Angesäte und hat sogar noch etwas hinzugepflanzt.

Erzählen von sich oder Helmut tut sie offenbar ungern. Höchstens mal von der Schule. Ich habe ihr zwar klar gesagt, dass sie kein schlechtes Gewissen haben müsse, dass sie sich für Helmut entschieden hat, aber … na ja … Unser Verhältnis war immer etwas schwierig. Mir gegenüber hatte sie nie die Offenheit, wie man sie sich als Mutter wünscht. Das enttäuscht mich schon.

Natürlich vermisse ich das Haus. Die ganze Einrichtung trägt immerhin meine Handschrift, aber vielleicht wäre ich nur noch verzweifelter mit Joshuas Zimmer unten im Keller. In dem ganzen Gemäuer steckt irgendwie der Tod. Jeden Abend würde ich daran denken müssen. Immer noch schrecke ich nachts auf und sehe ihn da neben dem Klo sitzen in all seiner Verzweiflung.

Auch das habe ich Pia gesagt, dass sie sich nicht schämen müsse, weil sie Helmut die Geschichte im Klo doch erzählt hat nach der Beerdigung. Sofort machte er mir Vorwürfe. Ein suizidaler Mensch gehöre in eine Klinik. Er hat's natürlich die ganze Zeit über geahnt. Warum er dann wohl nichts unternommen hat?

Für mich ist Joshua nicht tot. Er lebt. Er lebt in meinem Herzen. Und solange ich an ihn denke, lebt er. Manchmal spreche ich sogar mit ihm. Er ist dann bei mir. Natürlich verzeihe ich ihm und das sage ich ihm auch. Obwohl er mich, seine Mutter, sehr enttäuscht hat.

**Ungefähr** zwei Wochen lang ließen sich BeBi und Rainer nicht im *Park* blicken. Es war mir schon aufgefallen, dass ich sie länger nicht gesehen hatte. Eines Abends schneiten sie plötzlich herein, grüßten mich und marschierten gleich durch zu einem der hinteren Tische. Alle drei rückten sich die Stühle so, dass sie mit dem Rücken zur Wand saßen. Ich musste grinsen, denn es sah aus wie in einem Film, als wollten sie nicht in einen Hinterhalt geraten.

Melanie hatte Dienst und wollte gerade zu ihnen an den Tisch gehen, aber ich hielt sie fest: »Lass mich mal.«

Ich stellte mich zu ihnen und grinste: »Na, ihr kommt rein wie drei Cowboys, die von einem Killer verfolgt werden.«

»Wieso?«, fragte Bene.

»Ihr marschiert gleich durch und setzt euch mit dem Rücken zur Wand, alle drei.«

»Ach so!«, lachten sie und sahen sich an.

Ich ging und machte ihre Getränke, dann setzte ich mich kurz zu ihnen. »Das von Robby habt ihr gehört, nehme ich an.«

»Ja«, antwortete Benedikt etwas tonlos.

»Und, wer könnte es gewesen sein?«

Rainer zuckte mit den Schultern. »Das können viele gewesen sein. Wer von denen, die bei ihm kaufen, hätte denn keinen Grund?«

»Aber ehrlich«, fügte Biggi hinzu.

»Es sollen sowieso mehrere gewesen sein«, sagte ich.

»Drei«, meinte Rainer.

Ich sah ihn an: »Woher weißt du das?«

»Ich? Ähm ... na ja, stand in der Zeitung, glaub ich.«

Ich nickte leicht.

»Krieg in der Szene«, meinte Bene läppisch, »kennt man doch. Immerhin haben sie ihn leben lassen. In Frankfurt hätten sie ihn umgepustet.«

Wieder nickte ich und sah von einem zum anderen. »Angeblich gibt es keine Anhaltspunkte. Das muss man sich mal vorstellen: das alles am hellichten Tag.«

»Tja«, machte Biggi, »clevere Kerlchen waren das.«

Wir schwiegen kurz, dabei fiel mein Blick auf den Heizkörper in der Ecke. »Heute war der Heizungsmonteur da«, sagte ich, »den nächsten Winter übersteht die Heizung vermutlich nicht mehr.«

»Echt?«

»Ja, Scheiße! Dafür gehen dann meine Rücklagen drauf. Irgendwas ist immer. Dabei wollte ich doch reich werden.«

»Komm, hör auf, das bist du doch längst.«

»Ha!«, rief ich aus. »Wenn ich euch wenigstens mehr Kohle für die Getränke abnehmen könnte ...«

»Oh, nee, Future, das kannste echt nicht machen!«, jammerte Biggi gleich.

Ich grinste. »Na ja, irgendwie wird's schon gehen. Werde wohl bis an mein Lebensende arbeiten müssen.«

Die drei vor mir verstummten. Ich drehte mich um und sah Frank, der gerade hereingekommen war. Er blieb am Brett an der Wand stehen, ziellos sah er hierhin und dorthin und hielt sich fest.

»Wir können ja mal Frank fragen«, sagte Biggi plötzlich, »was los war neulich im Park.«

»Gute Idee ...«, meinte Rainer.

»Ach was«, sagte ich, »die machen jetzt erst mal alle den Mund nicht auf.« Wir beobachteten Frank noch immer. Er starrte zum Regal hinter dem Tresen. Melanie kassierte gerade. Franks Augenlider bewegten sich nur ganz langsam. »Au Mann, der ist ja voll drauf.«

Dann erkannte er mich und kam langsam auf uns zu. Er blieb vor dem Tisch stehen und hakte die Daumen in die Hosentaschen. »Du, Future, ich brauch jetzt ein Bier.«

»Flasche?«

»Ja.«

Ich stand auf, dabei sagte ich: »Du, Frank, wir haben uns gerade gefragt, was eigentlich los war neulich im Stadtpark drüben.«

»Ey, Future, ich weiß nicht, wovon du redest. Absolut nicht. Tut mir leid. Würde dir gerne weiterhelfen.«

»Komm, das mit deinem Freund Robby.«

»Glaub mir, Future, ich weiß nicht, wovon du redest.«

Ich ging das Bier holen. Er blieb am Tisch stehen und griff an die Rücklehne des freien Stuhls. Er sah zu den dreien hinunter und schüttelte jetzt den rechten Zeigefinger. »Ich habe absolut keine Ahnung, wovon er redet, glaubt mir das.«

Ich hielt ihm die Flasche hin. »Hast du auch Geld?«

»Ey, Future, wie lange kennen wir uns jetzt. Hast du ein einziges Mal dein Geld nicht gekriegt von mir?« Er nahm die Flasche in die rechte Hand.

»Nur, wann?«

»Von mir kriegst du dein Geld immer, verstehste?«

»Worauf du dich verlassen kannst.«

Er starrte jetzt an die Wand über Rainer. Die Augenlider schlossen und öffneten sich langsam. Plötzlich drehte er mir das Gesicht zu, als habe er überraschend einen alten Bekannten gesehen, blinzelte mich an, dann wandte er den Kopf genauso schnell wieder zur Wand. »Ist echt nicht mein Konflikt, echt nicht.«

»Was meinst du?«

Er starrte mich an: »Verstehste, Future, ist nicht mein Konflikt.«

»Logo.«

Er sah erneut zur Wand. Er hatte noch keinen Schluck getrunken. Vermutlich hatte er sogar vergessen, dass er ein Bier in der Hand hielt.

»Also«, nickte ich den dreien zu, »ich muss mal wieder hintern Tresen.«

Noch einmal fuhr er mit dem Kopf herum und sah mich an, schloss die Augen und nickte kurz und stand gerade.

»Du bist eine ganz arme Sau, Alter«, sagte ich.

Er starrte durch mich durch: »Ist echt nicht mein Konflikt, echt nicht.«


**Eigentlich** klappt das ganz gut mit uns. Neulich haben wir ein Wochenende lang einen großen Hausputz zusammen gemacht. Alles war noch sehr chaotisch nach Barbaras Auszug. Wir haben sogar das ganze Wohnzimmer umgestellt. Es hat richtig Spaß gemacht.

Pia war am Samstag nicht zum Fußballspiel gegangen, weil sie sich einen Knöchel verknackst hatte. So nahmen wir uns erst einmal den Garten vor. Sie hat den gesamten Weg von der Garage bis zur Haustür das Unkraut aus den Plattenfugen gezupft. Danach hat sie den Terrassenboden und die Stufen zum Garten geschrubbt. Ich habe unterdessen den Rasen gemäht, mit der Gartenschere die Ränder geschnitten und anschließend die Beete vom Unkraut befreit. Dann tat uns beiden der Rücken weh.

Abends aßen wir auf der Terrasse und bewunderten unser Tagwerk.

Auch wenn am anderen Tag Sonntag war, wir wollten nun unbedingt auch das Haus in Schuss bringen. Am Vormittag haben wir das Gästezimmer, das Schlafzimmer und schließlich Pias Zimmer aufgeräumt und gewischt. Wir haben die Musik laut gestellt und uns nach jedem Zimmer eine Tasse Tee gegönnt, bevor es weiterging. Mittags haben wir uns eine Pizza kommen lassen und dann nahmen wir uns noch die Küche und das Wohnzimmer und das Bad vor. Abends waren wir richtig erledigt, aber alles war blitzblank sauber; das war ein schönes Gefühl. Dann haben wir geduscht, sind zur Videothek gefahren und haben uns einen Film ausgesucht. Es wurde ein richtig gemütlicher Abend. Zur Belohnung habe ich eine Flasche Sekt aus dem Keller geholt.

In der Woche danach haben wir eine Zugehfrau engagiert, die jetzt immer freitags für ein paar Stunden kommt und das Gröbste erledigt.

*Zugehfrau*
Haushaltshilfe

Wir haben inzwischen einen neuen Alltag miteinander entwickelt und bekommen allmählich Routine. Freitags fahren wir gemeinsam zum Einkaufen. Während der Woche brauchen wir dann nur noch ein paar frische Sachen zu besorgen. Pia bereitet an den Tagen, an denen sie nichts vorhat oder beim Sport ist, das Essen vor und wir kochen dann zusammen, sobald ich nach Hause komme. Donnerstags gehen wir immer essen. Sie verhält sich schon richtig wie eine junge Frau.

Mir gefällt das, das muss ich zugeben. Trübsal herrscht hier nicht den ganzen Tag. Obwohl uns natürlich manchmal alles einholt. Neulich klopfte Pia spätabends, wir waren bereits beide ins Bett gegangen, plötzlich an die Schlafzimmertür. Ich knipste das Licht noch einmal an. »Was ist denn?«

Sie kam zum Bett und setzte sich auf die andere Seite. »Papa«, sie begann zu weinen, »es ist so scheiße, aber mir geht's so gut …« Dann heulte sie los und ließ sich aufs Kissen fallen.

Ich drehte mich auf die Seite und legte ihr die freie Hand auf den Rücken. »Aber Pia, Schatz, es darf dir doch gut gehen!«

Sie schüttelte den Kopf im Kissen.

»Warum denn nicht?«

Noch einmal schluchzte sie los. Seit der Beerdigung hatte

ich sie nicht mehr weinen sehen, Ich wartete eine Weile. Dann erholte sie sich.

»Komm, jetzt setz dich mal auf und erzähl. Was ist denn los?«

»Na ja«, sie sah mich aus roten verheulten Augen an, »ich fühle mich so wohl wie schon ganz lange nicht mehr. Aber vor ein paar Wochen ist doch erst mein Bruder gestorben ...« Sie fuhr mit der Handfläche über die Nase und zog den Rotz hoch.

Ich lehnte den Rücken ans Kopfteil des Bettes. »Was meinst du, wie es mir geht? Er war mein Sohn, mein einziger sogar. Mama und ich haben Fehler gemacht, natürlich. Aber man begreift so vieles im Leben erst, wenn es zu spät ist.« Sie nickte mehrmals, während ich sprach. »Auf der anderen Seite, weißt du, gibt es Wesen, denen fehlt am Ende der letzte Wille zum Leben. Vielleicht war dein Bruder so ein Mensch. Er war nicht so stark wie du. Du bist stark, frech, mutig und tapfer, wenn's drauf ankommt. Ja, wirklich, du hast ihm vieles voraus.«

»Mama hat gesagt, wir alle hätten ihn nie genug geliebt.«

Ich sah geradeaus zum Kleiderschrank, mit starrem Blick, hin und wieder zuckten meine Lider.

»Papa«, wieder begann sie zu weinen, diesmal mit angstverzerrtem Gesicht, das Kinn zuckte, Tropfen bildeten sich in den Augenwinkeln, ihr ganzes Gesicht verkrampfte, »ich habe Angst, dass ich ihn nicht genug geliebt habe ...« Jetzt brachen noch einmal die Tränen aus ihr heraus, ihr ganzer Körper bebte vom Weinen und Schluchzen.

Ich winkelte den Arm ab und sie kroch weiter aufs Bett, damit ich sie in den Arm nehmen konnte. Sie weinte ohne Unterbrechung an meiner Brust, schon bald spürte ich, wie meine Schlafanzugjacke nass wurde. Schließlich sagte ich: »Du hast ihn genug geliebt, da bin ich ganz sicher.«

Ohne zu sprechen, blieben wir eine Weile in dieser Stellung. Ich spürte, wie sie sich entspannte. Ich dachte schon, sie würde jetzt wieder wie als kleines Mädchen manchmal in meinen Armen einschlafen, als sie sich plötzlich aufrichtete und mich ansah: »Versprichst du mir, dass, wenn du dich wieder verliebst, die neue Frau nicht sofort hier einzieht? Ich muss sie erst langsam kennenlernen. Ich meine, vielleicht kann ich sie nicht leiden, kann ja sein.«

»Erst mal zieht hier niemand ein, das verspreche ich dir. Und über den Rest sprechen wir, wenn es so weit ist.«

Sie nickte. »Ich schlafe heute neben dir, kann ich?«

»Selbstverständlich.«


**Seine** Mutter stand am Grab, nahm ein paar verwelkte Blumensträuße weg und steckte einen neuen Strauß in eine große Vase. Wir gingen einfach weiter, wir wollten jetzt nicht auf sie treffen.

In genügendem Abstand setzten wir uns auf eine Bank und warteten, dann schlichen wir zurück. Sie war gegangen.

Hinter dem Grabstein lag noch eine dieser Vasen, die man tief in die Erde stecken kann. Bene holte Wasser, dann stellte ich die Blumen hinein. Wir setzten uns auf die Grabeinfassung, mit dem Gesicht seitlich zum Grab gewandt. Bene und ich berührten uns nicht; ich hatte ihm vorher gesagt, dass ich das nicht wolle, irgendwie.

Ich sah auf seinen Namen in dem Stein, auf sein Geburtsdatum, aufs Sterbedatum, auf den Gedankenstrich dazwischen.

»Irgendwie etwas mickrig, unser Strauß, gegen ihren«, meinte Bene.

»Na und, aber er ist von uns.«

Ich sah ihn vor mir, wie er neben dem umgestürzten Baumstamm kauerte mit diesem Horrorgesicht und die Verfolger aus dem Hubschrauber erwartete. Und wie er dann fast erleichtert an meiner Hand mitgelaufen war zu den Fahrrädern. Schon merkwürdig, was Drogen aus einem Menschen machen können, wie sie ihn völlig verändern, fast nicht mehr wiederzuerkennen, wie sie ihn total verängstigen und zerstören können. Unser Josh, der immer so lustig und fidel gewesen war, immer lächelte und gut aussah, der oft so irre Ideen hatte und verrückte Dinge tat, der so toll malen konnte und so viel wusste. Ich zupfte noch einmal an den Blumen in der Vase.

Die Schrift im Stein wirkte sehr steif, sie hätte ihm nicht gefallen. Das Grab aber war sehr schön bepflanzt. Bunt.

Da unten bei ihm lag nun auch das Halstuch.

Wir erhoben uns. Ich wandte mich zum Grab und sprach laut: »Also, Josh, wir gehen mal wieder. Bis demnächst. Noch ein paar Tage, dann ist die Schule zu Ende. Dann gehen wir alle arbeiten. Einige in der Klasse haben aber noch keine Lehrstelle. Rainer sehen wir außer in der Schule kaum noch, irgendwie …«

Bene zupfte an meinem Ärmel und deutete mit dem Kopf zur nächsten Gräberreihe, wo gerade ein Mann an ein Grab trat.

»Na und?«, sagte ich. Mir war egal, ob mich der Mann drüben hörte, aber jetzt fiel mir außer »Also, tschüss!« dann doch nichts mehr ein.

Bene und ich spazierten vom Friedhof herunter; vor dem Eingangstor fassten wir uns wieder an den Händen und gingen Richtung Fußgängerzone. »Ich sehe ihn immer noch vor mir, wie er Silvester durch die Straßen ging«, sagte Bene.

»Mhm.«

Wir kamen an dem alten Haus hinter der Tankstelle vorbei.

Man hatte dort zuletzt zwei Häuser abgerissen, in denen bis dahin Asylbewerber untergebracht worden waren. Alles sah sehr trostlos aus. Ein Junge räumte irgendwelchen Krempel aus einer Garage. Wir kannten ihn flüchtig. Seinen Vater nannten alle »Totengräber«. Ziemlich eigenartige Leute.

Wir wechselten die Straßenseite und gingen an der Ruine der Stadtmauer vorbei.

»Wenn mir ein Kind sterben würde«, sagte ich aus meinen Gedanken heraus, »dann würde ich irgendwann nach der Beerdigung alle Freunde nach Hause einladen, um noch mal über alles zu reden. Ich meine, es ist doch doof, dass wir seiner Mutter aus dem Weg gehen. Alles ist irgendwie verkrampft. Eigentlich würde ich auch gerne mal mit Pia reden, jetzt, so mit einem bisschen Abstand. Ich meine, wir wissen doch überhaupt nicht richtig, was in der Woche so los war bei ihnen zu Hause.«

Bene nickte.

Ich sah ihn an: »Glaubst du, dass er das mit dem Motorrad gut gefunden hätte?«

»Ich weiß nicht. Ich glaube schon. Vielleicht hätte er gesagt, dass man irgendwelchen miesen Schweinen ruhig mal einen Denkzettel verpassen kann.«

»Aber wir waren auch feige.«

»Na und, was hätten wir denn machen sollen? Ihn verprügeln?«

Wir spazierten in die Fußgängerzone.

»Nee, weißt du was: Wir hätten noch ein paar Leute dazuholen sollen und dann wären wir in einer großen Gruppe einfach an der Bank zu ihm gegangen und hätten ihm gesagt, dass er abhauen soll, dass wir ihn nicht mehr in unserer Stadt sehen wollen und dass er sonst irgendwann mal Ärger mit uns allen bekäme.«

»Das ist ja voll naiv! Und du meinst, dann hätte er sich in

die Hosen gekackt und wäre nie wieder in der Stadt gesehen worden?«

Ich schwieg. Jungen können manchmal so bescheuertes Zeug sagen. Vielleicht war es naiv, aber wir waren auch zu feige gewesen, uns offen mit ihm anzulegen. Bei solchen Typen kneifen dann immer alle. Das ist genau wie bei den Faschos. Man hat viel zu viel Angst vor denen.

Am Ende der Fußgängerzone bogen wir gleich links ab und gingen weiter zum Stadtpark. Hinter dem Spielplatz begannen die roten Aschenwege des Parks. Schon bald konnte man den Teich mit den Weiden drum herum sehen. Die Enten saßen am Rand und hatten die Schnäbel ins Gefieder gesteckt, uns jetzt mit den Augen folgend. Hier und da tauchte eine Ente im Teich ab und kam irgendwo wieder an die Oberfläche geschossen. Bene nahm einen Stein auf. Als wir nach links über die Holzbrücke gingen, konnten wir eine Gruppe Goldfische sehen, die es im Teich gibt.

Wir legten die Unterarme aufs Geländer und sahen hinunter zum Wasser. Der Himmel mit seinen weißen Wölkchen spiegelte sich darin. In der Mitte des Teichs gab es eine große Insel, auf der zwischen Bäumen ein großes Entenhaus stand. Bene versenkte den Stein im Himmel. Die Spiegelung vibrierte.

»Ist schon witzig«, meinte Bene, »den Stein sieht man nur ganz kurz, aber seine Wellen ganz lange.«

Ich nickte. »Ob die Wellen wissen, dass sie von einem Stein stammen?«

»Ob der Stein weiß, dass er Wellen gemacht hat?«

Wir lächelten uns an.

»Wie viel Wellen wohl so ein Stein macht ...«

»Und wie weit die Wellen wohl reichen, bis die Oberfläche wieder ganz still ist.«

Vor uns stieß eine Ente aus dem Himmel.

Ich sah zu Bene: »Wenn wir zusammenbleiben und wenn wir mal Kinder kriegen und wenn wir einen Jungen haben, dann … dann nennen wir ihn Joshua, ja?«

Er nickte.

Ich sah wieder nach unten. Die Goldfische waren verschwunden.

**Ich** weiß nicht, wieso, aber am frühen Abend hatte ich plötzlich das Gefühl, mal wieder zu seinem Haus fahren zu müssen. Bin nicht mehr da gewesen die ganze Zeit.

Nur hinter einem der Fenster oben brannte Licht. Es war völlig still. Ich sah rüber zu den Kellerfenstern. Wie viel Zeit hatte ich in den letzten zwei Jahren dort unten verbracht? Eine Zeit lang sogar morgens vor der Schule. Was hatten wir nicht alles miteinander angestellt! Vielleicht wäre alles anders gekommen, wenn nicht dieses blöde Picknick gewesen wäre. Wären wir bloß nicht auf die Idee mit dem Sekt gekommen! Da haben wir alle aber auch nicht eine einzige Minute nachgedacht.

Ich stieg übers Gartentor und schlich näher an die Fenster heran. Ob sie das Zimmer schon ausgeräumt hatten?, fragte ich mich. Seine Mutter war inzwischen ausgezogen.

Plötzlich hörte ich von der Straße das leise Scheppern einer Fahrradklingel, in der die Feder ausgeleiert ist. Ich sah nach hinten. Scheiße, es war Pia. Ich verkroch mich hinter einem Fliederbusch, während sie das Rad in die Garage schob – das Tor knallte zu und sie kam auf dem schmalen Weg in Richtung Haustür, eine Sporttasche in der Hand haltend. In der anderen klimperte der Schlüssel.

Ich traute mich nicht mal zu atmen. Sie schloss die Tür auf, ging ins Haus und sperrte die Tür von innen ab. Ich hörte den

Schlüssel im Schloss. Immer noch rührte ich mich nicht von der Stelle. Kurz schrak ich auf, als auf der anderen Straßenseite ein Rollo herunterkrachte.

Dann ging das Licht unten in Pilles Zimmer an. Pia kam auf das gekippte Fenster zu und schloss es. Ich sah die Zimmertür, das Fußende des Bettes und die Lehne eines Sessels. An der Wand neben der Tür hing immer noch dieses kleine Bild von van Gogh. Es ist nur mit einzelnen Strichen gemalt. Hauptsächlich blau und gelb, keine Ahnung mehr, wie es heißt. War 'n Feld drauf und Raben. Dann ging das Licht wieder aus.

Ich schlich an den Sträuchern entlang zurück zur Straße und schlenderte nach Hause, ganz langsam, und atmete die kühle Luft tief ein. In meinem Zimmer griff ich automatisch nach dem blöden Korken, den ich auch jetzt noch in der Hand halte, und sank aufs Bett.

Er ist nicht mehr da, einfach nicht mehr da. Manchmal fehlt er mir, sehr sogar. Wir hatten immer gute Gespräche zusammen, wenn wir allein waren. Doch, er war ein richtiger Freund für mich. Und ich glaube, ich war auch sein Freund. Ich habe das gespürt. Wenn wir allein waren, dann war er immer viel offener und erzählte einfach so drauflos von seinen Sorgen. Aber ich bin auch sauer auf ihn. Er hat mich hängen lassen. Ist abgehauen. Wir wären bestimmt gute Freunde geblieben. Vielleicht unser Leben lang. Wär doch stark gewesen. Und im Alter hätten wir uns dann all den Scheiß erzählt, den wir zusammen gemacht haben. Hm …

Ich sehe das Bild an, das er mal für mich gemalt hat. Er hat es mir in der Woche geschenkt, nachdem Ramona sich von ihm getrennt hatte. Damals war er wirklich eigenartig drauf. Unentwegt rauchte er Bleche. Öfter kokste er auch.

Zum Glück kam er davon wieder runter. Was heißt »zum Glück«, jetzt ist er trotzdem tot. Auch die Sache mit dem

---

**koksen**
Kokain einnehmen; »Koks« ist ein anderes Wort für »Kokain«

Motorrad macht ihn nicht wieder lebendig. Trotzdem, solche Typen zerstören Menschen, und zwar ausgerechnet so sensible wie Pille.

Jetzt komme ich beschissen drauf, aber das will ich nicht. Hoffentlich gibt es in der Firma, in der ich in wenigen Tagen anfange, ein paar nette Leute.

Ich will jetzt nicht allein rumsitzen und gehe ins Wohnzimmer. Susie und die Zwillinge sind längst im Bett. Nur meine Eltern sehen noch einen blöden Krimi an. Papa ist seit ein paar Tagen wieder arbeitslos. Schweigend setze ich mich dazu. Auf dem Tisch liegen noch Spielsachen. Außerdem das Lesebuch von Susie. In der Mitte steht die kleine Vase mit dem Sträußchen Plastikblumen. Die Kaffeetasse meiner Mutter hat unten einen braunen Kaffeerand, durch den sie bestimmt wieder an der Untertasse festklebt. Vor meinem Vater auf dem Tisch steht eine leere Flasche Bier. Der Öffner und der Kronkorken liegen daneben.

Er greift zum Feuerzeug und zu den Zigaretten und zündet sich eine an. Der Film ist zu Ende. Horst und Harry haben wie immer den Mörder überführt. Der Abspann läuft.

»Am Samstag putzt du mal mein Mofa gründlich«, sagt Papa plötzlich in die Filmmusik hinein, er zieht tief an der Zigarette.

»Wieso ich?«

Meine Mutter blättert in der Fernsehzeitung.

»Ich geb 'n Zehner dafür. Geld kannst du doch gebrauchen, oder nicht?«

»Klar, immer.«

»Also. Und dann gehst du nächste Woche mal einen Kanister kaufen. Der Ersatzkanister aus dem Keller ist nämlich weg. Und wenn du Glück hast, bleibt sogar noch Geld übrig.«

Ich starre auf das Lesebuch.

Meine Mutter sieht auf, zuerst zu Papa, dann zu mir, dann wieder zu Papa. »Wie ›weg‹?«

Papa zuckt mit den Schultern, sein Gesicht ist immer noch zum Fernseher gewandt, aber jetzt sieht er aus den Augenwinkeln über die Blumen hinweg zu mir. Er pafft aus. Ich sage keinen Ton.

»Du wirst ihn an der Tankstelle stehen gelassen haben«, schimpft Mama. »Vermutlich auch noch vollgetankt.«

»Na, vielleicht findet ihn ja einer und bringt ihn zurück, sind schließlich meine Fingerabdrücke drauf«, sagt Papa.

»Sag mal, willst du uns verarschen?!« Mama sieht zu mir, dann wieder zu ihm.

Papa muss husten und beugt sich nach vorne. Es klingt immer ziemlich ekelhaft, wenn er seine Hustenanfälle bekommt.

»Ja, ja, ich habe den ganzen Abend schon beobachtet«, schimpft Mama los, »wie viel du gequalmt hast! Jetzt hustest du hier wieder minutenlang rum.« Sie steht auf und schüttelt den Kopf. »Hoffentlich krepierst du zur Strafe wenigstens nach mir.« Flüchtig sieht sie runter zu mir.

Ich ziehe die Augenbrauen hoch.

Sie nimmt die Untertasse auf, die Tasse darauf klappert nicht.

Texte • **Medien**

# Materialien

# Biografie

Uwe Britten
**Lebenslauf** ———————————————— 2011

Uwe Britten wurde 1961 in Werl (Westfalen) geboren. Er besuchte die Hauptschule bis zur 9. Klasse und absolvierte dann eine Ausbildung als Einzelhandelskaufmann in der Herrenbekleidung. Anschließend besuchte er verschiedene weiterführende Schulen (in Dortmund und Soest) und bestand 1983 das Abitur am Westfalen-Kolleg in Paderborn.

Nach dem Zivildienst und einem halbjährigen Aufenthalt in Porto Vecchio, Korsika, nahm er 1985 das Studium der Germanistik und Philosophie in Bamberg auf, das er nach einem Gastsemester in Siegen 1990 abschloss.

Kurzzeitig arbeitete er in der Erwachsenenbildung und gründete dann 1989 mit anderen den PALETTE verlag in Bamberg, in dem auch sein erstes Buch erschien: »Abgehauen – Wie Deutschlands Straßenkinder leben« (1995), eine Reportage, für die er sechs Wochen in Berlin auf der Straße zubrachte. Aus dieser Arbeit entstanden 1997 zwei weitere Bücher, nämlich der Jugendroman »Straßenkid« und, gemeinsam mit dem Jugendlichen Ronnie Vahrt, »Abgefahren. Mein Leben als Crash-Kid«, eine Jugendbiografie.

Nach dem Erscheinen von »Straßenkid« entstand die Idee zu »Ab in den Knast«, das 1999 erschien. Immer wieder hatte sich Uwe Britten in den Jahren zuvor mit dem Strafvollzug beschäftigt. So war bereits 1994 in Zusammenarbeit mit der Journalistin Eva Schlittenbauer das Gespräch »Mit dem Rücken zur Wand …« mit dem ehemaligen RAF-Mitglied Peter-Jürgen

*RAF*
→ Seite 288

Uwe Britten

Boock erschienen. Boock war fast 20 Jahre lang inhaftiert, davon vier Jahre in Isolationshaft in Stuttgart-Stammheim.

Die ehrenamtliche Mitarbeit beim entwicklungspolitischen Kinderhilfswerk »terre des hommes« brachte es mit sich, dass Britten auch über Kindheit in Entwicklungsländern schrieb. Dies führte 1998 zu der Publikation »Zum Beispiel: Kinderalltag« im Lamuv Verlag.

Parallel zum eigenen Schreiben sammelte Britten von 1998 bis 2000 in Zusammenarbeit mit rund 25 Schulen und der Zeitschrift »Bravo« 550 Texte von Kindern, Jugendlichen und jungen Erwachsenen, die sich damit beschäftigen, wie sie sich ihre und unser aller Zukunft (im Jahr 2020) vorstellen. Im Jahr 2000 erschien eine Textauswahl dieser Zukunftsvorstellungen und Zukunftswünsche unter dem Titel »2020 – Kinder und Jugendliche über unsere Zukunft«.

2001 veröffentlichte er seinen dritten Jugendroman »Die Verfolgung« (ursprünglich: »Abschieben«) – die Geschichte

*Isolationshaft*
Haft ohne Kontakt zu Mithäftlingen
*terre des hommes*
franz. »Erde der Menschen«

des nordostafrikanischen Jungen Susej, der unbegleitet nach Deutschland flüchtet und hier um Aufnahme bittet. 2004 folgte »Pille«. Darin wird die Geschichte Joshuas nach einem Drogenentzug geschildert.

Als eine Art Gegenstück zu »Pille« erschien im Jahr darauf der Roman »Selfmade« (2005), in dem Spargel, ein echter »Loser«, mit allen Tricks seinen Weg durchs Leben geht, sogar ohne Hauptschulabschluss. Im Jahr 2007 erschien »School's out«: Zwei junge Paare wollen ein Wochenende lang Party machen, doch alles kommt anders als erwartet.

Viele Jahre hat sich Uwe Britten auch mit dem Thema »Berufsausbildung« beschäftigt. Zunächst erschien 2008 ein Eltern-Ratgeber, »Das Berufsausbildungsbuch«, in dem Eltern und Jugendliche Tipps und Informationen zum Berufswahlprozess und zu der Zeit während der Ausbildung erhalten. Die Auswertung einer mehrjährigen Befragung unter Auszubildenden an einem niedersächsischen Berufsschulzentrum wurde 2009 unter dem Titel »Ein erfolgreicher Ausbildungsabschluss ist kein Zufall. Etappen, Spannungsfelder und betriebliche Herausforderungen bei der Berufsausbildung« veröffentlicht. Das Buch wendet sich an Betriebe, Ausbilder und Berufsschullehrer.

Darüber hinaus veröffentlicht Uwe Britten regelmäßig Beiträge in unterschiedlichen Fachzeitschriften. In dem Themenheft »Kinderrechte« (2010) der bpb-Publikationsreihe »Aus Politik und Zeitgeschichte« erschien zuletzt ein Artikel von ihm (»Kindheit in der ›Dritten Welt‹«), in dem er sich mit den Folgen der Wirtschaftskrise für das Leben von Kindern in den Ländern des Südens auseinandersetzt.

*bpb*
→ Seite 288

Von 1995 bis Anfang 2005 arbeitete er im Psychiatrie-Verlag in Bonn. Seit März 2005 ist er als freier Lektor tätig. Seit 1981 teilt er das Leben mit der Psychologin Rosemarie Piontek; sie haben keine Kinder.

Uwe Britten/Friedemann Holder

## »Nicht gelesen. Null.« Interview ———————— 2010

*Friedemann Holder:* Haben Sie selbst als Kind und als Jugendlicher viel gelesen?

*Uwe Britten:* Ich habe als Kind und Jugendlicher überhaupt nicht gelesen. Null. Ich kenne weder die Kinder- noch die Jugendliteratur aus der eigenen kindlichen Erfahrung. Ich habe einen zweiten Bildungsweg gebraucht, um mir ein bisschen mehr Bildung anzueignen.

*Holder:* Können Sie sich an einen bestimmten Text erinnern, der ihnen als Schüler gefallen hat? Zum Beispiel an typische Mittelstufentexte wie den »Schimmelreiter«?

*Britten:* Ich komme von einer Hauptschule. Da ist der »Schimmelreiter« kein Thema gewesen, wir haben überhaupt keine Ganzlektüren gelesen. Erinnern kann ich mich an eine Kurzgeschichte von Hemingway: »Das Ende von etwas«. Sie spielt in einem jugendlichen Milieu, es geht um eine Beziehung und um Trennung. Die ist mir im Kopf haften geblieben. Natürlich kannte ich dann auch Autoren wie Brecht oder so, weil die da alle vorkamen, auch Franz-Josef Degenhardt. Das ja. Das hat aber nicht direkt eine Zündung in Richtung Literaturinteresse gebracht. Ich habe wirklich nur gekannt, was in Lesebüchern stand.

*Holder:* Und wann kam die Zündung?

*Britten:* Das war schon nach meiner Berufsausbildung. Als ich in Dortmund auf eine kaufmännische Schule ging, habe ich im Deutschunterricht einfach bemerkt, dass mir Literatur jetzt doch Spaß machte. Ich bin immer mittags, wenn wir Schulschluss hatten, in die Stadtbibliothek gegangen, habe mich vor diese endlosen Regale von Belletristik gestellt und mir gesagt: Ich fange bei A an. Das klingt doof,

*»Schimmelreiter«*
Novelle von
Theodor Storm
(1888)

*Hemingway*
Ernest Hemingway (1899–1961), bedeutender US-amerikanischer Schriftsteller und Nobelpreisträger
*»Das Ende von etwas«*
Kurzgeschichte von Hemingway (1925)
*Brecht*
Bertolt Brecht (1898–1956), bedeutender deutscher Dramatiker und Lyriker
*Franz-Josef Degenhardt*
→ Seite 288
*Belletristik*
literarische Texte

war aber wirklich so. Ich hatte ja kaum einen Anhaltspunkt. So begann ich immer mehr zu lesen.

*Holder:* Wie weit sind Sie gekommen?

*Britten:* Das weiß ich gar nicht mehr. Ich erinnere mich noch, dass ich unter H wieder auf Hemingway stieß, den ich eben aus Lesebüchern kannte, aber auch von dem Film »Der alte Mann und das Meer«. Und ich habe dann als Erstes eines jener Bücher gelesen, die man heute sicherlich als eines seiner spannungsärmsten ansieht: »Die grünen Hügel Afrikas«. Aber selbst das hat mich fasziniert. Und dann bin ich erst mal bei Hemingway hängen geblieben. Von dem hatte ich dann ganz schnell alles gelesen. Der hat mir gefallen. Und irgendwann kam natürlich auch meine akademische Weiterbildung hinzu …

*Holder:* … im Germanistikstudium. Und bald darauf vollzog sich ja auch schon der Seitenwechsel vom Leser zum Schreiber. Wie ist das passiert?

*Britten:* Ich habe das Abitur auf dem zweiten Bildungsweg gemacht. In der Zeit hat mich Deutsch schon sehr interessiert. Literatur in erster Linie. Und da habe ich auch ein paar gute Lehrer gehabt. Die haben sicherlich erst mal viel angeschoben, zum Beispiel mit »Draußen vor der Tür« von Wolfgang Borchert. Dann kam natürlich das Germanistikstudium, aber da war die Grundentscheidung längst gefallen, mich mit Literatur zu beschäftigen. Ich habe den Schwerpunkt »Literaturvermittlung« gewählt und auch relativ früh das Berufsziel, als Lektor zu arbeiten – das ist ja das, was ich heute auch noch mache. Und da mich psychosoziale Themen immer stark interessiert hatten, war auch klar, dass es mich eher zur Sach- und Fachliteratur ziehen würde und nicht so sehr in die Belletristik.

*Holder:* Sie haben zuerst Sachtexte geschrieben.

*Britten:* Ja.

---

*»Der alte Mann und das Meer«* Roman von Hemingway (1952), erfolgreich verfilmt 1958
*»Die grünen Hügel Afrikas«* Journal einer Afrikareise (1935)

*»Draußen vor der Tür«* Drama von Wolfgang Borchert (1947)
*Wolfgang Borchert* → Seite 288

*Holder:* Wann haben Sie angefangen, fiktive Welten zu entwerfen und aufzuschreiben? Ab wann waren Sie Romanautor?

*Britten:* Ich habe im Studium irgendwann Ideen für Romane gehabt und diese auch zu schreiben angefangen. Probefahrten waren das. Es ist damals nie zu Veröffentlichungen gekommen. Das Schreiben, das aktive Machen hat mich einfach immer interessiert und das hat sich mit dem Germanistikstudium natürlich auch intensiviert.

*Holder:* Worüber wollten Sie schreiben?

*Britten:* Mich haben soziale Prozesse interessiert. Wie verhalten sich Menschen miteinander, wenn ihr Zusammenleben durch einen Konflikt gestört wird? Wie interagieren sie? Ich glaube, ich habe dafür auch eine besondere Beobachtungsgabe. Die hatte ich, glaube ich, schon immer. Ich kann in einer Kneipe sitzen und ganz nebenbei beobachten, was bei einem Streit am Nebentisch abläuft. Ich fand es schon früh faszinierend, die Beobachtungen menschlicher Interaktion wiederzugeben in der komprimierten literarischen Form, und dabei die entscheidenden Dinge herauszuarbeiten – das war schon immer mein Thema.

*fiktive* nicht reale, ausgedachte

*intensiviert* verstärkt

*interagieren* aufeinander bezogen handeln

*komprimierten* verdichteten

Uwe Britten

Biografie

## Arbeitsanregungen

1. Schreibe anhand des Lebenslaufs und des Interviews Uwe Brittens schulische und berufliche Stationen auf. Notiere, was dir an der Biografie des Schriftstellers ungewöhnlich oder bemerkenswert erscheint.

2. a) Erstelle eine Liste von Uwe Brittens Jugendromanen und ordne diesen jeweils die Problembereiche aus dem Leben Jugendlicher zu, die darin schwerpunktmäßig thematisiert werden.
   b) Informiere dich näher über einen der Romane und stelle ihn deinen Mitschülerinnen und Mitschülern vor.

3. Arbeite aus dem Lebenslauf und dem Interview die Themen heraus, die Uwe Britten besonders interessieren. Erläutere, inwiefern diese Themen in dem Roman »Pille« oder in anderen seiner Romane erkennbar sind.

# Entstehung

Uwe Britten/Friedemann Holder
## »Das ist der Richtige.« Interview ——— 2010

*Friedemann Holder:* Gibt es Vorläufer in der Literatur, auf die sich »Pille« in irgendeiner Form bezieht?

*Uwe Britten:* Ja, »Mutmaßungen über Jakob« von Uwe Johnson beispielsweise. Oder William Faulkners »Als ich im Sterben lag«, das ähnlich gebaut ist wie »Pille«. Ich bin ein großer Faulkner-Fan. Das meiste klaue ich bei ihm. Allerdings gibt Faulkner in dem besagten Buch immer an, wer jeweils spricht. Das wollte ich nicht. Ich wollte den Text eher so wie Johnson gestalten, der die einzelnen Perspektiven ja noch viel feingliedriger montiert hat. Wie in den »Mutmaßungen« wollte ich die Sprecherposition nicht angeben. Ich wollte keine Namen drübersetzen. Gerade das nicht. Sondern ich wollte, dass die Lesenden immer erst ein paar Sätze brauchen, um herauszufinden, wer spricht.

Das ist so ein geistiges Element, von dem ich sagen würde, es ist eine ganz wichtige erste Erfahrung in der Kunstrezeption überhaupt: Ich als Leser muss selbst rein in den Text und muss die Geschichte selbst rekonstruieren. Das ist literarisch betrachtet zentral an »Pille«. Und davon ausgehend stellt sich natürlich die Frage: Was kann die jeweils erzählende Figur überhaupt wissen? Was weiß sie definitiv nicht? Wo liegt sie mit irgendwas daneben? »Pille« hat nicht die eine über einen Erzähler hierarchisierte Geschichte, die vor uns liegt.

*Holder:* Alles, was wir haben, sind begrenzte Perspektiven,

---

»Mutmaßungen über Jakob« Roman von Uwe Johnson (1934–1984) aus dem Jahr 1959
William Faulkner bedeutender US-amerikanischer Schriftsteller und Nobelpreisträger (1897–1962)
»Als ich im Sterben lag« Roman Faulkners von 1930

Rezeption Wahrnehmung, Aufnahme

Hierarchie Rangordnung

die sich ja zum Teil widersprechen oder auch ergänzen, wo der eine etwas weiß, was der andere nicht weiß.

*Britten:* Das heißt, wir müssen die eigentliche Geschichte selbst bauen. Jeder Leser wird aus jeder Passage etwas anderes mitnehmen, um die Brücke zur nächsten Passage zu schlagen, und dadurch so langsam die gesamte Geschichte formen. Es gibt sie nicht objektiv als Text, sie existiert nur im Kopf der Lesenden. Das kann, glaube ich, auch fürs Unterrichtsgespräch sehr spannend sein.

*Holder:* So könnte man vielleicht auch die Unentschlossenheit beim Lesen erklären, was die Sympathieführung angeht. Als Leser denkt man manchmal: »Die Mutter soll sich mal zurücknehmen!« Oder man lehnt den Vater ab, weil er so sehr nach dem Realitätsprinzip auf seinen Sohn einwirkt. Sympathien und Antipathien halten sich die Waage. Hat das auch mit den vielen Perspektiven zu tun?

*Britten:* Sympathieführung hängt in Texten oft mit Schuldzuweisung zusammen. Diese wird in »Pille« jedoch verweigert. Ich arbeite seit fast zwanzig Jahren im Bereich der psychosozialen Versorgung und habe sehr viel mit Themen der psychischen Erkrankung bis hin zu psychiatrischen Unterbringungen zu tun. In diesem Zusammenhang wird immer wieder klar, dass Schuldfragen selten hilfreich sind. Das kann man mit einer solchen Perspektivität gut zeigen. Schuldfragen machen in der Lebensbewältigung überhaupt keinen Sinn. Das ist aber nicht gleichbedeutend damit, dass man alle freisprechen könnte von Verantwortung. An familiären Systemen wirken alle mit, und sie wirken sich auf alle aus. Aber man kann das Familiensystem genau ansehen und fragen: Wodurch wurde was bewirkt? Wer hat wann wie reagiert? Schuldfragen – das ist ja auch ausdrücklich im Roman erwähnt – sind unsinnig. Mir ging es erst einmal darum, Joshuas gesamtes

Beziehungsgeflecht zu zeigen, bis hin zur Clique und zur Schule.

*Holder:* Wo lag Ihre Inspiration für »Pille«?

*Britten:* Ich muss vorausschicken, dass ich so ein Buch irgendwann schreiben wollte, das sich aus vielen verschiedenen Perspektiven zusammensetzt. Und mir war auch immer klar, dass eine Drogengeschichte sehr gut dazu passen würde. Ich habe zehn Jahre lang für einen psychiatrischen Fachverlag in Bonn gearbeitet. Dort kam es zu einer konkreten Situation, die für das Buch ausschlaggebend war. Wir hatten damals einen jungen Mann Mitte zwanzig, der ein halbes Jahr zur Arbeitsrehabilitation bei uns war. Er wollte versuchen, wieder in eine Struktur zu kommen, »Tagesstruktur« sagen die Psychotherapeuten dazu.

Nun wusste ich von diesem jungen Mann lange nichts. Er arbeitete aber einige Wochen im selben Büro wie ich und ich hatte einen ganz guten Draht zu ihm, das spürte ich. Wir konnten miteinander umgehen. Und irgendwann erzählte er, dass er eine drogeninduzierte Psychose gehabt hatte. Das war der Initialpunkt. Ich habe plötzlich gedacht: Das ist der Richtige für mein Buch.

*Holder:* Und wie ging es dann weiter?

*Britten:* Ich habe mich einfach irgendwann getraut und ihm von meinem Vorhaben erzählt. Ich hab gefragt: Können wir uns nicht zwei Nachmittage in meinem Büro zusammensetzen und Interviews machen? Das haben wir dann auch gemacht. Im Text sind Insider-Erfahrungen enthalten, die ich selbst nicht habe, die ich auch nicht hätte erfinden können: diese Situation zum Beispiel, wo Joshua sich im Gehirn überprüft fühlt und wo er dann in den Bach fällt und durch die Wiesen robbt. Das ist eine Erfahrung, die dieser junge Mann tatsächlich gehabt hatte. Die Vorstellung: Alles, was ich sehe, sehen meine Verfolger auch, des-

*Rehabilitation*
Wiederherstellung, hier: Wiedereingliederung

*drogeninduzierte Psychose*
→ Seite 288

halb muss ich mir die Augen verbinden. Das hatte er wirklich eins zu eins erlebt. Ich habe eine Gänsehaut bekommen, als er mir das erzählte. Ich habe gedacht: Wenn du das erlebst, dann bist du wirklich durchgeknallt.

Er lieferte mir während der Interviews und noch beim Schreiben bestimmte Informationen, ohne die ich das Buch nicht hätte schreiben können. Das ist Realität pur. So unwahrscheinlich es an manchen Stellen wirken mag.

*Holder:* Und wie geht es dem echten Joshua heute?

*Britten:* Er musste eine Hepatitis behandeln lassen, dazu war es nötig, sein Antidepressivum abzusetzen. Davor hatte er viel Angst, denn er befürchtete, suizidgefährdet zu werden. Aber es klappte und er konnte eine Ausbildung beginnen.

*Holder:* Unter dramaturgischen Gesichtspunkten wäre es auch möglich gewesen, das Romanende schon nach Joshuas Tod anzusetzen. Hatten Sie einmal überlegt, schon an dieser Stelle zum Schluss zu kommen?

*Britten:* Nein, nie! Für mich war immer klar, dass ich den konstruktiven weiteren Umgang mit Joshuas Tod zeigen und mich mit den Konsequenzen für die anderen Figuren beschäftigen wollte. Mit der Ehe seiner Eltern zum Beispiel, die dann ja auch auseinandergeht. Die Verarbeitung von Joshuas Geschichte sollte Teil des Buches sein. Und das sollten auch die Lesenden für sich selbst mit nachvollziehen.

Es spielte noch etwas anderes eine Rolle: Ich bekomme häufiger den Vorwurf, meine Romanenden seien zu offen und dabei nicht einmal »happy«. Bei diesem Buch habe ich dann gesagt: Hier gibt es sogar drei Happy Ends. Die anderen drei jugendlichen Figuren finden alle einen positiven Weg ins Leben.

---

*Hepatitis*
Leberkrankheit
*Antidepressivum*
Medikament zur Stimmungsaufhellung

*dramaturgisch*
die Gesetzmäßigkeiten dramatischer Bauformen betreffend

**Arbeitsanregungen**

1. Erläutere, was die Erzählweise der literarischen Texte, die Uwe Britten für »Pille« ein Vorbild waren, auszeichnet.

2. »Sympathieführung hängt in Texten oft mit Schuldzuweisung zusammen.« Erkläre diese Aussage Uwe Brittens. Finde Beispiele aus Film- und Romanhandlungen, die die Aussage belegen.

3. »Schuldfragen sind unsinnig.« Wie begründet Uwe Britten diesen Satz? Beziehe die Aussage auf die Problembewältigung in Joshuas Familie.

4. Für die Romanfigur Joshua gibt es ein reales Vorbild. Was hat Uwe Britten von diesem Vorbild übernommen? Worin weicht die Handlung von »Pille« von der Realität ab?

5. Uwe Britten hat für den Roman mit einem Jugendlichen Interviews geführt, der eine Psychose erlebt hatte. Uwe Britten hat auch für andere Texte mit »Betroffenen« zusammengearbeitet. Recherchiere.

6. Im Interview wird Uwe Britten gefragt, ob der Roman nicht bereits nach dem Tod Joshuas hätte enden können. Welche Argumente gibt es für ein frühes Romanende? Welche Gegenargumente nennt Uwe Britten?

# Verstehen und Deuten

## Lebensentwürfe und Lebenssinn

Mercedes Lauenstein
### Hab' keine Angst _____ 2011

*Die Journalistin Mercedes Lauenstein hat junge Erwachsene nach den Gründen für ihre Berufswahl gefragt. Einige Antworten findest du hier abgedruckt.*

Wie entscheidet man sich für ein Studium oder einen Beruf? Man kann zum Beispiel andere fragen, wie sie es gemacht haben. Sechs Geschichten vom Suchen und Finden der Zukunft:

*Anja, 19, Konditorin im 3. Lehrjahr*

Nach der Hauptschule habe ich eine Ausbildung zur Bäckereifachverkäuferin gemacht. Danach war klar: Ich will nicht nur tolle Kuchen und Törtchen verkaufen, sondern selbst Konditorin werden. Am liebsten möchte ich nach der Ausbildung in meiner Heimat bleiben, denn hier ist mein Freund, und hier kenne ich mich aus.

*Max, 24, studiert im 1. Semester Kommunikationsdesign*

Nach dem Abitur habe ich zuerst ein Semester Verfahrenstechnik studiert, doch das war gar nicht mein Ding. Also habe ich eine Ausbildung zum Mediengestalter gemacht, aber auch das war mir noch zu unkreativ. Deshalb studiere ich jetzt Kommunikationsdesign. Ich habe die Erfahrung gemacht, dass man sich mit seinen Entscheidungen Zeit lassen sollte und dass man nur das tun sollte, was einem Spaß macht. Dann klappt plötzlich alles von allein.

*Christian, 24, Metallinstrumentenbauer im 1. Lehrjahr*

Ich habe nach der Realschule Industriemechaniker gelernt und in dem Beruf gearbeitet. Mit der Wirtschaftskrise kam die Kündigung. Da ich auch Trompete spiele, hatte ich die Idee, Musik und Handwerk in einer Ausbildung zum Metallinstrumentenbauer zu vereinen. Bei der ersten Bewerbung wurde ich abgelehnt und habe stattdessen an der Fachoberschule das Abitur gemacht. Danach klappte es mit meiner Bewerbung. Ich habe Respekt vor der Zukunft. In der Krise habe ich erfahren, wie schnell es mit der Arbeitslosigkeit gehen kann. Das Einzige, woran man sich halten kann, ist und bleibt eine gute Ausbildung – oder sogar mehrere.

*Juliane, 20, studiert im 1. Semester Kunst auf Lehramt*

Als ich nach der vierten Klasse eine Hauptschulempfehlung bekam, hätte ich es nie für möglich gehalten, einmal an der Kunstakademie zu studieren. Ich bin über Umwege zu meinem Abitur gekommen – erst Hauptschule, dann Integrationsklasse und schließlich FOS. Für die freischaffende Kunst bin ich nicht gemacht, mir ist berufliche Sicherheit wichtig. Was ich allen auf den Weg geben möchte, ist, dass sie keine Angst vor dem Leben zu haben brauchen. Es gibt immer einen Weg. Für alles.

FOS
Fachoberschule

*Sebastian, 24, Schulabbrecher*

Im Gymnasium bin ich in der neunten und zehnten Klasse durchgefallen, danach war es aus mit mir und der Schule. Nach meinem Zivildienst im Krankenhaus habe ich verschiedene Praktika gemacht und mich für eine Ausbildung im IT-Bereich entschieden. Nach kurzer Zeit hatte ich keine Lust mehr. Jetzt jobbe ich in einer Kfz-Werkstatt und überlege, wie es weitergehen könnte. Mein Chef will mich ausbilden, aber ich habe Angst, wieder aufzugeben. Sobald ich etwas »muss«, will ich nicht mehr. Ich würde gerne selbstständig im Eventbereich arbeiten oder etwas mit Sport und Sozialem machen. Vielleicht Physiotherapie. Doch ich will nicht mehr mit etwas beginnen, wenn ich keine 100-prozentige Überzeugung dafür empfinde.

*Tina, 21, lernt im 2. Jahr Manufakturporzellanmalerei*

Nach dem Realschulabschluss habe ich an einer privaten Kunstschule eine zweijährige Ausbildung zur gestaltungstechnischen Assistentin gemacht. Ich wollte Illustratorin werden, doch der Gedanke an die künstlerische Selbstständigkeit war mir nicht geheuer. Eines Tages habe ich im Fernsehen durch Zufall gleich zweimal dieselbe Reportage über Porzellanmaler gesehen. Ich dachte: Das ist ein Zeichen, da bewirbst du dich. Und es klappte. Ich habe nun endlich gefunden, was ich gut kann und was mir Spaß macht. Ich glaube, das ist sehr wichtig für das eigene Lebensglück: einen Beruf zu haben, den man liebt.


Franz Kafka
## Der Aufbruch _____ 1922

Ich befahl mein Pferd aus dem Stall zu holen. Der Diener verstand mich nicht. Ich ging selbst in den Stall, sattelte mein Pferd und bestieg es. In der Ferne hörte ich eine Trompete blasen, ich fragte ihn, was das bedeutete. Er wusste nichts und hatte nichts gehört. Beim Tore hielt er mich auf und fragte: »Wohin reitest du, Herr?« »Ich weiß es nicht«, sagte ich, »nur weg von hier, nur weg von hier. Immerfort weg von hier, nur so kann ich mein Ziel erreichen.« »Du kennst also dein Ziel?«, fragte er. »Ja«, antwortete ich, »ich sagte es doch: ›Weg-von-hier‹, das ist mein Ziel.« »Du hast keinen Essvorrat mit«, sagte er. »Ich brauche keinen«, sagte ich, »die Reise ist so lang, dass ich verhungern muss, wenn ich auf dem Weg nichts bekomme. Kein Essvorrat kann mich retten. Es ist ja zum Glück eine wahrhaft ungeheure Reise.«

Peter Bichsel

**Colombin** ――――――――――――――― 1969

Am Hofe gab es starke Leute und gescheite Leute, der König war ein König, die Frauen waren schön und die Männer mutig, der Pfarrer war fromm und die Küchenmagd fleißig – nur Colombin, Colombin war nichts. Wenn jemand sagte: »Komm, Colombin, kämpf mit mir«, sagte Colombin: »Ich bin schwächer als du.« Wenn jemand sagte: »Wie viel gibt zwei mal sieben?«, sagte Colombin: »Ich bin dümmer als du.« Wenn jemand sagte: »Getraust du dich, über den Bach zu springen?«, sagte Colombin: »Nein, ich getraue mich nicht.« Und wenn der König fragte: »Colombin, was willst du werden?«, antwortete Colombin: »Ich will nichts werden, ich bin schon etwas, ich bin Colombin.«


Jerome D. Salinger

**Der Fänger im Roggen** ――――――――――――――― 1951

*Der 17-jährige Ich-Erzähler Holden Caulfield musste wegen schlechter Noten zum vierten Mal die Schule verlassen. Aus Angst vor der Rückkehr zu seiner hysterischen Mutter und seinem erfolgreichen Vater und auf der Suche nach menschlicher Zuwendung hält er sich drei Tage in New York auf. Dort besucht er auch seine Schwester.*

»Jedenfalls mag ich das jetzt«, sagte ich. »Also, jetzt im Moment. Hier mit dir zu sitzen und zu quatschen und rumzual...«
    »Das ist doch nichts *Rich*tiges!«
    »Doch, das *ist* was Richtiges! Und ob das was Richtiges ist!

Warum denn nicht, Mensch? Nie wird einem geglaubt, dass was was *Richtiges* ist. Das hab ich verflucht satt.«

»Hör auf zu fluchen. Na schön, dann sag was anderes. Sag was, was du gern *sein* würdest. Wie Wissenschaftler oder *Anwalt* oder was weiß ich.«

»Wissenschaftler könnte ich nicht sein. Ich bin nicht gut in Naturwissenschaften.«

»Na, dann Anwalt – wie Daddy und so.«

»Anwälte sind wohl schon in Ordnung – aber das reizt mich nicht«, sagte ich. »Also, die sind in Ordnung, wenn sie die ganze Zeit rumrennen und Unschuldigen das Leben retten und so Sachen, aber so Kram *macht* man eben nicht, wenn man Anwalt ist. Da macht man bloß einen Haufen Kohle und spielt Golf und spielt Bridge und kauft Autos und trinkt Martinis und sieht aus wie ein Spitzentyp. Und außerdem. Selbst wenn man *tatsächlich* rumrennen und Leuten das Leben retten würde und so, woher wüsste man, ob man es täte, weil man Leuten *wirklich* das Leben retten will, oder ob man es täte, weil man *eigentlich* ein irrsinniger Anwalt sein will, dem jeder im Gerichtssaal auf die Schultern klopft und gratuliert, wenn der verfluchte Prozess vorbei ist, die Reporter und alle, wie in diesen schmutzigen Filmen? Woher wüsste man denn, ob man nicht verlogen ist? Das Dumme ist, man wüsste es eben *nicht*.«

Ich bin mir nicht sicher, ob die gute Phoebe wusste, wovon ich überhaupt redete. Schließlich ist sie ja bloß ein kleines Kind und so. Aber wenigstens hörte sie mir zu. Wenn jemand wenigstens zuhört, ist es schon mal nicht schlecht.

»Daddy bringt dich um. Er bringt dich *um*«, sagte sie.

Aber ich hörte nicht zu. Ich dachte an etwas anderes – etwas Verrücktes. »Weißt du, was ich gern sein würde?«, sagte ich. »Weißt du, was ich gern sein würde? Also, wenn ich die verfluchte Wahl hätte?«

Verstehen und Deuten

*Robert Burns schottischer Dichter (1759–1796)*

»Was? Hör auf zu *flu*chen.«

»Du kennst doch das Lied ›Wenn einer einen fängt, der durch den Roggen kommt‹. Ich würde gern ...«

»Das heißt ›Wenn einer einen *trifft*, der durch den Roggen kommt‹«, sagte die gute Phoebe. »Das ist ein Gedicht. Von Robert *Burns*.«

»Ich *weiß*, dass es ein Gedicht von Robert Burns ist.« Aber sie hatte Recht. Es heißt *tatsächlich* »Wenn einer einen trifft, der durch den Roggen kommt«. Aber das wusste ich da nicht.

»Ich hab gedacht, es heißt ›Wenn einer einen fängt‹«, sagte ich. »Jedenfalls stelle ich mir dabei immer lauter kleine Kinder vor, die in einem großen Roggenfeld spielen und so. Tausende von kleinen Kindern, und niemand ist da – also, kein Großer –, nur ich. Und ich stehe am Rand eines verrückten Abgrunds. Und da muss ich alle fangen, bevor sie in den Abgrund fallen – also, wenn sie rennen und nicht aufpassen, wo sie hinlaufen, dann muss ich irgendwo rauskommen und sie *fangen*. Und das würde ich den ganzen Tag lang machen. Ich wär einfach der Fänger im Roggen und so. Ich weiß, es ist verrückt, aber das ist das Einzige, das ich richtig gern wäre. Ich weiß, es ist verrückt.«

## Arbeitsanregungen

1. Macht in eurer Klasse eine Umfrage und ermittelt, welche Gesichtspunkte euch bei der Berufswahl wichtig sind. Stellt die Ergebnisse in Listenform zusammen und vergleicht sie mit den Aussagen der jungen Erwachsenen, die in »Hab' keine Angst« zu Wort kommen (S. 238–241).

2. **a)** In Kafkas »Der Aufbruch« (S. 241) versteht der Diener die Reisepläne seines Herrn nicht. Was ist ihm unverständlich? Nenne drei Punkte.
   **b)** Stelle Vermutungen dazu an, welche Beweggründe der Ich-Erzähler für seinen Aufbruch hat.
   **c)** Beschreibe den »Aufbruch« als ein Gleichnis für die Situation, in der sich junge Erwachsene befinden.

3. **a)** Schreibe den Text »Colombin« (S. 242) so um, dass die Handlung in deiner eigenen Welt spielt.
   **b)** Welche Überschneidungen zwischen Colombins und Joshuas Lebensauffassung kannst du feststellen?

4. **a)** Der Held in »Der Fänger im Roggen« (S. 242–244) hat ähnliche Probleme und Visionen wie Joshua. Arbeite die Parallelen heraus. Verfasse ein Gespräch zwischen Joshua und Holden, in dem sich die beiden über ihre Probleme und Zukunftsvorstellungen unterhalten.
   **b)** Schreibe eines der Gespräche zwischen Joshua und seinem Vater (S. 96f., 109–111) so um, dass Joshua nicht frustriert, sondern ermutigt wird.

5. Lege dar, wie sich Benedikt, Biggi und Rainer ihre Zukunft vorstellen. Zeige auf, worin sich ihre Vorstellungen von denen Joshuas unterscheiden.

Verstehen und Deuten

Erwachsen werden – Krisen bewältigen

Shell Jugendstudie

**Verhalten Jugendlicher bei Problemen** ──── 2010

*Seit 1953 untersucht die Shell Jugendstudie umfassend die Einstellungen und Wünsche von Jugendlichen in Deutschland. Die unten stehende Grafik fasst die Ergebnisse der 16. Studie zu der Frage zusammen, was Jugendliche tun, wenn sie Probleme haben.*

**Was Jugendliche tun, wenn sie Schwierigkeiten oder große Probleme haben**
Jugendliche im Alter von 12 bis 25 Jahren (Angaben in %)

Vertraue mich einer Freundin/einem Freund an, um das Problem gemeinsam zu lösen
| 31 | 48 | 18 | 3 |

Mache etwas, das mir richtig Spaß macht, dann sieht die Welt schon wieder anders aus
| 10 | 45 | 34 | 11 |

Mache mir einen Plan, wie ich das Problem lösen kann
| 10 | 36 | 30 | 24 |

Lenke mich mit Fernsehen oder Computerspielen ab
| 5 | 28 | 40 | 27 |

Ziehe mich zurück, da ich doch nichts ändern kann
| | 11 | 39 | 48 |

Rauche oder trinke mehr Alkohol
| | 8 | 19 | 71 |

■ Immer   ■ Öfters   ■ Manchmal   ■ Nie

Robert Epstein
## Der Mythos vom Teenagergehirn _____ 2008

Zoff mit den Eltern, erhöhte Anfälligkeit für Depressionen, Selbstmordversuche, Drogenmissbrauch, Aggressivität und Neigung zu Straftaten – das alles scheinen typische und geradezu unvermeidliche Teenagerprobleme zu sein. Während die Schuld daran früher einem veränderten Hormonhaushalt angelastet wurde, haben Forscher in den letzten Jahren eine neue Erklärung für emotionale Probleme und verantwortungsloses Verhalten von Jugendlichen entdeckt: massive Umbau- und Reifungsvorgänge des Gehirns.

Diese Behauptung stützt sich auf verschiedene Studien zur Hirnaktivität und -anatomie bei Jugendlichen. Beispielsweise zeigten Untersuchungen mittels bildgebender Verfahren, dass Teenagergehirne bestimmte Aufgaben anders lösen als die von Erwachsenen. Doch spiegelt dies im Grunde nur eine viel umfassendere Vorstellung wider – nämlich jene, dass Jugendliche prinzipiell nur beschränkt leistungsfähig sowie von Natur aus verantwortungslos seien. […] Dem ist nicht so! Denn: Wäre die Adoleszenz ein generell auftretendes Entwicklungsphänomen, müssten wir diese Probleme überall auf der Welt antreffen. Tatsächlich sind sie jedoch fast ausschließlich auf westliche Industriegesellschaften beschränkt. 1991 fassten die Anthropologin Alice Schlegel […] und der Psychologe Herbert Barry […] sämtliche Forschungsergebnisse über Teenager in 186 vorindustriellen Gemeinschaften zusammen. Die wichtigsten Resultate:

- In mehr als der Hälfte der Gesellschaften zeigten junge Männer kein asoziales Verhalten, in den übrigen war es nur schwach ausgeprägt.
- Anzeichen für psychische Störungen wie etwa Depressionen fehlten nahezu vollständig.

*Adoleszenz*
Endphase des Jugendalters

*Anthropologie*
Wissenschaft, die sich mit dem Menschen und seiner Entwicklung beschäftigt

- Jugendliche verbrachten fast ihre gesamte Zeit mit Erwachsenen – und nicht vorwiegend mit Gleichaltrigen wie bei uns.
- Drei von fünf der untersuchten Kulturen kannten nicht einmal ein Wort für »Adoleszenz«!

[…] Passend zu diesen Beobachtungen beschreiben viele Historiker, dass die Jugendjahre während des überwiegenden Teils der Menschheitsgeschichte eine eher friedliche Zeit des Übergangs zum Erwachsensein darstellten. Jugendliche versuchten nicht, sich von den Volljährigen zu distanzieren, sondern bemühten sich vielmehr, selbst erwachsen zu werden. Einige Historiker […] weisen darauf hin, dass diese unruhige Phase ein sehr junges Phänomen ist, nicht viel älter als ein Jahrhundert.

[…] Der Aufruhr, den wir heute bei Jugendlichen beobachten, ist das Ergebnis einer künstlichen Verlängerung der Kindheit über das Einsetzen der Pubertät hinaus. Im Lauf des letzten Jahrhunderts haben wir unsere Jugend mehr und mehr

infantilisiert, indem wir immer ältere Heranwachsende noch wie Kinder behandeln und sie gleichzeitig von den Erwachsenen isolieren. [...] So lebt eine gigantische Industrie ausschließlich von Konsumprodukten für Jugendliche und versucht permanent, diesen künstlich geschaffenen Markt zu vergrößern: indem die Adoleszenzphase in der öffentlichen Wahrnehmung, etwa in der Werbung, immer weiter nach hinten geschoben wird, bis jenseits der dreißig. Doch füllen Popmusik, Markenfetischismus und Make-up, Computerspiele und andere Zeitvertreibe bei Heranwachsenden oft nur die innere Leere, die durch die beschriebene Infantilisierung erst hervorgerufen wird. Verstärkt wird der Effekt durch entsprechende Rollenvorbilder wie Popstars, sowie den Gruppendruck von Altersgenossen, die den gleichen Einflüssen ausgeliefert sind – ein Teufelskreis. [...]

*infantilisiert unselbstständig gemacht*

Verschiedene Untersuchungen [...] belegen: Jugendliche sind höchst kompetent, auch wenn sie das in der heutigen Umwelt oft nicht zeigen. Sie beherrschen eine ganze Reihe von anspruchsvollen Fähigkeiten praktisch genauso gut wie Erwachsene: Sie sind selbstständig, verantwortungsfähig, einfallsreich und sozial geschickt. [...]

Das Problem: Heutzutage sind Jugendliche in der Welt ihrer Gleichaltrigen gefangen. Sie lernen das meiste, was sie wissen, von anderen Teenagern, und nicht von Erwachsenen – die sie doch schon bald selbst werden sollen. Isoliert von älteren Vorbildern und fälschlicherweise wie Kinder behandelt, ist es kein Wunder, dass viele Jugendliche sich unbesonnen oder verantwortungslos benehmen. Doch wollen sie möglicherweise gerade durch dieses Verhalten ihren Erwachsenenstatus geltend machen. Umfangreiche Untersuchungen aus den USA und anderen Ländern zeigen, dass Teenager, die man wie Erwachsene behandelt, sich dieser Herausforderung fast übergangslos gewachsen zeigen.

Verstehen und Deuten

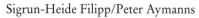

Sigrun-Heide Filipp/Peter Aymanns
## Lebensereignisse und Lebenskrisen _____ 2009

Was ist eine Krise? Der Begriff »Krise« leitet sich ab aus dem griechischen Wort »crisis« und bedeutet dort so viel wie Scheidung, Streit oder Entscheidung nach einem Konflikt. Seine etymologische Wurzel geht zurück auf das Wort »krinein« (= trennen) und verweist darauf, dass Krisen etwas mit der Unterbrechung von Gewohntem zu tun haben, also ein einschneidendes Geschehen beschreiben.

*etymologische wortgeschichtliche*

Wir begegnen dem Begriff »Krise« in vielen Bereichen: Die »Bankenkrise« und die »Finanzkrise« (oder gar »Weltwirtschaftskrise«) sind derzeit in aller Munde; man spricht von politischen und ökonomischen Krisen, von Versorgungskrisen, von Absatzkrisen, und zuweilen wirft man dem politischen Gegner vor, er rede die Krisen nur herbei. […] Schließlich ist und war vor allem in der Medizin die Rede von »Krise«, welche den Höhe- und Wendepunkt innerhalb eines Krankheitsverlaufs markiert, an dem sich die Frage »Tod oder Leben« entscheidet, wie dies bekanntlich schon für die Fieberkrise des Mittelalters gegolten hatte.

Gemeint ist der Wendepunkt in einem Entwicklungsgeschehen mit unsicherem Ausgang als konstituierendes Merkmal des Krisenbegriffs. […] Krise kennzeichnet den Zustand eines labilen Gleichgewichts und maximaler Unsicherheit, denn eine Prognose, in welche Richtung die Krise sich auflösen wird, ist auf ihrem Höhepunkt nicht möglich. Und obschon in dem Begriff »Krise« die Möglichkeit zu einer Wende zum Guten gleichermaßen mitgedacht ist wie die Wende zum Schlechten, ist in unserer Alltagssprache und auch im subjektiven Erleben von Menschen »Krise« mit einer starken negativen Wertung versehen. […]

*konstituierendes festsetzendes*

*labilen gefährdeten, unsicheren*

*subjektiven von persönlichen Gefühlen bestimmten*

Lebenskrisen sind zeitlich umgrenzte Situationen, in denen

Menschen mehr oder minder plötzlich erkennen, dass das Passungsgefüge zwischen ihnen und ihrer Umwelt nicht mehr gegeben ist, dass dieses Ungleichgewicht aber auch nicht durch einen einfachen »korrigierenden« Eingriff auf der einen oder anderen Seite rasch behoben werden könnte. Die Auseinandersetzung mit einem kritischen Lebensereignis droht dann in einen krisenhaften Verlauf einzumünden, wenn alle Versuche der Reorganisation der Person-Umwelt-Passung zu misslingen scheinen und auch der damit einhergehende negative Affekt nicht reguliert werden kann. Die Person gerät dann in den Teufelskreis einer wachsenden Einschränkung ihrer Handlungsmöglichkeiten und Problemlösefähigkeiten begleitet von einer zunehmenden emotionalen Destabilisierung:

[…] Von der anfänglichen Handlungserschwernis im Zuge eines belastenden Ereignisses geht es in einem nächsten Schritt über zu der Phase der Handlungsbeeinträchtigung, die – sofern sie nicht überwunden werden kann – nun in eine Phase der Desorientierung und damit in die Krise im engeren Sinne

*Reorganisation*
Neuordnung

Verstehen und Deuten

mündet. In dieser letzten Phase erleben Menschen eine tiefe Verunsicherung hinsichtlich dessen, was sie (letztlich) wollen und was sie nicht wollen und wie alternative Wege der Zielerreichung aussehen oder wie sie für sich ein »neues Leben« gestalten könnten. Auf der Verhaltensebene zeigt sich dies in desorganisierten und wenig koordinierten Verhaltensabläufen, häufig sind Überaktivität oder aber – im Gegenteil – Aktivitätshemmung, Apathie und tiefste Verzweiflung erkennbar. Gerade in diesem Stadium der Orientierungslosigkeit sind Menschen daher auch sehr empfänglich für Einflüsse von außen. […]

*Apathie Teilnahmslosigkeit*

Der Ausgang einer psychischen Krise ist (schon definitionsgemäß) offen: Ein positiver Ausgang meint, dass der Person in der Folge eines kritischen Lebensereignisses die Reorganisation des Passungsgefüges gelingt, dass sie die intensiven negativen Emotionen auf ein angemessenes und erträgliches Maß herunterregulieren kann, dass sie Phasen der Orientierungsunsicherheit oder des Orientierungsverlustes – und damit letztlich die Krise – konstruktiv überwinden kann. Dies mag zur Erweiterung ihres Handlungsspielraums führen, sie mag neue vertiefte Einsichten gewinnen, und vielleicht mag Krise in diesem Falle persönliches Wachstum vorantreiben und einen Zuwachs an Kompetenz und Weisheit mit sich bringen.

*konstruktiv sinnvoll aufbauend*

Eine Wende zum Schlechten heißt hier: Das Passungsgefüge zwischen Person und Umwelt, das der Person auf Dauer ihre körperliche und psychische Sicherheit garantieren könnte, kann nicht wiederhergestellt werden. […] In der Tat scheinen manche kritischen Lebensereignisse (wenn es sich z. B. um tiefgreifende Verluste oder traumatische Erfahrungen handelt) die Widerstandskraft der Betroffenen zu übersteigen und den betroffenen Menschen die Grenzen ihrer Bewältigungsfähigkeit auf dramatische Weise vor Augen zu führen.

## Arbeitsanregungen

1. Was sind deiner Meinung nach typische Verhaltensweisen von Jugendlichen? Vergleiche deine Beispiele mit denen, die Robert Epstein in seinem Artikel nennt (S. 247–249).

2. a) Formuliere in eigenen Worten, worin sich laut Epstein das Verhalten westlicher Jugendlicher von dem junger Menschen aus vorindustriellen Ländern unterscheidet.
   b) Inwiefern passen die Protagonisten aus dem Roman »Pille« in Epsteins Bild westlicher Jugendlicher?

3. Stelle die Gründe zusammen, die Epstein für das Verhalten Jugendlicher in Europa und Nordamerika anführt. Untersuche anhand von Beispielen, ob sich diese Gründe in der Handlung von »Pille« erkennen lassen.

4. In dem Roman »Pille« zeigen die jugendlichen Protagonisten immer wieder verantwortungsbewusstes Verhalten. Nenne Beispiele.

5. In seiner Analyse unterschlägt Epstein die schwierige Aufgabe Jugendlicher, ein Teil der Gesellschaft zu werden. Welchen Sinn hat deiner Meinung nach die »unruhige Phase« zwischen Kindheit und Erwachsenenalter?

6. a) Erkläre den Wortsinn des Begriffs »Krise«.
   b) Beschreibe die verschiedenen Phasen einer Krise (S. 250–252), indem du ein Fließdiagramm erstellst.
   c) Beziehe das Phasenmodell auf Joshuas Geschichte, indem du diese in entsprechende Schritte einteilst.

Verstehen und Deuten

Drogen, Sucht und Prävention

Stefan Hildebrandt

## Flatrate-Saufen, Kiffen und täglich härterer Stoff _____ 2009

Die alte weiß-graue Villa ist ein Idyll am Deich. Ein eigener Teich, Bäume, viel Grün. Schön ist es hier. Um 6.30 Uhr schrillt der Wecker. Aufstehen, spazieren gehen, Frühstück, Werken und Gestalten, Mittagessen, Putzen, Sport, Musik. Alltag für die 12- bis 18-Jährigen im »Come In«. Wer hierher kommt, überschritt die Höchstgeschwindigkeit jugendlichen Leichtsinns, hing an der Flasche, schluckte Pillen, kiffte, kokste. Das »Come In« ist eine Fachklinik und Betreuungseinrichtung für suchtkranke Jugendliche am Rand der Millionenstadt Hamburg. Andere in ihrem Alter machen Klassenfahrten, sie versuchen, in ein neues Leben ohne Drogen zu starten.

Am Anfang steht immer die Entgiftung. Da muss jeder durch, erzählt Stephanie (18): »Wir sind alle clean. Nur dann kommt man hier überhaupt rein.« Die Regeln sind klar und einfach. Ein, zwei Mal am Tag dröhnt ein großer Gong im ganzen Haus. Das bedeutet dann für alle: Versammeln! Egal, was man gerade tut. »Solche Treffen finden statt, wenn einer Scheiße baut, nicht mehr weiter weiß. Oder wenn man einen Rückfall hat«, sagt Jasmin (17). Zuletzt trank sie zwei Flaschen Wodka täglich. [...] Wegen Alkohol sind die meisten in der Gruppe hier. Offen sprechen sie darüber. Jeden Tag. Max (18): »Hier wissen wir eigentlich alles voneinander.« Er selbst fing im Alter von 12 mit dem Trinken an, soff sich über die Jahre fast zu Tode. Heute wundert er sich, wie einfach alles war: »Ich hole mir flaschenweise Whiskey aus dem Supermarkt. Niemand wollte wissen, warum ich den so oft hole. Und niemand wollte wissen, wie alt ich war.«

Sascha (18) kennt das. Und auch, wie es ist, wenn der Alkohol die Familie zerstört: »Bei den meisten Alkoholikern sind doch schon die Eltern Alkoholiker. Bei mir ist es mein Vater.« Mit 11 Jahren hatte Sascha seine erste Alkoholvergiftung. Und irgendwann gab es mehr Abstürze als klare Tage. Auch die Sicht der Dinge ändert sich, sagt er: »Irgendwann denkst du, dass alle nur trinken. Und irgendwann siehst du Bier nicht mehr als Alkohol. Sondern als das normalste Getränk der Welt.«

Bei Raffael (15) war es die Party-Droge Ecstasy, die ihn beherrschte. Er tat alles für den täglichen Rausch. Und irgendwie musste er an Geld rankommen. Er überfiel und beklaute Gleichaltrige, hatte Beschaffungs-Stress. Bis zu 350 Euro brauchte er zuletzt jeden Tag für die Sucht. Raffael: »Früher hätte ich damit geprotzt. Heute schäme ich mich ...« Markus (18) schaut ihn an, sagt: »Wir müssen uns nicht schämen. Denn hier haben wir unser Leben zumindest wieder selbst in der Hand.« [...] Was ist eigentlich schlimmer? Der Blick zurück oder der nach vorn? Stephanie: »Das weiß ich nicht. Ich weiß nur, dass man nicht einfach so süchtig wird. Dahinter steckt immer ein Grund, steht immer eine Geschichte.«

Flatrate-Saufen, Kiffen auf offener Straße, täglich immer härterer Stoff. [...] Fabian (18): »Es müssen mehr Therapieplätze her. Denn es sind viel mehr Jugendliche abhängig, als man glaubt.« Im »Come In« ist jeder sein eigener Anti-Drogen-Kämpfer. Wie soll man gegen die Sucht vorgehen? Max vertritt eine kompromisslose Meinung: »Junkies gehören von der Straße weg. Denn ohne Drogen gibt es weniger Probleme. Das ist einfach so.« Niemand in der Runde widerspricht. Boris fügt hinzu: »Jugendliche kommen viel zu schnell an Alkohol ran. Der Staat muss viel härter gegen Drogen durchgreifen. So, wie es jetzt läuft, wird man das nie in den Griff kriegen.«

Christian Lüscher
## Die Suchtfalle _____ 2009

Betrachten Sie einmal die oben abgebildete Landschaft. Hübsch, nicht wahr? Und so beruhigend! Ganz anders reagieren allerdings Kokainsüchtige auf diese Aufnahme: Ihr Puls steigt, die Hände werden feucht, es überkommt sie ein starkes Verlangen nach der Droge. Das beobachtete der Suchtforscher Daniele Zullino vom Genfer Universitätsspital bei mehreren Patienten, denen er das Bild zeigte.

Die Erklärung: Die in weißes Plastik gehüllten Heuballen erinnern Betroffene an eine übliche Verpackungsform von Kokain. In vielen Fällen reichen solche Bilder schon aus, um ein sehr starkes Verlangen nach dem Rauschgift auszulösen und damit unter Umständen sogar einen Rückfall zu provozieren. Das Experiment demonstriert das Grundproblem jeder Sucht: Bestimmte Assoziationen mit dem Drogenkonsum können zu einem Kontrollverlust führen und damit zu zwanghaftem Konsum. Oft ist diese Verknüpfung so tief eingebrannt, dass der Süchtige sie gar nicht mehr bewusst wahrnimmt. In Europa leiden 37 Millionen Menschen an einer substanzgebundenen Sucht; die häufigsten Drogen sind Nikotin, Alkohol, Kokain und Heroin. Hinzu kommen Millionen Spiel- oder Esssüchtige. Klinisch gesehen ist ihnen eines gemeinsam – der Kontrollverlust. Trotz negativer Auswirkungen ziehen die Betroffenen zwanghaft das Konsumieren einer Substanz oder ein bestimmtes Verhalten allen anderen Tätigkeiten vor. Eine vollständige Heilung ist bislang kaum möglich. […]

Um das Phänomen Sucht zu erfassen, muss man sich zunächst mit der grundsätzlichen Frage beschäftigen, was geschieht, wenn Menschen souveräne Entscheidungen treffen – denn bei Suchtkranken ist die Fähigkeit dazu stark beeinträchtigt. Tiere und Menschen besitzen zwei komplementäre Systeme der Entscheidungsfindung, die auch anatomisch in unterschiedlichen Teilen des Gehirns angesiedelt sind:

Eine **abwägende Entscheidung** hat das bestmögliche Ergebnis zum Ziel. Hierfür gilt es verschiedene Optionen zu vergleichen, was wiederum Zeit braucht. Diese Vorgehensweise ist sehr flexibel – das heißt, je nach den Bedingungen kann eine andere Wahl getroffen werden.

Beim **automatischen Entscheiden** führt ein Reiz zu einer sehr schnellen Reaktion. Dies hat den Vorteil, dass Handlungen unbewusst ablaufen. Man kann dann seine Aufmerksamkeit gleichzeitig auf andere Tätigkeiten richten – sich etwa am Steuer eines Autos mit dem Beifahrer unterhalten.

Verhaltensexperimente bei Ratten und Mäusen deuten darauf hin, dass süchtig machende Drogen diese beiden Systeme miteinander verknüpfen. Die Folge ist eine »Automatisierung« des Konsums: Man entscheidet sich nicht mehr willentlich für die Droge, sondern steht unter einem Zwang.

*substanzgebundene Sucht* auf Drogeneinnahme basierende Sucht, im Gegensatz zu z. B. Kaufsucht, Spielsucht

*komplementäre* das andere ergänzende *anatomisch* den Körperbau betreffend

Thomas Saum-Aldehoff
## Sucht – Krankheit oder Willensschwäche? _____ 2010

> *»Addiction –*
> *A disorder of*
> *choice«*
> engl. »Sucht –
> eine Störung der
> Fähigkeit, sich zu
> entscheiden«

Gene M. Heyman, forschender Psychologe an der Havard Medical School, vertritt in seinem Buch »Addiction – A disorder of choice« eine provokante These. Sucht ist nach seiner Überzeugung mitnichten eine Krankheit, und es sei falsch, sie als solche zu behandeln. Vielmehr sei Sucht eine Störung des willentlichen Entscheidungsverhaltens […].

[…] Ein zentraler Begriff im klassischen Modell der Suchtentstehung ist »Kontrollverlust«. Demnach spielt sich bei einer Suchtentwicklung in etwa Folgendes ab: Am Anfang steht eine freie Entscheidung: In gelöster Stimmung unter Freunden beschließt der Erstkonsument, nun auch einmal ein Gläschen, ein Pfeifchen, eine Linie, eine Pille zu probieren. Die Wirkung gefällt ihm außerordentlich, sodass er bei nächster Gelegenheit wieder zugreift. Und wieder. Mehr oder weniger schnell – abhängig von der jeweiligen Substanz und dem Konsumenten – kommt es dabei zu Gehirnveränderungen, die systematisch das Verlangen nach der Droge – das Craving, den »Saufdruck« – steigern. Irgendwann kommt dann der Punkt, an dem der innere Druck, zur Droge zu greifen, so groß geworden ist, dass der Betreffende selbst bei größter Willensanstrengung nicht dagegen ankommt: Aus dem Konsumenten ist ein Abhängiger geworden.

> *Craving*
> engl. »Drang,
> Verlangen«

So weit das Modell. »Viele Forscher und Kliniker erklären Sucht als eine Funktion von Craving«, schreibt Heyman – und er stimmt ihnen sogar ein Stück weit zu: Das körperliche und psychische Verlangen nach der Droge und die Entzugserscheinungen bei deren Absetzen machen es dem Konsumenten sehr schwer, davon loszukommen. In manchen Fällen vielleicht zu schwer, gesteht Heyman ein. Doch laut den Befunden großer epidemiologischer Studien […] schaffen es

> *epidemiologische*
> *Studien*
> Untersuchungen
> zu häufig auf-
> tretenden Krank-
> heiten

mehr als die Hälfte der Drogenabhängigen irgendwann in ihrem Leben, aus eigener Anstrengung von dem Suchtmittel loszukommen. Heyman behauptet keineswegs, dass das einfach ist – aber er sieht darin einen Beweis, dass Sucht nicht prinzipiell der Entscheidungsgewalt des Individuums entzogen ist. [...]

Wenn Sucht, wie Heyman postuliert, auf einem Systemfehler in der Logik menschlicher Entscheidungsfindung beruht, dann muss auch die Therapie genau hier ansetzen. Ziel muss sein, den unmittelbaren Belohnungswert des Suchtmittels herabzusetzen und die Perspektive auf mittelfristig lohnendere Alternativen zu lenken. Genau das geschieht nach Heymans Beobachtungen bei langjährigen Drogenkonsumenten, die es an einer bestimmten Stelle ihres Lebens aus eigener Initiative geschafft haben, von ihrer Sucht loszukommen. Die Anstrengung war oft ein Ergebnis veränderter Lebensumstände, die neue Perspektiven eröffneten: Ein Kind war unterwegs, eine neue Liebe oder eine berufliche Chance verhießen eine lohnenswerte Zukunft. Dem schnellen Lustgewinn durch die Droge konnte ein viel höherer langfristiger Gewinn entgegengesetzt werden. Die Lebensentscheidungen fügten sich mit einem Mal in einen breiteren Bezugsrahmen. [...]

Psychologische Drogentherapieprogramme basieren schon heute auf dem Prinzip, langfristige Ziele attraktiver zu machen, um dem flüchtigen Reiz des Suchtmittels widerstehen zu können. Zum Beispiel erhalten Patienten geldwerte Gutscheine von wachsendem Wert für jede weitere drogenfreie Woche. Sport, neue Hobbys, Unternehmungen, Sozialkontakte, Training gegen impulsive Entscheidungen: All das erweitert den eigenen Handlungsrahmen in Richtung Zukunft. Das Rad muss in der Drogentherapie also nicht neu erfunden werden – auch gerade dann nicht, wenn man Sucht den Krankheitsstatus abspricht.

Plakat einer Kampagne der Bundeszentrale für gesundheitliche Aufklärung

Philipp Wurm
## Pass auf, Pete! Eine Gratulation ———— 2007

Unter den verlorenen Seelen ist Pete Doherty die verlorenste. Er spritzt vor laufender Kamera Kokain. Wird mit Sicherheit sein nächstes Konzert absagen. Entflieht seiner Immer-mal-wieder-Freundin Kate Moss während des gemeinsamen Urlaubs in Thailand. Hat schon mehrere Entzugsversuche hinter sich. Und auf Fotos sieht er aus wie ein Zombie aus dem Gruselschocker »Dawn Of The Dead«: blasses, aufgedunsenes Gesicht, rot geränderte Augen, starrer Blick. Nur der schmierige Schweißschimmer auf seiner Haut kündet davon, dass in diesem Leib noch ein Herz pocht.

Ein Leib, über dem die Geier kreisen: Sie sind fasziniert von Dohertys Verfall, einer abschüssigen Bahn, scheinbar ohne Ausfahrt. Die Geier, das sind die Medien, von Klatsch bis Feuilleton, und die Fans, weiblich oder männlich, meist im

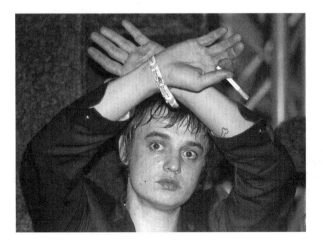

Werther-Alter, jung, orientierungslos und voller Lust aufs Kaputte. »Waiting For Pete Doherty To Die« – so heißt folgerichtig auch die aktuelle Hitsingle der jungen britischen Band »The Indelicates«. Nicht böse ist das gemeint, eher geht es um die nüchterne Beschreibung eines bizarren Kondolierens, zu dem der Anlass noch fehlt.

Doch seit dem heutigen Tag sprechen die Regeln des Rock'n'Roll-Mythos dafür, dass Doherty die Kurve kriegen wird. Er wird nämlich 28 Jahre alt und überwindet somit das für Rock'n'Roller kritische Alter. Mit 27 Jahren gingen die Musiker Brian Jones, Janis Joplin, Jim Morrison, Jimi Hendrix oder Kurt Cobain über den Jordan – ein prominenter body count, der dem Lebensalter seine mythische Aura verleiht. Doherty scheint jedoch zäher zu sein, als die Mythologie will: In seinem 28. Lebensjahr war er immun gegen den Exitus, egal, wie formvollendet er die Maximen Selbstzerstörung, Rausch und Entgrenzung auch befolgte. […]

Ein Pädagoge würde zu Pete Doherty sagen: Besinne dich auf dein künstlerisches Talent! Es würde sich so lohnen! Für dich und für all die Hörer da draußen, die dein Feuer vermissen! Gib die Drogen auf! Wir würden uns diesem Pädagogen anschließen und motivationsverstärkend rufen: Jetzt, da du die 27 hinter dir gelassen hast, stehen die Chancen gut wie nie! Lass die Geier nicht mehr kreisen, verscheuche sie, indem du nicht mehr nach Tod aussiehst!

Pete Doherty wäre dann kein am Abgrund taumelnder Desperado mehr, kein verruchter Anti-Held der Klatschspalten. Paparazzi würden von ihm ablassen, ebenso sinnsuchende kleine Mädchen. Und Kate Moss würde ihm womöglich für immer davonlaufen. Denn steckt in ihrer verzweifelten Liebe zu Doherty nicht auch etwas von der Lust am Morbiden und Hoffnungslosen?

Ein gesunder Pete Doherty würde schrumpfen – aber das macht nichts. Er wäre dann nämlich wieder Musiker, nicht mehr und nicht weniger: Er wird den Rock'n'Roll nicht neu erfinden, aber er wird seine Glut erhalten.

Plakat des Drogenpräventions-Projektes drugcom.de

Friedemann Holder/Ulrich Winckler
## Suchtprävention _____ 2011

Die Haltung in unserer Gesellschaft gegenüber Drogen ist widersprüchlich. Jugendliche sollen abstinent sein, während sich ihre erwachsenen Vorbilder zuprosten. Sie sollen auf keinen Fall Drogen nehmen, während sich die Stars, die sie bewundern, gerade durch einen lässigen Umgang mit Drogen auszeichnen. Suchtpräventionsprojekte wollen Jugendlichen helfen, sich in ihrer widersprüchlichen Situation zu orientieren.

Suchtprävention hat in der Schul- und Gesundheitspädagogik seit den späten 70er-Jahren immer mehr an Bedeutung gewonnen. Das hat einerseits mit der Erkenntnis zu tun, dass Sucht nicht nur an den gesellschaftlichen Rändern ein Problem ist, sondern in allen sozialen Schichten, andererseits mit den erheblichen Kosten, die die Therapie von Suchtkranken mit sich bringt. Die Suchtprävention hat drei Schwerpunkte:
– Vorbeugung durch Aufklärung bei Kindern und Jugendlichen,
– Beratung und Begleitung bei Gefährdeten, um eine Abhängigkeit zu vermeiden,
– Beratung, Begleitung und Therapie bei Abhängigen, um die Sucht zu überwinden und um Rückfälle zu vermeiden.

In den 70er- und 80er-Jahren war es das Ziel der Suchtprävention, das Risikoverhalten der Jugendlichen zu verändern, indem ihnen die drastischen Folgen des Drogenkonsums gezeigt wurden. Inzwischen weiß man, dass durch Abschreckung die Einstellung der Jugendlichen nicht nachhaltig beeinflusst werden kann. Suchtprävention zielt daher auf eine Immunisierung gegenüber Drogen, indem die Persönlichkeit der Jugendlichen gestärkt werden soll. Nicht Drogen-Vernei-

Postkarte des Drogenpräventions-Projektes drugcom.de

nung, sondern Lebensbejahung soll Jugendliche von dem selbstzerstörerischen Drogenkonsum abhalten. Drogenfreie Lebensstile sollen den Jugendlichen schmackhaft gemacht werden. Sportliche und künstlerische Aktivitäten, die eine Belohnung versprechen, spielen dabei eine wichtige Rolle.

Auch bei dem neuen Ansatz bleibt eine Frage ungelöst: Ist Abstinenz der einzige sichere Umgang mit Drogen, oder gibt es auch so etwas wie »kontrollierten Konsum«, den Jugendliche einüben müssen? Unterschiedliche Präventionsprogramme folgen hier unterschiedlichen Philosophien. Manche ermutigen Jugendliche, ihren Drogenkonsum zu senken oder einzustellen, anderen geht es vordergründig darum, sie aufzuklären und ihren Konsum unter Kontrolle zu halten, um sie vor Unfällen zu schützen.

Auch in der Arbeit mit ehemaligen Abhängigen gibt es beide Ansätze. Die Praxis zeigt, dass Drogentherapie nach beiden Modellen erfolgreich sein kann: Es gibt Betroffene, die über die Enthaltsamkeit ihren Weg heraus aus der Sucht finden, es gibt aber auch Konzepte, die »Rückfälle« einkalkulieren und mit den Betroffen einen »kontrollierten Konsum« einzuüben versuchen. Ein Großteil der Fachleute geht allerdings davon aus, dass für Jugendliche und junge Erwachsene die Abstinenz zunächst der einzig sinnvolle Weg ist.

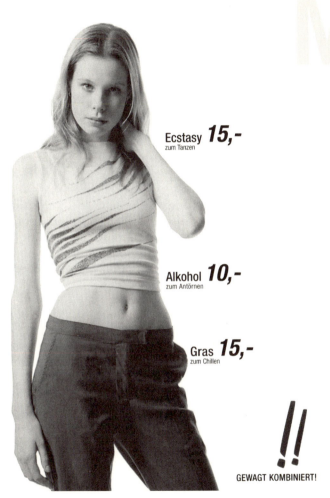

Postkarte des ELB-PEERS-Projekts in Hamburg

## Arbeitsanregungen

1. Wen oder was machen die Jugendlichen, von denen in dem Artikel »Flatrate-Saufen« (S. 254 f.) die Rede ist, für ihre Suchtprobleme verantwortlich?

2. Drogenabhängige können sich nicht unbefangen für oder gegen den Konsum von Drogen entscheiden. Erläutere Ch. Lüschers Erklärung für diesen Sachverhalt (S. 256 f.).

3. **a)** Vergleiche die Texte von Lüscher (S. 256 f.) und Saum-Aldehoff (S. 258 f.) und arbeite die jeweiligen Positionen heraus.
   **b)** Welche Gründe siehst du dafür, Sucht als Krankheit einzustufen? Belege deine Auffassung mit Argumenten.

4. Beziehe den Inhalt der beiden Artikel auf »Pille«: Inwiefern ist Joshua krank? Inwiefern ist er in seiner Entscheidungsfindung gehandicapt?

5. Erläutere anhand des Artikels »Pass auf, Pete!« (S. 261–263), wie der Drogenkonsum von Prominenten in der medialen Öffentlichkeit aufgegriffen wird. Wie erklärst du dir die Faszination der Medien für diese Fälle?

6. In dem Text auf S. 264–266 werden verschiedene Ansätze der Suchtprävention dargestellt. Beschreibe sie und entscheide, welchen du für sinnvoll erachtest.

7. **a)** Klärt in Gruppen, welche Botschaften die verschiedenen Plakate und Postkarten der Suchtpräventionsprojekte jeweils vermitteln. Seht ihr Unterschiede?
   **b)** Entwerft ein Logo oder ein Plakat für eine Kampagne.

## Sprachliche und erzählerische Gestaltung

Friedemann Holder

**Multiversum statt Universum. Zur Erzählstrategie der Multiperspektive** _____ 2011

Von Multiperspektive spricht man, wenn die Handlung eines Romans aus den Blickwinkeln verschiedener Romanfiguren dargestellt wird. Das kann entweder geschehen, indem ein allwissender Erzähler abwechselnd die Perspektive von verschiedenen Figuren übernimmt, oder indem verschiedene Figuren als Ich-Erzähler zu Wort kommen.

Multiperspektivische Verfahren kamen erstmals in den 1920er- und 1930er-Jahren auf. In verschiedenen Bereichen der Kunst hatten Künstler den Eindruck, eine einzige Perspektive reiche nicht aus, um die Welt angemessen darzustellen. Die Erkenntnis hatte sich durchgesetzt, dass es nicht den einen »richtigen« Blick auf die Realität gibt, dass sich Realität vielmehr aus der Vielzahl der Perspektiven zusammensetzt, die sich auf sie richten.

In den bildenden Künsten gab es in dieser Zeit eine Tendenz, verschiedene Perspektiven auf ein Objekt innerhalb eines Werkes darzustellen. Picassos Frauengesichter sind dafür prominente Beispiele (z. B. das »Bildnis Dora Maar« von 1937). Im Film war die Multiperspektive von Anfang an nicht wegzudenken. Beispielsweise wird ein Gespräch zwischen zwei Menschen konventionell mit der Schuss-Gegenschuss-Technik aufgenommen. Dabei sieht man den Sprecher jeweils aus der Perspektive des Zuhörers. Es würde unseren Sehgewohnheiten widersprechen, ein Gespräch aus nur einer Perspektive zu sehen.

Ähnlich wie in den bildenden Künsten hielt in der Literatur die Idee der Multiperspektive im Laufe der 1920er- und

Pablo Picasso:
Bildnis Dora Maar (1937)

1930er-Jahre Einzug. Die modernistischen Schriftsteller dieser Zeit wollten die Realität in ihrer ganzen Komplexität repräsentieren. Das schien ihnen nur möglich, indem sie die einheitsstiftende Idee eines Universums aufgaben und versuchten, die Vielstimmigkeit des »Multiversums« in Worte zu fassen. Ein prominentes Beispiel für Multiperspektive ist Virginia Woolfs Roman »Die Wellen« (1931). Aus der Perspektive von drei Mädchen und drei Jungen erzählt er die Geschichte von sechs Heranwachsenden und verfolgt ihre Schicksale bis ins Erwachsenenalter. Indem sich die sechs Figuren als Erzähler abwechseln, wird das komplizierte Beziehungsgeflecht zwischen ihnen offengelegt.

Ein nordamerikanisches Werk, das in diesem Zusammenhang oft erwähnt wird, ist William Faulkners »Als ich im Sterben lag« (1930). Faulkner lässt die verschiedenen Teilnehmer eines Leichenzugs zu Wort kommen und gibt dem Leser so die Gelegenheit, die verschiedenen Puzzleteile ihrer vernetzten Vorgeschichte zusammenzusetzen.

In der Popliteratur der 90er-Jahre wurde diese Erzählform wieder häufiger benutzt. Wahrscheinlich ging es auch hier darum, die Komplexität der Wirklichkeit zu zeigen. Beispielsweise erzählt Elke Naters in »Königinnen« (1998) die Geschichte einer Mädchenfreundschaft aus den Perspektiven der beiden Freundinnen und macht so die Widersprüche der Geschichten der beiden sichtbar. Alexa Hennig von Langes »Relax« (1997) ist nach einem ähnlichen Muster angelegt. Im Zentrum steht bei ihr allerdings eine Paarbeziehung. Zuletzt sind Sigrid Zeevaerts Jugendroman »Wer bin ich?« (2009) und Anna-Katharina Hahns »Kürzere Tage« (2009) mit multiperspektivischen Erzählverfahren aufgefallen.

Ulrich Winckler
### »Pille«. Aspekte der Erzählweise _____ 2004

Der Text besteht aus 62 einzelnen, episodenhaften Erzählungen und einer Leerstelle nach rund zwei Dritteln des Gesamttextes. Erzählt wird die Zeitspanne ab der Rückkehr Joshuas aus dem Entzug in der Klinik bis zum Ende des Schuljahres; der Zeitraum reicht also über den Tod der Hauptfigur hinaus. Durch mehrere kleine historische Verweise lässt sich die Zeit mit Ende August 1999 bis Juni 2000 recht genau angeben.

Die Geschichte des eigentlichen Protagonisten wird erzählt, ohne dass er selbst als Erzähler zu Wort kommt. Die Lesenden lernen Joshua also lediglich aus den Perspektiven anderer Figuren kennen, die ihm nahestehen. Dies sind im

Einzelnen: Vater, Mutter, Schwester, die Freundin Biggi, die Freunde Rainer und Benedikt, die ehemalige Freundin Ramona, die Klassenlehrerin Frau Schneider, der Gemeindepfarrer sowie der Kneipenbesitzer Future. So entsteht die Rekonstruktion der Geschichte in den Köpfen der Lesenden nur vermittels dieser zehn Figuren mit ihrem je eingeschränkten Wissen. Da die Figur, die jeweils erzählt, nicht vor den Abschnitten genannt wird, muss im ersten Schritt immer ermittelt werden, wer überhaupt erzählt.

Die Zeitsprünge zwischen den einzelnen Abschnitten sind unterschiedlich groß, manchmal liegt das Erzählte nahe beieinander, dann wieder entstehen größere zeitliche Lücken. Wichtige Ereignisse werden durch eine engere Abfolge der Episoden »dichter« gestaltet, insbesondere: das Picknick, das Entdecken Joshuas mit der Spritze in der Toilette, die Silvesterparty, die Beerdigung und der Brandanschlag. Erzählt wird vorrangig aus der Rückschau im Imperfekt. Das bedeutet, die Erzähler berichten nicht aus ihrer Gegenwart, sondern aus ihrer Vergangenheit. Erst am Schluss kommt die Geschichte in der Gegenwart des Erzählens an. Das wird besonders in der letzten Episode deutlich, die von Rainer erzählt wird: Die Geschichte kippt vom Imperfekt ins Präsens, plötzlich ist Rainer nicht nur als erzähltes Ich sichtbar (als Figur), sondern als erzählendes Ich (als Erzähler).

Metzler Lexikon Literatur

**Adoleszenzliteratur** _____ 2007

Adoleszenzliteratur, [lat. *adulescentia* = Jugend], Texte, in denen die physiologischen, psychologischen und soziologischen Aspekte des Heranwachsens, zumeist zwischen dem 12. und

18. Lebensjahr, thematisiert werden. Bereits im 18. Jh. treten mit Goethes »Die Leiden des jungen Werthers«, einzelnen Dramen des Sturm und Drang und Moritz' »Anton Reiser« Texte auf, in denen die Konsequenzen der Auflösung ständischer Vergesellschaftung und die Folgen für individualisierte Lebensläufe beschrieben werden: Generationskonflikte und Jungsein als selbst gestaltete Lebensphase mit Risiken wie Entwicklungspotenzialen zugleich. Autobiografie und Bildungsroman greifen verwandte Probleme sozialen Wandels und kultureller Neudefinition von Lebensphasen auf. Eine deutliche Umakzentuierung bringt die A. um 1900 mit Texten wie F. Wedekinds »Frühlings Erwachen«, H. Hesses »Unterm Rad« und R. Musils »Die Verwirrungen des Zöglings Törleß«. Die zumeist männlichen Protagonisten scheitern an den Anforderungen ihrer Erzieher, Jugend erscheint als Stadium fragiler Identität und einer von Elternhaus und Schule nur unzulänglich berücksichtigten Krise; allenfalls die Freundschaft mit Gleichaltrigen bietet ein Refugium. Nach 1945 wird mit J. D. Salingers »The Catcher in the Rye« (»Der Fänger im Roggen«) eine A. etabliert, die gegen unbefragte Rollenzuweisungen und standardisierte Lebensläufe protestiert. Die moderne A., die vielfach der Jugendliteratur zugerechnet werden kann, kennt – auch am Beispiel weiblicher Protagonistinnen – radikalen Protest und »Ausstieg« (Plenzdorf: »Die neuen Leiden des jungen W.«) ebenso wie Entdramatisierung des Generationenkonflikts, die Normalisierung der Spannung zwischen individuellem Anspruch und sozialen Realitäten und eine Vielfalt von Subjektkonzeptionen. Jungsein wird als generationsübergreifender gesellschaftlicher Imperativ gezeigt, Sinnperspektiven und zielgerichtete Lebensplanung erweisen sich als Ausnahmen (Z. Jenny: »Das Blütenstaubzimmer«).

*Vergesellschaftung*
Vereinigung zu einer Gemeinschaft

*F. Wedekind*
Frank Wedekind (1864–1918), deutscher Schriftsteller
*H. Hesse*
Hermann Hesse (1877–1962), deutscher Schriftsteller
*R. Musil*
Robert Musil (1880–1942), österreichischer Schriftsteller
*fragiler*
zerbrechlicher
*Refugium*
Rückzugsort, hier: Rückhalt
*Subjektkonzeption*
Entwurf zum Mensch-Sein
*gesellschaftlicher Imperativ*
Forderung der Gemeinschaft
*Z. Jenny*
Zoë Jenny (*1974), Schweizer Schriftstellerin

## Arbeitsanregungen

1. In dem Text »Multiversum statt Universum« (S. 269–271) wird die Geschichte der Multiperspektive nachgezeichnet. Erkläre den Begriff »Multiperspektive« und nenne einige Gründe, die Schriftsteller dazu bewogen haben, diese Technik zu benutzen.

2. Das Prinzip »Multiperspektive« spielt in vielen Kunstwerken eine Rolle. Kennst du selbst weitere Beispiele?

3. Erkläre das Prinzip der Multiperspektivität anhand des Romans »Pille«. Was könnte Uwe Britten dazu bewogen haben, diese Erzähltechnik anzuwenden? Vergleiche deine Vermutungen mit Brittens Interview-Aussagen zur Entstehung des Romans (S. 233–236).

4. **a)** In dem Lexikonartikel zur Adoleszenzliteratur (S. 272 f.) wird ein Romantyp dargestellt, der sich durch bestimmte Komponenten auszeichnet. Zähle sie auf.
   **b)** Erörtere, inwiefern sich der Roman »Pille« der Adoleszenzliteratur zuordnen lässt.

# Wirkung und mediale Gestaltung

Mareike Gilow, 16 Jahre
**Uwe Britten: »Pille«. Buchtipp** ─────────── 2005

Nachdem Joshua, der von seinen Freunden Pille genannt wird, eine Entzugsklinik besucht hat, kommt er zurück nach Hause und denkt, er könne ganz einfach wieder zur Schule gehen und sein Leben leben – so wie es vor den Drogen war. Doch da hat Pille sich getäuscht! Seine Familie und seine Freunde stehen hinter ihm, doch auch mit ihrer Unterstützung muss er schwierige Hürden nehmen, die nicht zu schaffen scheinen.

Es fängt damit an, dass Pille eine Nachprüfung für die Schule machen muss, da er durch die Zeit in der Klinik viel Unterricht verpasst hat. Alles läuft gut und Pille kann in seiner Klasse bleiben, worüber er sehr glücklich ist. Denn dort sind seine Kumpels, und auch die anderen Klassenkameraden verhalten sich ihm gegenüber ganz normal. Pille scheint nach außen hin wieder mitten im Leben zu stehen – doch es geht ihm nicht gut. Seine Freunde sieht er nur noch selten, weil er viel lernen muss und sie immer noch Drogen nehmen und auf ihre Partys gehen. Seine Freundin sieht er auch nur noch manchmal. Keiner von beiden weiß, ob sie noch zusammen sind oder nicht. Denn die beiden reden nicht viel und wenn, dann nur darüber, dass Pille seine Beruhigungspillen vom Arzt nicht reduzieren will. Er hat einfach riesige Angst davor, erneut Ausbrüche zu bekommen und jemandem weh zu tun. Aus dieser Angst heraus tut er sich mit den schlimmsten und dreckigsten Dealern aus der ganzen Umgebung zusammen, und als Pille dann auf die Hilfe von seinen Freunden angewiesen ist, sind diese alle nicht da. Das hat tragische Folgen für ihn …

Das Thema des Buches ist sehr interessant und aktuell. Heutzutage gibt es viel zu viele Drogenabhängige, die zwar zum Entzug gehen, aber dann nicht wieder ins Leben zurückfinden. In diesem Buch kann man sehr gut sehen, was für Probleme auch nach dem Entzug noch auf einen zukommen können. Allerdings ist hier die Erzählperspektive nicht ganz so gut gelungen. Die Idee, Pilles Leben nach dem Klinikaufenthalt von anderen – also seinen Freunden, der Familie – erzählen zu lassen, ist zwar originell, doch man weiß am Anfang des Buches oft nicht, wer nun spricht. Das liegt zum einen daran, dass man die Personen und die Beziehungen zu Pille noch nicht kennt, es liegt aber auch daran, dass die Kapitel nicht lang genug sind, um erkennen zu können, wer dort spricht. Dennoch ist das Schicksal des Protagonisten so tragisch, dass es den Leser emotional anspricht und man noch lange darüber nachdenkt, warum es für Pille nun so enden musste.


Barbara Fischer

**Rezension zu Uwe Brittens »Pille«** _____ 2004

Als Joshua, genannt Pille, aus dem Drogenentzug zurückkommt, glauben alle, dass er es geschafft hat. Er bleibt clean, absolviert seine Nachprüfung in der Schule und selbst eine Lehrstelle ist in Aussicht. Doch Pille kämpft vergebens gegen das Chaos in seinem Kopf. Wahnvorstellungen, eine Psychose als Spätfolge seines Drogenkonsums, machen ihm zu schaffen. Er hat Angst, nicht nur vor seinen »Gespenstern«, sondern auch vor dem ganz realen Alltag. Orientierungslos sucht er einen Sinn, eine Aufgabe in seinem Leben. Die Katastrophe bahnt sich an und Pilles Leben endet durch eine bewusst genommene Überdosis. Jetzt erst erkennen Freunde und Familie die Zeichen, die ihnen Joshua in seiner Verzweiflung gesendet hat. Es ist zu spät.

Uwe Britten, der sich in mehreren Büchern mit schwierigen Themen [des Erwachsenwerdens] auseinandergesetzt hat, lässt durch ständig wechselnde Blickwinkel ein Puzzle entstehen, das nach und nach das Bild eines zutiefst verzweifelten Jugendlichen enthüllt. Joshuas Freundin, seine Kumpels, der Pfarrer, die Lehrerin und seine Familie erzählen aus ihrer Perspektive von den Begegnungen der letzten Tage und erst langsam begreift auch der Leser die Gefahr, in der Joshua schwebt. Hätte ihm jemand helfen können, oder war Joshua einfach zu sensibel für diese Welt, wie seine Mutter behauptet? Die wechselnde Erzählperspektive verlangt vom Leser Konzentration und Aufmerksamkeit. Bei jedem Abschnitt gilt es zu überprüfen, in welchem Verhältnis der Erzähler zu Joshua steht. Eine Frage, die sich auch die Hauptperson immer wieder stellt. Das Jugendbuch über einen verzweifelten Jugendlichen ist nicht nur der Bericht über eine Drogenkarriere, es versucht auch Sensibilität für versteckte Hilferufe zu wecken und lässt einen etwas verunsichert und hoffentlich nachdenklich gewordenen Leser zurück.

Carmen Gräf

## Endstation (Sehn)sucht: Uwe Brittens Roman »Pille« als Live-Hörspiel ———————— 2010

*Leer*
Kleinstadt in Ostfriesland

Beklemmende Stille im Kulturspeicher Leer. Gerade ist Pille gestorben. Pille, der eigentlich Joshua heißt, ist die Hauptfigur aus Uwe Brittens gleichnamigem Roman. Das Duo »Die Klangschürfer«, bestehend aus dem Lübecker Schauspieler Rainer Rudloff und dem Berliner Komponisten und Sounddesigner Martin Daske, hat »Pille« nun erstmals als Live-Hörspiel inszeniert. Die Künstler wollen damit eine Drogenpräventions-Tour durch Deutschlands Schulen starten. Der Auftritt am 6. Mai 2010 vor rund 100 Schülerinnen und Schülern der 8. und 9. Klasse der Möörkenschule Leer war der Auftakt.

Als Joshua, genannt Pille, aus der Klinik zurückkommt, wo er nach einem Ecstasy-Trip gelandet war, ist nichts mehr wie vorher. Der früher so aufgekratzte Partygeher wirkt nun ernster und nachdenklicher, aber auch zunehmend isolierter. Trotzdem besteht er die Nachprüfung für die Schule und hat sogar eine Lehrstelle in Aussicht. Doch was wirklich mit Pille los ist, begreift keiner, bis es schließlich zu spät ist.

[...] »Pille« spielt wie auch die anderen Jugendromane von Uwe Britten an der Schwelle vom Jugend- zum Erwachsenenalter, wo es vor allem darum geht, die eigene Identität zu festigen, die Verantwortung für den Fortgang des eigenen Lebens zu übernehmen, d. h. die Fremdbestimmung durch Eltern und andere Erziehungspersonen durch eine Selbstbestimmung abzulösen. Das bedeutet auch, eher »kindliche« Wunschwelten stärker an die gesellschaftliche Realität anzupassen, ohne freilich Wünsche, Visionen und Utopien völlig aufzugeben.

[...] Durch die eindringliche Gestaltung der Rollen zieht

Rainer Rudloff

der Schauspieler Rainer Rudloff die Zuhörer von der ersten Minute an in das Geschehen hinein. Es ist das Beste, was diesem Werk passieren kann: Es erhält eine Unmittelbarkeit und Lebendigkeit, der sich die Zuhörer kaum entziehen können.

Die Soundscapes des Komponisten Martin Daske wirken auf subtile und untergründige Weise, seine musikalische Umsetzung der Pillen-Trips ist verstörend fremdartig, verlockend und intensiv. Daskes Vertonung entspricht der Intention des Buches – er nimmt die Schülerinnen und Schüler für voll, in ihrer künstlerischen Wahrnehmungsfähigkeit, in ihrer Begabung zu Niedertracht und Mitgefühl.

Es wurde eine eindringliche Vorstellung in Leer. Im Anschluss daran diskutierten die Schülerinnen und Schüler noch sehr angeregt mit Martin Daske, Rainer Rudloff und dem Autor Uwe Britten. Gut denkbar, dass die Diskussion im Schulhof und Lehrerzimmer wohl noch eine ganze Weile weiterging.

*Soundscapes* engl. »Klanglandschaften«

## Wie entsteht ein HörSpielBuch? Fragen an die »Klangschürfer« Martin Daske und Rainer Rudloff

*Friedemann Holder:* In Ihrer bisherigen gemeinsamen Arbeit haben Sie zu einer ganzen Reihe von klassischen Stoffen Hörspielfassungen erarbeitet und eingespielt, zu »Der Herr der Ringe« und »Winnetou« etwa. Aber auch moderne Romane kommen bei Ihnen zum Zug, wie »Per Anhalter durch die Galaxis«. Wie muss eine literarische Vorlage beschaffen sein, dass Sie für Ihre Arbeit interessant ist?

*Martin Daske:* Grundsätzlich sollte der Stoff für mich eine Herausforderung sein und keinesfalls dazu führen, dass mein Part der Umsetzung in Richtung Illustration oder pure Begleitung abrutscht. Der große Reiz bestand zum Beispiel bei »20 000 Meilen unter dem Meer« für mich darin, eine geheimnisvolle Unterwasserwelt zu schaffen, die ich dann auf verschiedenste Art mithilfe von verfremdeten Geräuschen realisiert habe.

*Rainer Rudloff:* Was mich angeht, müssen die ausgewählten Texte ein gewisses sprachliches Niveau haben. Da meine Spezialität der schnelle Rollenwechsel ist, und ich vom Schauspielfach komme, sind zudem Texte dann ideal zur Gestaltung geeignet, wenn Sie entweder viele verschiedene Rollen bieten (so z. B. beim »Anhalter«) oder aus wechselnder Ich-Perspektive erzählt werden wie »Dracula«, »Fräulein Smillas Gespür für Schnee« und »Pille«. Diese Perspektive ermöglicht mir eine intensive emotionale Gestaltung, von der natürlich ein wichtiger Teil der Faszination seitens des Publikums ausgeht.

*Holder:* Auf dem Cover Ihrer CD steht »HörSpielBuch«. Was hat es damit auf sich?

*Daske:* Beim Hörbuch gibt es einen Intro, einen Sprecher, der ein Buch liest und bestenfalls noch ein wenig Begleitmusik. Beim Hörspiel gibt es mehrere Sprecher, die wie Schauspieler in die Rolle der Figuren schlüpfen. Außerdem gibt es Geräusche, Atmo. Wir liegen genau dazwischen.

*Holder:* Offenbar eignet sich »Pille« für eine akustische Umsetzung. Was genau macht den Roman zu einer guten Hörspiel(buch)-Vorlage?

*Daske:* Mich hat an dem Buch besonders gereizt, dass ich aufgrund der Erzählstruktur, aufgrund der verschiedenen Erzählperspektiven, vielfältige abstrakte, musikalische Räume schaffen konnte, und mich nicht auf illustrierende Klänge beschränken musste.

*Rudloff:* Sehr spannend an diesem Jugendbuch ist die Darstellung aus der wechselnden Ich-Erzähler-Perspektive aller Personen aus Joshuas Umfeld. Zugleich ist die emotionale Eindringlichkeit sehr groß. Beides hatte mich beim Lesen sofort angesprochen.

Cover des HörSpielBuchs zu »Pille«

*Holder:* In Ihrer Aufnahme wird natürlich nicht der ganze Romantext gesprochen. Wie viel Prozent des Textes beinhaltet Ihre Version?

*Rudloff:* Vom Originaltext konnten wir noch ungefähr ein Drittel erhalten.

*Holder:* Wie kommen Sie zu Ihrer Kurzfassung? Welche Kriterien spielen da eine Rolle? Ist es wie im Deutschunterricht bei der Inhaltsangabe – man lässt das Unwichtige weg?

*Rudloff:* Der Vorgang des Kürzens ist in erster Linie ein handwerklicher, gleichzeitig aber auch immer ein künstlerischer. Man muss um die Gesetzmäßigkeiten der Dramaturgie und des Spannungsaufbaus wissen, denn man nimmt durch Schwerpunktsetzung Einfluss auf die Gesamtaussage des Stoffs. Hierbei gilt es, großes stilistisches, sprachliches und dramaturgisches Feingefühl zu beweisen. Meine Vorgaben beim Kürzen sind immer: Erhalte so viel wie möglich vom Stil und der ursprünglichen Intention des Autors.

*Holder:* Entstehen bei dieser komplexen Adaptionsarbeit auch Textpassagen oder Sätze, die nicht im Original vorkommen, oder ist der ganze Sprechtext tatsächlich aus dem Romantext destilliert?

*Rudloff:* In dem kompletten CD- bzw. Live-Text kommen vielleicht drei Sätze vor, die ich selbst »gestrickt« habe, um lange, retardierende Passagen zu ersetzen, ohne die Inhalte wegfallen zu lassen.

> *retardierende*
> verzögernde

*Holder:* Wenn ich das richtig überblicke, sind alle Erzählfiguren erhalten geblieben – außer Ramona.

*Rudloff:* Auch der Pastor fehlt. Jede Erzählfigur braucht in diesem Buch eben eine eigene Exposition. Das braucht Zeit, die im Hörspiel nicht unendlich zur Verfügung steht.

> *Exposition*
> Einführung

*Holder:* Den Spannungsverlauf erlebt man bei Ihrer Version viel unmittelbarer als beim Lesen. Ich beobachte zum Beispiel, dass Sie den Bereich, den man als Wendepunkt bezeichnen könnte, besonders verdichtet haben. Da geht es Schlag auf Schlag.

*Rudloff:* Die Verdichtung zur Mitte bzw. nach ca. zwei Dritteln der Geschichte haben Sie richtig wahrgenommen. Dieser Spannungsverlauf ergibt sich zwangsläufig aus der Struktur des Romans. Wir haben zunächst einen sehr langen, mäßigen Spannungsanstieg: Zunächst müssen alle Figuren eingeführt werden, ihr Ton muss etabliert werden etc. Aber dann steigt die Kurve rasant: Es kommt die Situation in der Toilette, dann die Schilderung seines ersten Horrortrips und schließlich in einer Art Anti-Klimax Joshuas Tod. Uwe Britten versteht es meisterlich, seine Leser unvorbereitet ins blanke Entsetzen zu stürzen. Dieses Prinzip haben wir in unserer Vertonung aufgegriffen und ausgebaut, z. B. im Entsetzensschrei der Mutter.

*Holder:* Sie sagten eingangs, es sei Ihnen wichtig, bei einem solchen Projekt nicht lediglich Begleitmusik zu spielen. Vielmehr soll der Sound ein gleichrangiger Partner des Textes sein. Wie entsteht eine solche Text/Klang-Partnerschaft?

*Daske:* Die Herangehensweise bei »Pille« z.B. war die, dass ich für jede Figur eine bestimmte Klangfläche haben wollte. Da ich auf der anderen Seite nicht ins »Leitmotivische« geraten wollte, wechseln die Klangflächen dann häufiger die Figuren und unterstützen oder konterkarieren die Stimmung der jeweiligen Situation. Manchmal nehme ich die Musik auch ganz zurück, z.B. in der Szene, in der die Mutter Joshua im Keller findet, und lasse nur einen undefinierten sehr tiefen geräuschhaften Sound stehen, der, glaube ich, ein leichtes Unbehagen erzeugt.

**konterkarieren** entgegenwirken

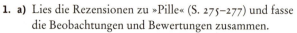

**Arbeitsanregungen**

1. **a)** Lies die Rezensionen zu »Pille« (S. 275–277) und fasse die Beobachtungen und Bewertungen zusammen.
   **b)** Bist du mit den Aussagen der Texte einverstanden? Begründe deine Ansicht.

2. Verfasse eine eigene Rezension zu »Pille«. Fasse kurz zusammen, worum es in dem Buch geht, und beschreibe anschließend, was dir gut und was dir nicht gefallen hat. Begründe dein Urteil. Bei www.amazon.de kannst du deinen Text veröffentlichen.

3. Höre dir das HörSpielBuch zu »Pille« an. Beschreibe die Veränderungen, die der Medienwechsel mit sich bringt.

4. Carmen Gräf hebt in ihrer Besprechung des Auftritts in Leer (S. 278 f.) die Leistung der »Klangschürfer« besonders hervor. Wie beschreibt sie ihre akustische Umsetzung des Romans?

5. In dem Interview »Wie entsteht ein HörSpielBuch?« schildern die »Klangschürfer« den langen Weg vom Roman zum HörSpielBuch. Zeichne ihn nach.

# Textquellen

Artikel »Adoleszenzliteratur«. Aus: Metzler Lexikon Literatur. Begriffe und Definitionen. Begr. von Günther und Irmgard Schweikle. Hrsg. v. Dieter Burdorf, Christoph Fasbender und Burkhard Moennighoff. 3., völlig neu bearbeitete Aufl. Stuttgart/Weimar: Verlag J. B. Metzler 2007. © 2007 J. B. Metzler'sche Verlagsbuchhandlung und Carl Ernst Poeschel Verlag GmbH in Stuttgart. S. 5 f.

*Bichsel*, Peter: Colombin. Aus: P. B.: Amerika gibt es nicht. Aus: P. B.: Kindergeschichten. 9. Aufl. Darmstadt und Neuwied: Luchterhand 1973. S. 43 f.

*Britten*, Uwe: Lebenslauf. © Uwe Britten, Geisfeld. www.textprojekte.de/britten.html.

*Britten*, Uwe/*Holder*, Friedemann: »Nicht gelesen. Null.« Interview. Originalbeitrag.

*Britten*, Uwe/*Holder*, Friedemann: »Das ist der Richtige.« Interview. Originalbeitrag.

*Epstein*, Robert: Der Mythos vom Teenagergehirn. Aus: Gehirn&Geist. Heft 1/2, 2008. S. 24–29.

*Filipp*, Sigrun-Heide/*Aymanns*, Peter: Lebensereignisse und Lebenkrisen. Aus: S.-H. F./P. A.: Kritische Lebensereignisse und Lebenskrisen. Vom Umgang mit den Schattenseiten des Lebens. Stuttgart: Kohlhammer 2009. S. 13–15.

*Fischer*, Barbara: Rezension zu Uwe Brittens »Pille«. Aus: ÖBiBkompakt. Heft 2/2004. S. 72.

*Gilow*, Mareike: Uwe Britten: »Pille«. Buchtipp. 2005. Aus: www.familienwelt.de. Redaktion: Cordula Zastera, Bönningstedt.

*Gräf*, Carmen: Endstation (Sehn)sucht: Uwe Brittens Roman »Pille« als Live-Hörspiel. © Carmen Gräf, Berlin.

*Hildebrandt*, Stefan: Flatrate-Saufen, Kiffen und täglich härterer Stoff. Aus: BILD HAMBURG vom 20. 5. 2009. BILD.DE – Stefan Hildebrandt.

*Holder*, Friedemann/*Winckler*, Ulrich: Suchtprävention. Originalbeitrag.

*Holder*, Friedemann: Multiversum statt Universum. Zur Erzählstrategie der Multiperspektive. Originalbeitrag.

*Kafka*, Franz: Der Aufbruch. Aus: F. K.: Sämtliche Erzählungen. Hrsg. von Paul Raabe. Frankfurt/M.: Fischer 1981. S. 321.

*Lauenstein*, Mercedes: Hab' keine Angst. Aus: Jetzt. Jugendmagazin der Süddeutschen Zeitung vom 13. 3. 2011.

*Lüscher*, Christian: Die Suchtfalle. Aus: Gehirn&Geist. Heft 12/2009. S. 48–52.

*Salinger,* Jerome D.: Der Fänger im Roggen (Auszug). Deutsch von Eike Schönfeld. Rowohlt Taschenbuch Verlag 2004. S. 218–220. © 1965 Verlag Kiepenheuer & Witsch, Köln.
*Saum-Aldehoff,* Thomas: Sucht – Krankheit oder Willensschwäche? Aus: Th. S.-A.: Sucht ist eine Krankheit – wirklich? Aus: Psychologie heute. Heft 12/2010. S. 68–73.
*Shell Jugendstudie:* Verhalten Jugendlicher bei Problemen. Aus: Deutsche Shell Holding GmbH (Hrsg.): Jugend 2010. 16. Shell Jugendstudie. Frankfurt/M.: Fischer 2010.
*Winckler,* Ulrich: »Pille«. Aspekte der Erzählweise. Aus: U. W.: Lehrerbegleitheft zu: Uwe Britten: Pille. Bamberg: PALETTE verlag 2004. S. 15 f.
Wie entsteht ein HörSpielBuch? Fragen an die »Klangschürfer« Martin Daske und Rainer Rudloff. Originalbeitrag.
*Wurm,* Philipp: Pass auf, Pete! Eine Gratulation. Aus: Süddeutsche Zeitung vom 12.3.2007.

## Bildquellen

*Seite 227:* Uwe Britten. © Uwe Britten, Geisfeld.
*Seite 231:* Uwe Britten. © Uwe Britten, Geisfeld.
*Seite 238, 239, 240:* Fotos: Juri Gottschall, München.
*Seite 248:* fotolia.com, New York. Foto: © absolut.
*Seite 251:* fotolia.com, New York. Foto: © Jürgen Fälchle.
*Seite 256:* ddp images, Hamburg. Foto: dapd/Timm Schamberger.
*Seite 260:* »Kenn dein Limit«. © Bundeszentrale für gesundheitliche Aufklärung, Köln.
*Seite 261:* Pete Doherty. ddp images, Hamburg. Foto: AP.
*Seite 263:* »besoffen, verstrahlt, bekifft, verpeilt«. Abdruck mit freundlicher Genehmigung und Unterstützung der Bundeszentrale für gesundheitliche Aufklärung, Köln/www.drugcom.de.
*Seite 265:* »Quit the Shit«. Abdruck mit freundlicher Genehmigung und Unterstützung der Bundeszentrale für gesundheitliche Aufklärung, Köln/www.drugcom.de.
*Seite 267:* »Gewagt kombiniert«. Abdruck mit freundlicher Genehmigung des Büros für Suchtprävention der Hamburgischen Landesstelle für Suchtfragen.
*Seite 270:* Pablo Picasso: Bildnis Dora Maar, 1937. Artothek, Weilheim. © Peter Willi/VG Bild-Kunst, Bonn 2011.
*Seite 279:* Rainer Rudloff. © Rainer Rudloff, Lübeck.
*Seite 281:* Cover zu: Uwe Britten: Pille. HörSpielBuch. Braunschweig: Schroedel 2011. Covergestaltung: Frank Schliebener, Berlin.

## Anmerkungen

S. 15
**Zugunglück in Eschede** Am 3. Juni 1998 entgleiste in der norddeutschen Stadt Eschede ein ICE. Es kamen 101 Menschen ums Leben.

S. 15
**Kosovo-Krieg** Um das Kosovo vor dem Terror des Milošević-Regimes zu schützen, bildete sich 1999 eine NATO-Koalition, die auf serbischem Boden einen fast drei Monate dauernden Krieg führte, an dessen Ende das Kosovo wieder eine autonome Provinz war. Inzwischen wurde das Kosovo von vielen Ländern als souveräner Staat anerkannt.

S. 35
**Film** Hier: veränderte Wahrnehmungen und Vorstellungen nach der Einnahme von Drogen, andere Bezeichnung für »Trip«.

S. 37
**Horrortrip** Angstbesetzte Wahrnehmungen und Vorstellungen nach der Einnahme von Drogen, oft verbunden mit Bedrohungsgefühlen und Verfolgungswahn.

S. 41
**Speed** Mischung aus synthetisch hergestellten Substanzen (Amphetamin, Methamphetamin, Ephedrin, Coffein), die extrem aufputschend wirkt.

S. 41
**LSD** Abkürzung für »Lysergsäuredimethylamid«; eine Droge, die Halluzinationen hervorruft.

S. 41
**Blech** Hier: Aluminiumfolie, deren Oberfläche mit Heroin beschichtet ist. Die Folie wird erhitzt und der entstehende Dampf mit einem Röhrchen inhaliert.

S. 41
**Line** Engl. »Linie«, hier: eine Linie Kokain, die mithilfe eines Röhrchens inhaliert wird.

S. 70
**Ko-Abhängigkeit** Ein Beziehungsmuster zwischen Drogenabhängigen und ihren Bezugspersonen, bei dem die Bezugspersonen vom Drogenkonsum der Abhängigen in Mitleiden-

schaft gezogen werden und ihr Verhalten dem Suchtverhalten der Abhängigen anpassen.

S. 70

**Abstinenzler** Menschen, die bestimmte Drogen grundsätzlich nicht einnehmen; ursprünglich nur auf Alkohol bezogen.

S. 78

**Psychose** Ein psychischer Zustand, der sich durch Wahnvorstellungen und Halluzinationen auszeichnet. Psychosen können durch übertriebenen Drogenkonsum ausgelöst werden (sogenannte »drogeninduzierte Psychosen«).

S. 84

**Damoklesschwert** Der Tyrann Dionys I. von Syrakus ließ über dem Kopf von Damokles ein Schwert an einem Pferdehaar aufhängen, um ihm die ständige Bedrohung des Glücks zu zeigen. Im übertragenen Sinn wird das »Damoklesschwert« oft genannt, wenn eine ständige Gefahr beschrieben wird, von der jeder Zeit ein Vernichtungsschlag ausgehen könnte.

S. 100

**Neuroleptika** Medikamente, die auf die Wahrnehmung und die innere Reizverarbeitung dämpfend wirken und bei Psychosen eingesetzt werden (daher auch »Antipsychotika« genannt).

S. 226

**RAF** Die »Rote Armee Fraktion« war eine linksextremistische terroristische Vereinigung, die vor allem in den 70er-Jahren aktiv war und sich 1998 auflöste.

S. 228

**bpb** Abk. für »Bundeszentrale für politische Bildung«: staatliche Einrichtung, die Materialien zu politischen und kulturellen Themen günstig – oft gratis – anbietet (www.bpb.de).

S. 229

**Franz-Josef Degenhardt** Deutscher Schriftsteller und Liedermacher (*1931), der in der Friedensbewegung der 80er-Jahre aktiv war.

S. 230

**Wolfgang Borchert** Deutscher Schriftsteller (1921–1947), der nach dem Zweiten Weltkrieg mit Kurzgeschichten und Stücken bekannt wurde, die die Gräuel des Krieges thematisierten.